JN247945

CFOポリシー

財務・非財務戦略による価値創造　第2版

柳　良平〔著〕

ESG

中央経済社

はじめに

2018年３月，早稲田大学にIMA（米国公認管理会計士協会）のCEOであるJeffrey Thomson氏の姿があった。IMA日本支部のイベントの基調講演で彼はCFOの役割を強調した。「CFOはValue Steward（企業価値の番人）であれ，そしてValue Creator（企業価値を創造する者）であれ」。まさに財務の専門家としてのCFOの企業価値に対する受託者責任を表しているだろう。あるいは「真のCFO」の定義を示唆しているかもしれない。

[もちろん，第四次産業革命（４IR）と呼ばれる，デジタル・AI（人工知能）の新時代において，次世代CFOにはこれまでにないITリテラシーと，それに依拠した経営戦略の策定も求められるであろう。ただし，「デジタルCFO」の側面を本書では取り扱わず，他の文献に譲ることとしたい。]

本書では，筆者の早稲田大学会計研究科の客員教授としての理論と，製薬企業であるエーザイ株式会社のCFOとしての実践を融合して，「世界の投資家の視座と企業価値創造」を意識した，新時代のCFOの「財務戦略」と「非財務戦略」にフォーカスして論述する（よって，本書は網羅的な一般のファイナンスの教科書やCFO論とは一線を画する）。

筆者の希少性・新規性のあるリサーチデザインは「グローバル投資家サーベイ」である。上場企業のCFOは，その受託者責任に鑑み，まずは企業価値評価の実態を知るべく，スタートラインとして，資本市場のパーセプション，つまり世界の投資家の声を理解すべきである。

筆者は早稲田大学の非常勤教員という独立した立場で，アカデミック研究のために2007年から2019年まで12年間にわたり，毎年100名以上の世界の投資家の意見を収集している。そのバックグラウンドとして，筆者は2003年から2019年まで毎年約200件の海外投資家との面談を行い，累計では延べ3,000件の海外投資家と意見交換を行った実績があり，その人脈から世界の投資家に直接コンタクトができ，本音の意見が入手できる立場にある。そして，毎年の質問票調査の回答者の日本株投資総額は，2019年３月末現在の時価総額で概ね100兆円レベルになっている。短期志向のヘッジファンドやプログラム売買の投資家を除いており，日本企業の株主になっている長期志向のグローバル機関投資家の大部分の声をカバーしていると言ってよい。

本書の前段の第１章，第２章では，類書に例を見ないほど質量ともに豊富な世界の投資家の視座を分析して詳しく紹介している（投資家の個別意見は私見かつ匿名を条件に公開）。

その意味では，本書の「共著者」は数百名の世界の機関投資家の方々である。たとえば，いちごアセットマネジメントのCEOであるスコット・キャロン氏は，第１回から熱心に筆者のサーベイに参加し，他の投資家への呼びかけや紹介なども含めて多大な貢献をしてくれている。そして，本書の結論とも言える第８章の“非財務資本とエクイティ・スプレッドの同期化モデル”（筆者のPBRモデル）と同じ趣旨で，現代版「論語と算盤」を唱えるコモンズ投信の会長である渋澤健氏（渋澤栄一翁の末裔）も長年の盟友として投資家アンケートに協力してくれている。

CFOのコーポレート・スチュワードシップとも言うべき日本企業の企業価値創造に関して，2008年のACGA（アジア諸国のガバナンス改善を促進する投資家団体）の日本に関する白書（ACGA（2008））が「日本企業は貯金箱（saving box）モデルだ」と揶揄してから10年以上が経過したが，第３章で詳説しているように，2019年３月末現在で上場企業（金融除く）のバランスシートには200兆円近い広義の現金（現金＋有価証券）が積み上がり，上場企業の15％近くで「広義の現金のほうが時価総額よりも大きい」状態にある。第３章では「日本企業の保有現金100円の価値評価は50円」という衝撃的な事実が定性的・定量的証拠と共に明かされる。アベノミクス前後で株価もROE（株主資本利益率）もほぼ倍増したが，企業価値の創造は未だ十分ではないのである。この背景には，一部の企業における資本コストの意識の欠如に代表されるようなCFOの財務リテラシーの不足もあるのではないだろうか。

その解決策の一助とすべく，第４章では筆者が「理論と実践の融合」から，エーザイCFOポリシーとして策定した「財務戦略マップ」を提唱している。さらにその戦略マップの３本柱である「ROE経営」，「投資採択基準」，「配当政策」について，第５章，第６章，第７章で詳説している。世界の投資家の視座も織り込み，ファイナンス理論を深掘りして応用したロジックに加えて，「200種類のハードルレート」など，実際のエーザイCFOの実務において，企画・立案・実行して世界の投資家から評価を得た実践も可能な限り紹介したつもりである。

一方，企業価値に占める無形資産の割合は今や8割とも言われ，「見えない価値を見える化」することが重要になっている。ESG（環境，社会，統治）ブームの中，ROEを忌み嫌う一部の経営者も非財務情報のアピールには熱心であるが，日本企業のPBR（株価純資産倍率）はほぼ1倍で推移しており，非財務資本の価値が付加価値として市場から認識されていない。筆者は海外投資家と毎年約200件面談しているが，いまだに日本企業の価値創造に関する彼らの不満は根強い。

日本企業の非財務の価値は十分に顕在化されていないのだ。これは世界第3位の経済大国にとって「不都合な真実」ではないだろうか。そこで，ESGと企業価値を統合して説明責任を果たすためのCFOの「非財務戦略」が必要になってくる。第8章で「非財務資本とエクイティ・スプレッドの同期化モデル（筆者のPBRモデル）」を「見えない価値を見える化する」概念フレームワークとして提案した。

本書の第9章では筆者の「PBRモデル」を裏付けるために自身の関与した複数の実証研究をエビデンスとして詳説した。世界の投資家を説得するための客観的な支援材料になっているが，ESGと企業価値の関係性を研究する学者や学生の方々にも一定の示唆があれば幸甚である。また，今回の改訂では「ESGの定量化」を大幅に加筆している。

筆者は日本企業のESGをはじめとする非財務資本の潜在価値の高さを確信しており，それをCFOによる「PBRモデル」の訴求を経由して解き放ちたいと考えている。「日本企業の実力はこんなものじゃない。もっと資本市場から，世界の投資家から評価してもらいたい。それによって日本企業の長期的な企業価値は倍増できる」という思いがある。

究極的には，企業価値は非財務資本から財務資本に転換されて生成されると考えられるが，いかにしてそれを具現化して資本市場の理解を得ていくのか。潜在的には非財務資本の価値が極めて高いはずの日本企業の価値が過小評価に陥っている現状を打破し，コーポレートガバナンスや財務リテラシー，ESGとそのIR（インベスター・リレーションズ：説明責任の履行）を改善することで，つまり「次世代CFOの財務戦略・非財務戦略」によって，大きな企業価値の向上が図れるのではないか。

企業価値評価という点ではESGと相関するはずのPBRのトレンドが，大雑把に言えば，過去10年では概ね日本１倍，英国２倍，米国３倍になっている。日本企業が潜在的なESGの価値を顕在化すれば，少なくとも英国並みのPBR２倍の国になれるのではないだろうか。ESGが救世主になり「日本企業の価値は倍増できる」，「令和の時代に日経平均は４万円になる」と筆者は信じたい。そして，その鍵を握るのは高度な財務・非財務戦略を具備したCFOなのである。

本書は前著『ROE革命の財務戦略』（柳（2015d）），『ROE経営と見えない価値』（柳編著（2017））を大幅に加筆・統合・更新して，改めて新時代のCFOの財務戦略・非財務戦略を理論と実践から提言した集大成の書籍となっているが，多くの素晴らしい方々のご支援・ご協力を得てきた。

わが国の企業価値向上の推進のリーダーでもある伊藤邦雄先生，同志として現代版「論語と算盤」を継承する渋澤健氏，「共著者」である世界の投資家を代表してスコット・キャロン氏。さらに，筆者の描くモデルの実証研究に協力してくれた野村アセットの上崎勲氏，ニッセイアセットの吉野貴晶氏，SMBC日興証券の伊藤桂一氏，AXAアセット（ロンドン）のYo Takatsuki氏など枚挙にいとまがない。加えて，NY州年金基金の山口絵里氏にはケースでも協力いただいた。そして，今回の改訂で加筆した「エーザイの従業員会計」ではインパクト加重会計（IWAI）を主導するハーバードビジネススクール（HBS）のジョージ・セラファイム教授，「ESGとデジタル」ではアビームコンサルティングの今野愛美氏の貢献が大きい。

さらに，国際統合報告評議会（IIRC）のCEOを2019年に退任したRichard Howitt氏には，筆者の「IIRC-PBRモデル」に関して，IIRCの５つの非財務資本と企業価値を同期化する概念を長年支援していただき，筆者の英文論文（Yanagi（2018a））のIIRCのウェブサイトへの掲載，IIRCの国際会議での登壇，英文図書（Yanagi（2018b））への推薦文掲載やロンドンでのプロモーションでも大変お世話になった。

そして，本書のデータ整理，レイアウト，推敲等では，エーザイの財務・投資戦略部の白鳥沙紀氏，エグゼクティブ・セクレタリーを務めた多賀糸奈央氏に多大なる尽力をいただいた。この場を借りて，改めて深く感謝申し上げたい。

なお，本書の読者は，日本企業の現在あるいは未来のCFOをはじめ，経営者，経営企画，経理財務，IRで働くコーポレートスタッフなどの企業人，投資家・アナリスト諸氏，コーポレートガバナンスを担う立場にある取締役・監査役，あるいは研究者，学生等を幅広く念頭に置いている。さまざまな分野の読者の皆様に本書に対する高い識見からのご示唆をいただければ，著者としては望外の喜びである。

末筆ながら，企画段階から校正，完成まであたたかく導いてくれた中央経済社の取締役専務である小坂井和重氏に，厚く御礼申し上げたい。なお，最終的な文責は全て著者にあり，読者諸氏の叱咤激励をお待ちする。

2021年7月

柳　良平

（なお，本書はあくまで，筆者の独立した私見であり，筆者が過去および現在所属する組織の見解ではないこと，また本書で取り上げるケースについては，筆者はあくまで独立した中立の立場であり，言及した企業の評価や発行する有価証券の売買の推奨などには一切関係がないことをお断りしておきたい。）

目　　次

はじめに　*i*

第1章　わが国のガバナンス改革と世界の投資家の視座の変遷 ― 1

第1節　ガバナンスの環境変化とダブルコード・伊藤レポートが求める企業価値向上……………… 1
第2節　日本企業のガバナンスに係る時系列に見た世界の投資家の意見：2007年－2019年調査……………… 12

第2章　近年の世界の投資家の視座：2018年調査の詳細と2019年調査速報 ― 19

第1節　世界の投資家サーベイ2018の詳報……………… 19
1　日本企業のコーポレートガバナンスに対する満足度・19
2　日本企業の ROE に対する満足度・23
3　日本企業の保有する現金・有価証券の水準の妥当性・26
4　日本企業の保有する現金・有価証券の価値・28
5　日本株投資に係る株主資本コスト：投資家の最低要求リターン・31
6　エクイティ・スプレッド（ROE－株主資本コスト）の支持率・34
7　日本企業の ESG とその開示についての投資家意見・36
8　日本企業の ESG を企業価値評価（PBR）に織り込むべきか・39
第2節　世界の投資家サーベイ2019の速報……………… 42
1　日本企業のコーポレートガバナンスへの満足度・42

2 ROE の投資家満足度・43
3 日本企業は過剰資本・過剰現金保有か・44
4 日本企業が保有する現金100円はいくらの価値があるか・45
5 配当政策の要諦・46
6 株主資本コストのコンセンサス・47
7 エクイティ・スプレッドの支持率・48
8 日本企業の ESG への要望・49
9 ESG を PBR（株価純資産倍率）に織り込むか・50

第3章 不都合な真実：日本企業の保有現金100円は50円 53

第1節 日本企業のバランスシートに積み上がる現金・有価証券…… 53
第2節 ガバナンスディスカウントの定性的証拠：「日本企業の保有現金100円の価値は50円」…… 57
1 日本企業の保有現金の価値評価に係る投資家サーベイ結果・57
2 現金の価値に係るグローバル投資家の主要コメント：事例・62
第3節 ガバナンスディスカウントの定量的証拠…… 65
1 先行研究・65
2 柳・上崎（2017）の評価項目と重回帰分析モデルの設定・66
3 柳・上崎（2017）の重回帰分析の結果・68

第4章 企業価値を高める CFO ポリシー：財務戦略マップ 73

第1節 CFO の受託者責任と財務戦略マップ …… 73

第２節　現場に落とし込むCFOの日本型ROE経営：管理会計とのつながり……81
　1　ROEのデュポン展開による全社への浸透・81
　2　現場にカスケードダウンする日本型ROE経営と管理会計・87
第３節　価値を創造するための高度な投資採択基準を考える……89
第４節　最適資本構成に基づく最適配当政策……90

第5章　ROE経営とエクイティ・スプレッド　95

第１節　中長期的なROE経営の重要性……97
第２節　ROE経営に係るCFOの留意点：「良いROE」と「悪いROE」……98
第３節　株主資本コスト＝最低要求ROE 8％の根拠……101
第４節　価値創造の代理指標としてのエクイティ・スプレッド……105
第５節　エクイティ・スプレッドとパフォーマンスに係る定量分析……112
第６節　ケース研究：リキャップCBの留意点……115

第6章　企業価値創造する投資採択基準（VCIC）　123

第１節　資本支出予算における投資採択基準における日米比較：資本コストの意識が問われている……123
第２節　CFOポリシーとしての価値創造の投資採択基準（VCIC）……127
第３節　M&AにおけるCFOの受託者責任……134
第４節　株式持ち合いの検証におけるCFOの受託者責任……139

第7章 最適資本構成に依拠した最適配当政策 …… 143

第1節　配当パズルと日本企業の誤謬 …… 144
第2節　決算短信分析に見る日本企業の横並び意識と投資家とのギャップ …… 150
第3節　CFO ポリシーとしての「最適資本構成に基づく最適配当政策」 …… 153
第4節　ケース研究：TBS と中野冷機の事例 …… 163
　1　東京放送 HD のケース・163
　2　中野冷機のケース・169

第8章 CFO の非財務戦略としての「PBR モデル」の提言 …… 175

第1節　拡大する非財務資本の価値と ESG 投資の急増 …… 176
第2節　研究開発の価値（知的資本）にフォーカスした「Intrinsic Value モデル」の追求 …… 184
第3節　エーザイ CFO ポリシーの「IIRC-PBR モデル」 …… 188
第4節　「非財務資本とエクイティ・スプレッドの同期化モデル」（PBR モデル）の提言 …… 190
第5節　PBR モデルを示唆する定性的なエビデンス …… 196
　1　エーザイの事例（エーザイの統合報告書2019）・196
　2　独 SAP 社の事例（SAP 社の2015年統合報告書より）・199
　3　NY 州退職年金基金の ESG 統合とエンゲージメントの事例・200
第6節　良好な ESG が株主資本コストを低減する …… 202

第9章 PBRモデルの定量的エビデンス

205

第1節　IIRCの5つの非財務資本とPBRの相関関係 ………206
第2節　研究開発投資のROE，株価への遅延浸透効果…………208
第3節　市場付加価値（PBR1倍超の部分）と
「人的資本」，「知的資本」の相関関係 ……………………211
第4節　PBRと「自然資本」の関係性 ……………………213
第5節　グローバル医薬品セクターのESGマテリアリティ …216
第6節　エーザイのESGのKPIとPBRの関係性 …………220
第7節　エーザイのPBRモデル ……………………………225
第8節　IWAI日本第1号としての「従業員インパクト会計」
の開示……………………………………………………………230
第9節　まとめ：CFOの財務・非財務戦略が国富の最大化へ
貢献する…………………………………………………………234

■参考文献 ……………………………………………………237
■索　　引 ……………………………………………………243

第1章 わが国のガバナンス改革と世界の投資家の視座の変遷

第1節 ガバナンスの環境変化とダブルコード・伊藤レポートが求める企業価値向上

CFOの受託者責任について，IMAのJeffrey Thomson CEOは次のように定義している。

1．Value Steward
2．Value Creator

つまり，第1の要件であるValue Stewardとは「企業価値の番人」であり，会計・財務・税務・内部統制・コンプライアンス等を含め，「企業価値を守る者」である。この点では従来の日本企業のCFOの多くが要件を満たしているだろう。しかしながら，伊藤レポート（経済産業省 2014：『「持続的成長への競争力とインセンティブ－企業と投資家の望ましい関係構築－」プロジェクト最終報告書』）の座長を務めた一橋大学の伊藤邦雄氏が「この国には真のCFOがいない。スーパー経理部長しかいない」と憂えて一橋大学CFO教育研究センターを立ち上げたように，第2の要件であるValue Creator，つまり「企業価値を創造する者」の視点は，「銀行ガバナンス」の歴史のあるわが国のCFOには欠けていた論点かもしれない。

したがって，本書では「次世代CFOの財務戦略・非財務戦略」にフォーカスして，「企業価値を創造する者」としての受託者責任を果たすための論点として，ROEを基軸とした「見える価値」を高める財務戦略とESG（環境・社会・統治）を中心とした「見えない価値」を訴求した非財務戦略を議論して，その価値関連性である筆者の「PBRモデル」を追究してみたい。

財務・非財務をPBR（株価純資産倍率）を通して同期化する「PBRモデル」

は「ESG と企業価値を両立する」趣旨であり，絶対的な解はないものの，本書の結論ではその「概念フレームワーク」,「実証研究によるエビデンス」,「統合報告書の開示事例」,「企業と投資家のエンゲージメント」の4点を統合したトータルパッケージで，筆者としての「見えない価値を見える化する」を試みてみたい。それは渋澤栄一の末裔であるコモンズ投信会長の渋澤健氏の言う「論語と算盤」の精神とも合致しよう。

なお，本書では基本的に上場企業の CFO としての株主に対する受託者責任をベースにして，「PBR モデル」から全てのステークホルダーとの win-win 関係を論じていく。

基本的に，会社は全てのステークホルダーのために存在する「社会の公器」であるが，所有権は株主にあり，オペレーションを経営陣に委託している（所有と経営の分離）。このため，コーポレートガバナンス（企業統治）としては，経営を監督する仕組みや企業価値向上を担保する手段として，たとえば社外独立取締役や株主・投資家の関与，CFO の財務戦略が必要になってくる。

しかし，これまで日本企業は長年の「銀行ガバナンス」から「株主ガバナンス」への過渡期にあり，純然たる企業価値の向上，あるいは株主価値の向上という観点では，違った経路をたどってきた。高度経済成長を支えた「銀行ガバナンス」では，銀行が企業の資金調達を融資で支え，資金決済をまかない，銀行員を CFO として企業に派遣し，株式を持ち合うことでの安定的な大量生産，終身雇用等の「日本型ビジネスモデル」の基盤になっていた。そこでは，融資の返済，現金保有が最優先され，一般の株式投資家の機会費用である株主資本コスト（Cost of Equity：CoE）の概念を意識することもなかった。

図表1－1にあるように，70年代や80年代は事業会社同士の株式持ち合い，銀行・生保をはじめとした金融機関の所有で，平均的に言えば，日本企業の株式の過半数を別の利益を有する利害関係者が所有していた。過半数株式が「広義のインサイダー」による保有で守られているので，（総会屋対策等の特殊事例を除けば）企業経営者は株主総会の議決権行使や株主価値，資本コストを意識する必要も薄かった。純然たる外国人株主，機関投資家，個人株主などの少数株主は「事実上議決権がない」状態であり，経営者の保身や銀行の利益が優先され，株主価値は毀損あるいは無視される傾向があったわけである。

しかしながら，90年代のバブル崩壊，銀行危機，金融市場のグローバル化等から，株式持ち合いは崩壊し，銀行や金融機関の持ち分は大幅に低下して，そ

図表１－１　コーポレートジャパンの所有者構造の変遷

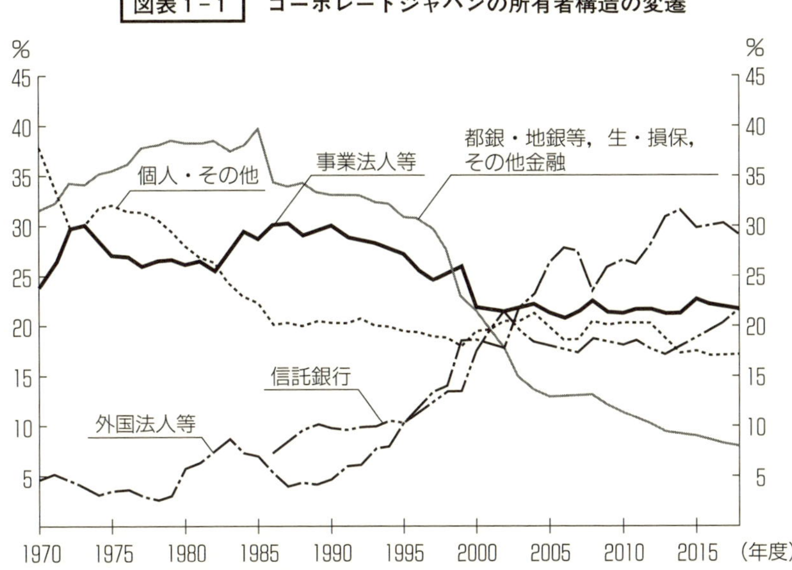

（注）１．1985年度以前の信託銀行は，都銀・地銀に含まれる。
　　　２．2004年度から2009年度まではJASDAQ証券取引所上場会社分を含み，2010年度以降は大阪証券取引所または東京証券取引所におけるJASDAQ市場分として含む。

（出所）　東証資料より筆者作成。

の受け皿となった外国人投資家の日本企業の株式保有比率は５％レベルから30％レベルに高まったのである。実に日本企業の株式の３分の１のオーナーは外国人投資家であり，東京証券取引所（東証）の株式売買高フローの過半数は外国人株主であり，価格決定力も強いのである。ここに「銀行ガバナンス」から「株主ガバナンス」への転換が進捗してきた一因がある。

象徴的な株式持ち合い比率の低下については，**図表１－２**の野村資本市場研究所のデータを参照されたい。

しかしながら，完全な政策株式相互保有は減少しているものの，**図表１－３**の商事法務のデータでは，グループ間保有，株式片持ち，三角持ち合い，関係性の強い友好的株主による「安定株主」，「与党株主」が過半数を超える企業がいまだに４割を超える状態であり，「銀行ガバナンス」から「株主ガバナンス」への転換，あるいはコーポレートガバナンス改革は道半ばと言わざるを得ない。

かかる背景から，わが国企業においては，社外取締役導入やROE経営の浸透

図表１－２　日本企業の株式持ち合い比率の低下

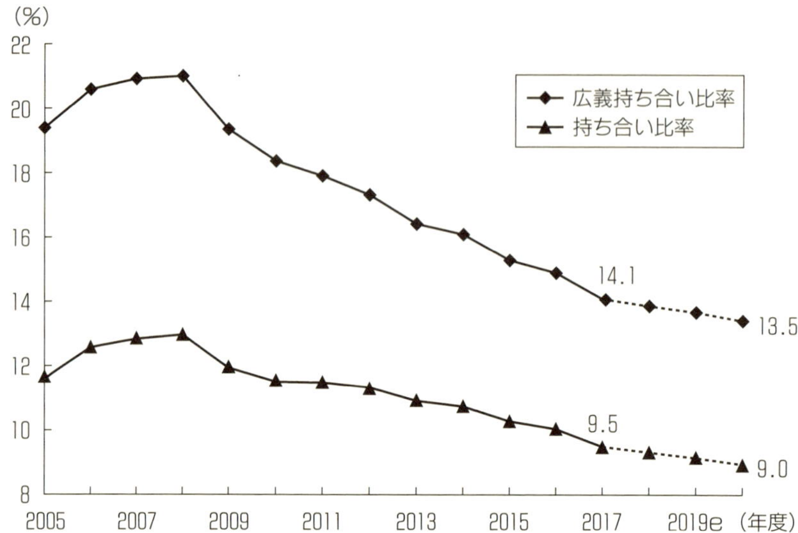

（注）1．持ち合い比率は，上場会社（ただし，上場保険会社を除く）が保有する他の上場会社株式（時価ベース）の，上場全体の時価総額に対する比率（ただし，子会社，関連会社株式を除く）。

2．広義持ち合い比率は，持ち合い比率に保険会社の保有比率を加えたもの。

3．2018年度から2020年度は野村資本市場研究所予想。

（出所）　野村資本市場クォータリー2018 Autumnより筆者作成。

図表１－３　いまだに「安定株主」が過半数を占める企業が４割以上

資本金（円）		10～20%台	30～40%台	50～60%台	その他/無回答	計
300億以下	会社数	131	485	679	136	1,431
	比率	9.2%	33.9%	47.4%	9.5%	100.0%
300億超	会社数	121	86	54	35	296
	比率	40.9%	29.1%	18.2%	11.8%	100.0%
合計	会社数	252	571	733	171	1,727
	比率	14.6%	33.1%	42.4%	9.9%	100.0%

（注）1．「安定株主比率」は，株主総会決議で会社側提案を支持してくれることが期待できる株主が保有する議決権比率を想定している。

2．「その他」には，安定株主比率が10%未満の会社，および70%以上の会社が含まれる。

（出所）　商事法務「株主総会白書」2018年版より筆者作成。

などで海外の先進国から遅れをとっていたため，外国人投資家から日本企業のコーポレートガバナンスは批判されてきた。また収益力・資本効率の劣位は，株価の低迷やM&Aや資金調達における国際競争力を削いできた側面がある。

そして，海外投資家の不満を受けて，端的に言えば，(株式持ち合いにも関連する）日本企業の取締役会の独立性とROEの国際比較における劣位の2つが根源的問題としてクローズアップされてきた。外国人投資家は国際比較をしてグローバルに投資するため，グローバルスタンダードで日本企業のガバナンスと資本効率の論点を鋭く突いてくるのである。

アベノミクスのガバナンス改革前の過去データから，その「不都合な真実」を**図表1－4**と**図表1－5**に示そう。実際に，日本の上場企業で過半数が社外独立取締役である取締役会は，2018年度でもいまだに2％であり，平均ROEは10％未満である。

図表1－4　取締役会の独立性で日本は世界最貧国

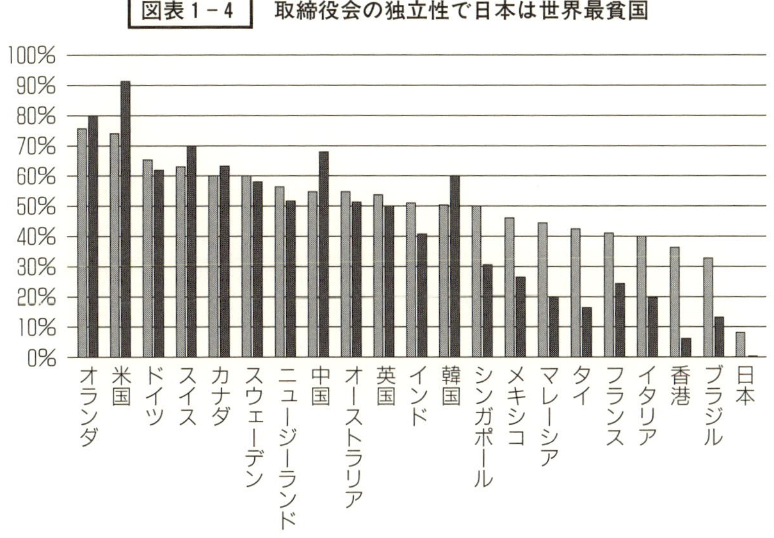

（注）母集団はISS（Institutional Shareholder Services Inc.）が2012-13年に調査対象とした企業のうち一定数以上の顧客が保有する企業。例えば，シンガポールでは，右の棒グラフが30％程度を示すが，これは独立取締役が過半数を占める取締役会がシンガポールでは30％程度存在することを示す。左の棒グラフは，シンガポール企業の取締役会は平均で50％が独立取締役で構成されること，つまり，10人取締役がいれば，うち5人は独立取締役であることを示す。

（出所）ISS資料より筆者作成（柳（2015d））。

図表1－5　資本生産性（ROE）で日本は世界最貧国

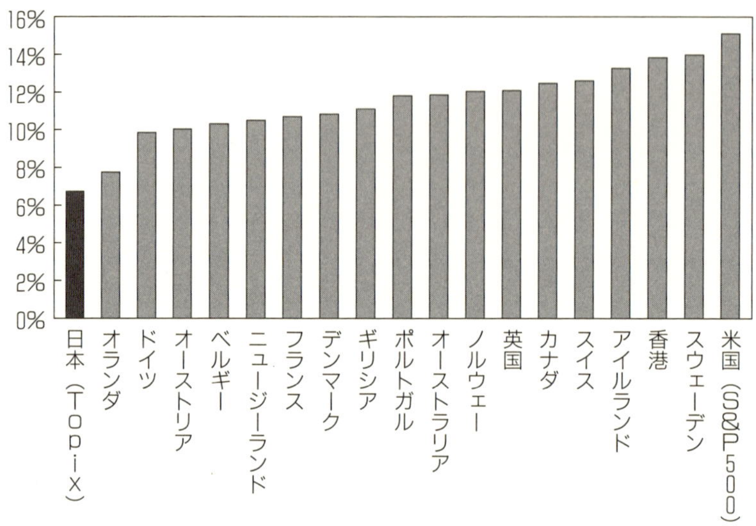

（注）　Bloombergが公表している各国主要指数の平均ROE（時価総額加重平均）の40四半期（2004～2013年）実績を基に，異常値を除いて平均値を算出。

（出所）　山を動かす研究会（2014）より筆者作成（柳（2015d））。

こうした状況を打破し「稼ぐ力を取り戻す」ために，わが国でも近年，アベノミクスの「成長戦略」の一環としてのコーポレートガバナンス改革が進展してきた。コーポレートガバナンスを改善して，投資家や独立した取締役が関与することで企業の収益力・資本効率改善を促して持続的成長と企業価値向上につなげれば，雇用改善，年金の運用，国際競争力等を得て，国富の最大化になるというのが主な狙いである。

その中でも特に注目を集めているのが，2014年に金融庁から公表され，機関投資家を対象に受託者責任を訴求する「日本版スチュワードシップ・コード」，2015年に金融庁・東証から公表（2018年に改訂）された，上場企業を対象に企業価値向上を求める「コーポレートガバナンス・コード」，2014年に経済産業省から公表され，企業と投資家の望ましい関係構築を啓蒙する「伊藤レポート」などである。これら一連の改革の主な目的は，「企業の持続的な成長と中長期的な企業価値の創出，資本効率の改善」で一致していると考えられる。

それでは，ここでアベノミクスの3大ガバナンス改革といわれるスチュワードシップ・コード，コーポレートガバナンス・コード，伊藤レポートの基本原則を抜粋して確認してみよう。

■日本版スチュワードシップ・コードの基本原則

（金融庁 2014：『責任ある機関投資家の諸原則（日本版スチュワードシップ・コード）－投資と対話を通じて企業の持続的成長を促すために－』より）

1．機関投資家は，スチュワードシップ責任を果たすための明確な方針を策定し，これを公表すべきである。

2．機関投資家は，スチュワードシップ責任を果たす上で管理すべき利益相反について，明確な方針を策定し，これを公表すべきである。

3．機関投資家は，投資先企業の持続的成長に向けてスチュワードシップ責任を適切に果たすため，当該企業の状況を的確に把握すべきである。

4．機関投資家は，投資先企業との建設的な「目的を持った対話」を通じて，投資先企業と認識の共有を図るとともに，問題の改善に努めるべきである。

5．機関投資家は，議決権の行使と行使結果の公表について明確な方針を持つとともに，議決権行使の方針については，単に形式的な判断基準にとどまるのではなく，投資先企業の持続的成長に資するものとなるよう工夫すべきである。

6．機関投資家は，議決権の行使も含め，スチュワードシップ責任をどのように果たしているのかについて，原則として，顧客・受益者に対して定期的に報告を行うべきである。

7．機関投資家は，投資先企業の持続的成長に資するよう，投資先企業やその事業環境等に関する深い理解に基づき，当該企業との対話やスチュワードシップ活動に伴う判断を適切に行うための実力を備えるべきである。

■コーポレートガバナンス・コードの基本原則

（金融庁・東証 2015：『コーポレートガバナンス・コード原案－会社の持続的な成長と中長期的な企業価値の向上のために－』より）

【株主の権利・平等性の確保】

1．上場会社は，株主の権利が実質的に確保されるよう適切な対応を行うとともに，株主がその権利を適切に行使することができる環境の整備を行うべきである。また，上場会社は，株主の実質的な平等性を確保すべきである。少数株主や外国人株主については，株主の権利の実質的な確保，権利行使に係る環境や実質的な平等性の確保に課題や懸念が生じやすい面があることから，十分に配慮を行うべきである。

【株主以外のステークホルダーとの適切な協働】

2．上場会社は，会社の持続的な成長と中長期的な企業価値の創出は，従業員，顧客，取引先，債権者，地域社会をはじめとするさまざまなステークホルダーによるリソースの提供や貢献の結果であることを十分に認識し，これらのステークホルダーとの適切な協働に努めるべきである。取締役会・経営陣は，これらのステークホルダーの権利・立場や健全な事業活動倫理を尊重する企業文化・風土の醸成に向けてリーダーシップを発揮すべきである。

【適切な情報開示と透明性の確保】

3．上場会社は，会社の財政状態・経営成績等の財務情報や，経営戦略・経営課題，リスクやガバナンスに係る情報等の非財務情報について，法令に基づく開示を適切に行うとともに，法令に基づく開示以外の情報提供にも主体的に取り組むべきである。その際，取締役会は，開示・提供される情報が株主との間で建設的な対話を行う上での基盤となることも踏まえ，そうした情報（とりわけ非財務情報）が，正確で利用者にとってわかりやすく，情報として有用性の高いものとなるようにすべきである。

【取締役会等の責務】

4．上場会社の取締役会は，株主に対する受託者責任・説明責任を踏まえ，会社の持続的成長と中長期的な企業価値の向上を促し，収益力・資本効率等の改善を図るべく，(1)企業戦略等の大きな方向性を示すこと，(2)経営陣幹部による適切なリスクテイクを支える環境整備を行うこと，(3)独立した客観的な立場から，経営陣（執行役およびいわゆる執行役員を含む）・取締役に対する実効性の高い監督を行うことをはじめとする役割・責務を適切に果たすべきである。こうした役割・責務は，監査役会設置会社（その役割・責務の一部は監査役および監査役会が担うこととなる），指名委員会等設置会社，監査等委員会設置会社など，いずれの機関設計を採用する場合にも，等しく適切に果たされるべきである。

【株主との対話】

5．上場会社は，その持続的な成長と中長期的な企業価値の向上に資するため，株主総会の場以外においても，株主との間で建設的な対話を行うべきである。経営陣幹部・取締役（社外取締役を含む）は，こうした対話を通じて株主の声に耳を傾け，その関心・懸念に正当な関心を払うとともに，自らの経営方針を株主にわかりやすい形で明確に説明しその理解を得る努力を行い，株主を含むステークホルダーの立場に関するバランスのとれた理解と，そうした理解を踏まえた適切な対応に努めるべきである。

■伊藤レポートより企業価値に直接関わる資本効率の主な記述

（経済産業省 2014：『「持続的成長への競争力とインセンティブ－企業と投資家の望ましい関係構築－」プロジェクト（伊藤レポート）[1]最終報告書』より）

- 資本主義の根幹を成す株式会社が継続的に事業活動を行い，企業価値を生み出すための大原則は，中期的に資本コストを上回るROEを上げ続けることである。なぜなら，それが企業価値の持続的成長につながるからである。この大原則を死守できなければ資本市場から淘汰される。資本主義の要諦は労働分配率にも配慮しながら，資本効率を最大限に高めることである。
- 個々の企業の資本コストの水準は異なるが，グローバルな投資家から認められるにはまずは第一ステップとして，最低限８％を上回るROEを達成することに各企業はコミットすべきである。もちろん，それはあくまでも「最低限」であり，８％を上回ったら，また上回っている企業は，より高い水準を目指すべきである。
- 企業価値創造のKPI（主要業績評価指標）として，エクイティ・スプレッド(ES)＝ROE－CoE（株主資本コスト：株主の期待する投資リターン）がある。投資家から見ると，これがプラスであれば価値創造企業，マイナスであれば価値破壊企業と評価される（出所：柳良平（2010））。
- 資本コストは，市場が期待する収益率であるが，絶対的な定義はなく，妥当な資本コスト水準については議論が分かれる。１つの参考として，日本株に対して，国内外の機関投資家が求める資本コストにかなりのばらつきがあること，平均的には7.2％（海外）6.3％（国内）を想定しているとの調

1　筆者は伊藤レポートの執筆委員も務め，企業価値，ROE，配当政策の記述に関わった。投資家の求める株主資本コスト（CoE）のエビデンスを提供し，エクイティ・スプレッドも提案し，伊藤レポートには，柳（2010），柳（2013a）が引用されている。

査結果がある。上記の調査では，グローバルな機関投資家が日本企業に期待する資本コストの平均が７％超となっている。これによれば，ROEが８％を超える水準で約９割のグローバル投資家が想定する資本コストを上回ることになる（出所：柳良平（2013a））。

このような基本原則や記述，さらに細則を解釈すれば，こうした一連のガバナンス改革の趣旨は「持続的な企業価値の向上，資本効率の改善」であり，端的に言えば，その代理指標としての中長期的なROEの重要性に帰結すると言えよう。一方，ROEは会計上の純利益を株主資本簿価で除した財務会計の数値をベースにした指標であり，100年以上前から米国デュポン社が分解式を用いて会計上のKPI（重要業績指標）にしており，世界中に広まったものである。管理会計の役割がその前提条件である。

つまり，単純な図式ではあるが，ROEを経由して，「会計」と「企業価値」が有機的に結び付いているのである。財務会計の基本知識を熟知した上で，CFOは管理会計のKPIであるROEを高めて企業価値を最大化する受託者責任とその説明責任を負っているのである。逆に企業がその責任を果たせなければ，「会計」と「企業価値」が分断されてしまう蓋然性（「スーパー経理部長」との揶揄）もある。

たとえば，PBR（株価純資産倍率）が１倍割れ，つまり時価総額が会計上の株主資本簿価（解散価値）を下回るようなケースも日本企業には少なくない（柳（2015d））。あるいは，柳・上崎（2017）が示唆するように，財務会計上はバランスシートの現預金はあくまで100％で計上されるが，コーポレートガバナンスが劣る日本企業の現預金を50％に世界の投資家はディスカウント評価するという見方もある。このように，コーポレートガバナンスあるいはCFOの財務リテラシーと企業価値は表裏一体の関係にある。

それでは，こうしたわが国のガバナンス改革は，資本市場参加者，特に海外投資家からどのように評価されているのであろうか。また，これからの日本企業に対しては何が求められているのであろうか。これらの疑問に対する示唆を探るべく，筆者はリサーチデザインとして，投資家に対する質問票調査を用いて，近年10年以上継続的に大規模な世界の投資家サーベイを行っているが，西川編・柳（2016）からスチュワードシップ・コード，コーポレートガバナンス・コード，伊藤レポート直後の調査結果を**図表１－６**に紹介しよう[2]。

図表1－6

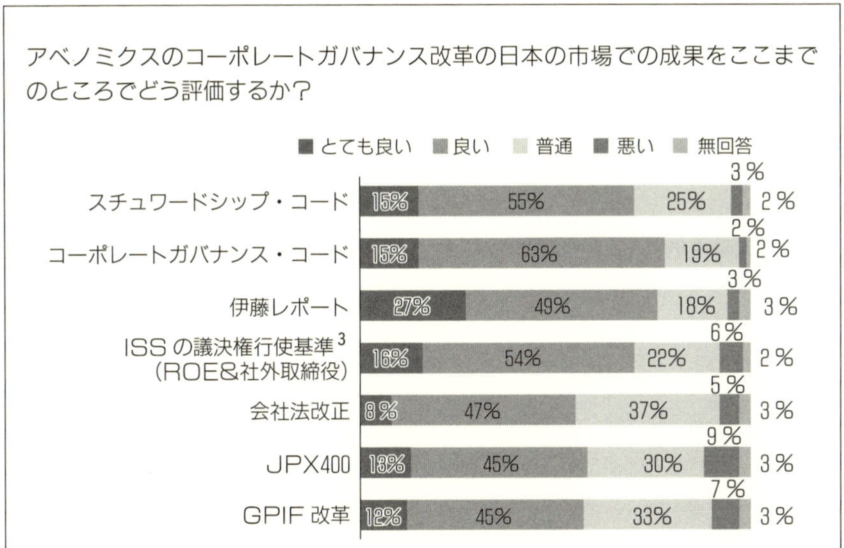

（出所）　西川編・柳（2016）。

西川編・柳（2016）では，一連のガバナンス改革の当時の評価について尋ねているが，特にコーポレートガバナンス・コードと伊藤レポートの評価が高く，会社法改正，JPX400，GPIF改革への支持率を上回った。この表では日系・外資の内訳は割愛したが，全般的に外国人投資家のほうが積極的にアベノミクスのガバナンス改革を支持している。ちなみに外国人投資家が最も評価している

2　調査期間は2015年11月－2016年1月。回答者は国内投資家61名，外国人投資家122名，合計183名（会社数では国内32社，外資系80社で合計112社になる）。所属機関の日本株投資総額は100兆円以上（2016年3月末推計）。回答者の属性は世界の大手機関投資家（年金，運用会社）に所属して，管理職以上の権限のある役員，CIO，ファンドマネジャー，アナリスト等で，筆者の面識のある人物。

なお，外資系国内拠点は外国人投資家に分類した。投資家の戦略の秘匿性は高く，こうしたグローバルサーベイには希少性がある。ただし，環境変化により投資家意見も変わり得るため，継続的な調査が必要である。筆者は2007年調査（柳（2010））から毎年継続的に大規模サーベイを実施しており，近年の傾向に著変はなく，本書のサーベイは一定の頑強性を有する。特に，柳（2010），柳（2013a）は「伊藤レポート」にも採択されている。

3　世界最大手の議決権行使アドバイザーのISSは，2015年度より日本における議決権行使助言方針（ポリシー）を改定して「過去5期の平均の自己資本利益率（ROE）が5％を下回る企業」の経営トップの取締役選任議案に反対推奨を行うとした。

のは伊藤レポートであった。

全体として，日本のガバナンス改革は道半ばであるが，コーポレートガバナンス・コード，スチュワードシップ・コード，伊藤レポートを中心にしたアベノミクスのガバナンス改革自体は当時の資本市場から大きな支持を得たとこのデータから言えるだろう。

次節では2007年から2019年までの投資家サーベイの時系列比較を紹介する。

第2節　日本企業のガバナンスに係る時系列に見た世界の投資家の意見：2007年－2019年調査

上場企業のCFOの受託者責任が，全てのステークホルダーに配慮した上での持続的・長期的な企業価値の創造，株主価値の向上だとすると，やはり長期の時間軸で，世界の株式投資家の視座を知ることはCFOの座標軸としての財務戦略・非財務戦略を構築する前提として参考になる。

このような観点から筆者は，実務家かつ大学客員教授として理論と実践の両面を訴求すべく，2007年から10年以上にわたり前節のような世界の投資家サーベイを行ってきた。本節では，2007年からの時系列データにつき，主要項目を抽出しながら参考のためにサマリーで紹介する。その変化あるいは不変は大変興味深い。

図表1－7にあるように，2007年時点では，銀行ガバナンスの名残から，監査役が中心のガバナンスで社外独立取締役は極めて少なく（日本を代表する企業であるトヨタ自動車やキヤノンも当時，社外取締役は皆無であった），世界の投資家の日本企業のガバナンスに対する満足度はわずか２％とひどい状況であったが，2014年スチュワードシップ・コード，伊藤レポート，2015年コーポレートガバナンス・コードが公表され，その後，社外独立取締役が２名以上の東証一部上場企業は約９割に改善し，ROEもかつての４－５％平均から近年は８－10％レベルに向上したことから，投資家の満足度は３割程度まで急上昇した。

スチュワードシップ・コード，伊藤レポート，コーポレートガバナンス・コードを中心にしたアベノミクスのガバナンス改革は成功したと言ってよい。しかしながら，過半数社外取締役の独立した取締役会がグローバルスタンダードであり，日本の取締役会の独立性がいまだ十分でないため，近年支持率は停滞して見えることは憂慮すべきであり，直近の具体的な投資家意見を第２章で詳説する。

図表１－７　日本企業のガバナンスに関する投資家の満足度

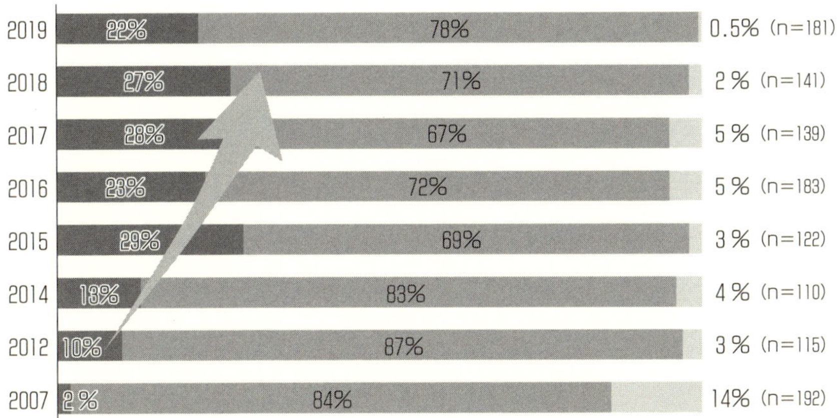

（出所）柳（2010），近藤・柳（2013），柳（2013ab），柳（2014ab），柳（2015abcd），西川編・柳（2016），柳(2016)，柳(2017)，柳編(2017)，柳(2018)，柳・広木・井出(2019)，Yanagi(2018b)により2007-2018年調査を作成，2019年調査は本書で初公開。

図表１－８では，ROEに対する満足度を示しているが，ガバナンスとパラレルである。2007年では，５％未満のROEレベルが標準であったため，投資家の満足度はわずかに２％であった。

その後，伊藤レポートの「ROE８％ガイドライン」の啓蒙効果や，一時日本企業の平均ROEが10%近くまで改善したこともあり，投資家の満足度も2018年では３割近くになったが，2019年ではROEの減速，資本コストの意識の欠如等がクローズアップされ，満足度が低下している。

やはり15%前後のROEがグローバルスタンダードであり，わが国の資本生産性革命も道半ばと言わざるを得ない。この投資家意見の裏付けとなる日米英の平均ROEの推移を**図表１－９**に示す。

図表１－10では，世界の投資家の要求リターン，機会費用としての株主資本コスト（CoE）のコンセンサスを示している。投資家の要求する最低ROE水準と考えてもよい。

筆者は伊藤レポートの執筆委員として「ROE８％ガイドライン」のエビデンスとして筆者の投資家アンケート（柳（2013a））を提出したが，伊藤レポート採択データでは，2012年調査で全体で７％レベル，外国人投資家は平均で7.2%を

図表1－8　日本企業のROEに関する投資家の満足度

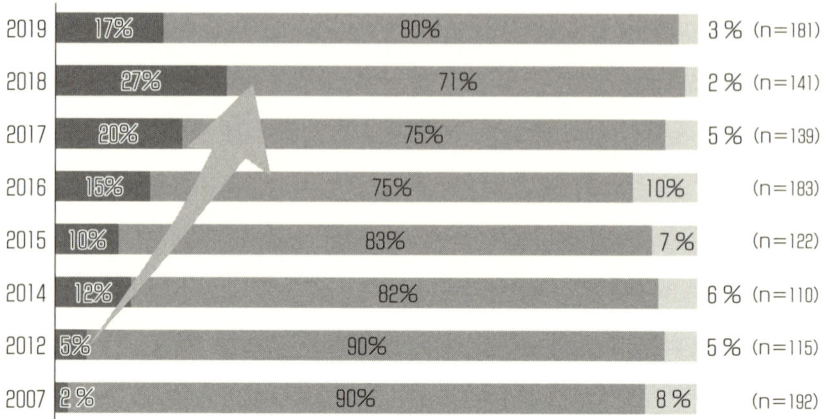

（出所）柳（2010），近藤・柳（2013），柳（2013ab），柳（2014ab），柳（2015abcd），西川編・柳（2016），柳（2016），柳（2017），柳編（2017），柳（2018），柳・広木・井出（2019），Yanagi（2018b）により2007-2018年調査を作成，2019年調査は本書で初公開。

図表1－9　ROEの国際比較

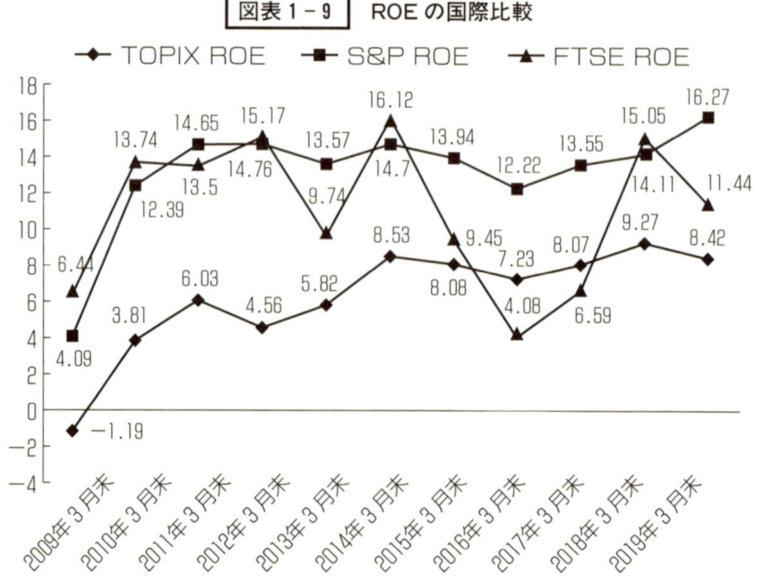

（出所）Bloombergより筆者作成。

図表1-10　株主資本コスト（CoE）のコンセンサス

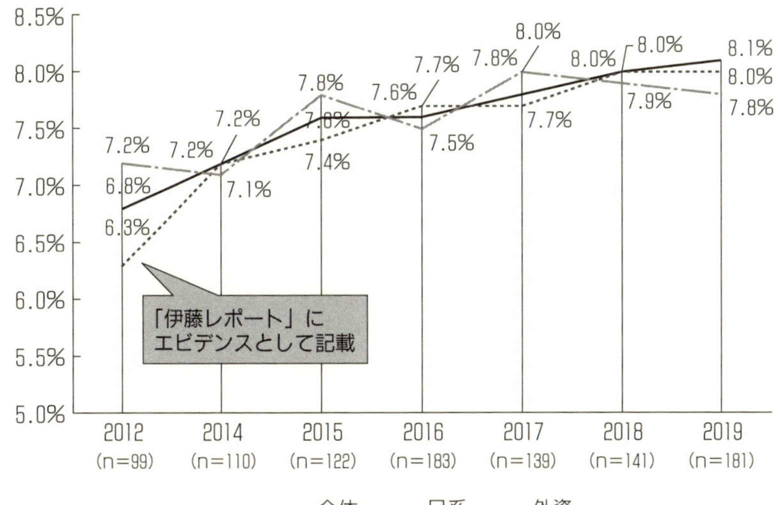

（出所）柳（2010），近藤・柳（2013），柳（2013ab），柳（2014ab），柳（2015abcd），西川編・柳（2016），柳（2016），柳（2017），柳編（2017），柳（2018），柳・広木・井出（2019），Yanagi（2018b）により2007-2018年調査を作成，2019年調査は本書で初公開。

要求していたので保守的に8%をROE基準とした。

その後は世界的な金利低下にもかかわらず，株主資本コストは「伊藤レポートの8%」に収斂するかのように毎年8%に近似して，本書で新規公開する2019年の速報では8%となっている。この資本コストのコンセンサスの推移から，伊藤レポートの有効性が時系列に示唆されている。

図表1-11では，伊藤レポートにも採択されたエクイティ・スプレッド（ROE－CoE）の開示提案についての投資家の支持率の変遷を示している。エクイティ・スプレッドは残余利益モデル（RIM）に依拠した企業価値の代理変数でIMAのSMA（管理会計基準）にも採択されていたKPIである（IMA（1997））。

筆者はIMA常任理事としてわが国でのエクイティ・スプレッドの啓蒙に10年以上関わり，東証，経産省でもプレゼンテーションを行い，東証の「企業価値向上表彰」（東証（2012）），経産省の「伊藤レポート」（経産省（2014））でも採択されている。特に伊藤レポートの「ROE 8%ガイドライン」の浸透とともに，後述するエクイティ・スプレッドの意義が投資家にも広まり，支持率は65%から85%へと高まっている。

図表1－11　エクイティ・スプレッド（後述）の支持率

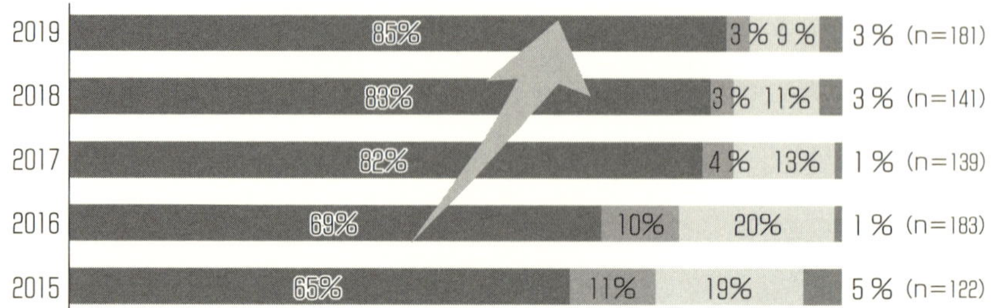

（出所）柳（2010），近藤・柳（2013），柳（2013ab），柳（2014ab），柳（2015abcd），西川編・柳（2016），柳（2016），柳（2017），柳編（2017），柳（2018），柳・広木・井出（2019），Yanagi（2018b）により2007-2018年調査を作成，2019年調査は本書で初公開。

東証の決算短信や統合報告書での自主開示が広まれば，投資家との建設的な対話も深まり，2018年6月に改訂されたコーポレートガバナンス・コード（東証（2018））の論点の1つである，「資本コストを意識した経営」に資するだろう。

これもCFOの財務戦略で，第7章で後述するが，**図表1－12**に示す配当政策の要諦は配当性向ではなく，最適資本構成，バランスシートマネジメントである。エージェンシーコストもバランスシート・ガバナンス関連と考えられる。

図表1－12　配当政策の要諦

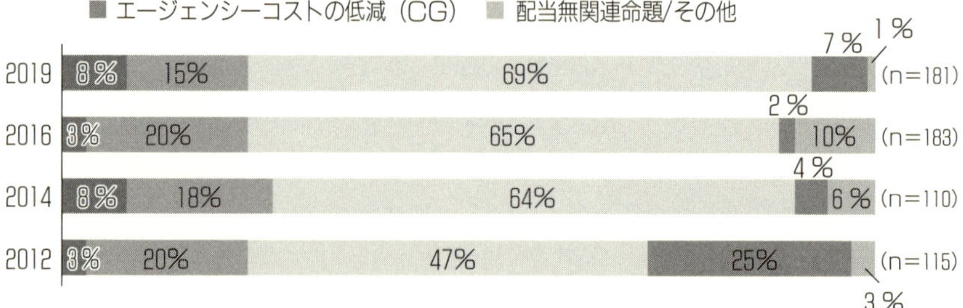

（出所）柳（2010），近藤・柳（2013），柳（2013ab），柳（2014ab），柳（2015abcd），西川編・柳（2016），柳（2016），柳（2017），柳編（2017），柳（2018），柳・広木・井出（2019），Yanagi（2018b）により2007-2018年調査を作成，2019年調査は本書で初公開。

図表１−13　ESG の要諦

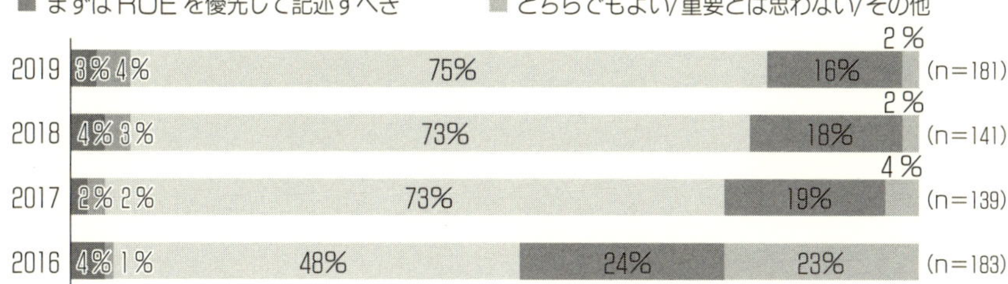

（出所）柳（2010），近藤・柳（2013），柳（2013ab），柳（2014ab），柳（2015abcd），西川編・柳（2016），柳（2016），柳（2017），柳編（2017），柳（2018），柳・広木・井出（2019），Yanagi（2018b）により2007-2018年調査を作成，2019年調査は本書で初公開。

図表１−13の推移をご覧いただきたい。これは後段のCFOの非財務戦略で詳説するが，2016年調査では，投資家の約半数は日本企業のESGに強い関心を示さなかったが，2019年調査では，４分の３の投資家は日本企業のESGについて，「企業価値との関係性を説明してほしい」と要望している。まさに「PBRモデル」の精神が問われているのである。このサーベイ結果から，日本でもESGの重要性が近年急激に高まっている様子がうかがえる。

このようにグローバル投資家の意見を時系列に俯瞰することでさまざまな示唆が得られた。次の第２章では，投資家の具体的な意見を含めて直近の2018年サーベイの詳細と2019年サーベイの速報サマリーを報告する。

第2章 近年の世界の投資家の視座：2018年調査の詳細と2019年調査速報

本章では本書の主張を裏付ける定性的証拠として，最新の資本市場参加者の声を具体的に紹介したい。筆者はUBS証券勤務時代の2007年より毎年世界の投資家サーベイを行っているが，最新の2018年調査[1]の定性的コメントを含めた詳細データと2019年調査の集計速報については，本書で新規公開として報告して，次世代CFOの財務戦略・非財務戦略の議論の基盤としたい。

それでは，投資家サーベイの質問と回答結果，および匿名を条件に寄せられた投資家のコメントを以下に紹介する。

第1節 世界の投資家サーベイ2018の詳報

1 日本企業のコーポレートガバナンスに対する満足度

初めに世界の投資家の日本企業のコーポレートガバナンスに対する満足度を尋ねた。

---

1 2018年グローバル投資家サーベイの調査期間は，2018年3月22日－5月29日である。回答者は国内投資家66名，外国人投資家75名，合計141名で，回答者の所属機関の日本株投資総額は約100兆円（2018年3月現在の数値で推計）にも上る。回答者の属性は世界の大手機関投資家（年金，運用会社）に所属して，管理職以上の権限のある役員，CIO，ファンドマネジャー，アナリスト等で，筆者の面識のある人物である。

なお，外資系国内拠点は外国人投資家に分類した。投資家の戦略の秘匿性は高く，こうしたグローバルサーベイには希少性がある。また英文図書でもYanagi（2018b）が2017年の投資家サーベイ調査までを英語で世界に向けて発信している。近年の投資家の意見，傾向に著変なく，本章のサーベイ結果は一定の頑強性を有すると言えよう。

図表２－１

質問１．一般に日本企業のコーポレートガバナンスに満足していますか？

Ａ．株主価値を大いに意識しており，大変満足している
Ｂ．株主価値を多少意識しており，概して満足している
Ｃ．株主価値を意識せず，不満である
Ｄ．株主価値を無視しており，大いに不満である
Ｅ．コーポレートガバナンス自体が重要でない
Ｆ．その他

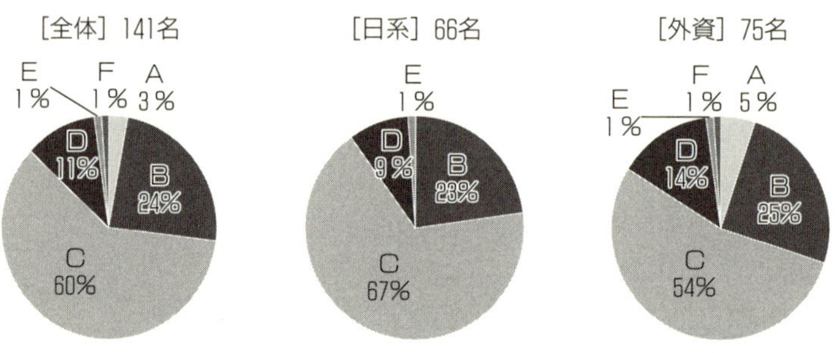

日本のコーポレートガバナンス改革が進展している現状を鑑みると，やや意外な感じもするが，いまだに過半数が日本企業のコーポレートガバナンスに不満を抱いている。海外投資家と国内投資家で大きな乖離も見られない。

しかしながら，下記のアベノミクス前の2012年調査と比較すると，コーポレートガバナンス・コードが最低２名の社外取締役を要請し，東証一部上場企業の約90％で複数の社外取締役を選任するようになってきたため，投資家の満足度は改善傾向にある。特に海外投資家の満足度が７％から30％へと大きく改善しており，強い不満を訴える回答も27％から14％へ半減した。

こうして見ると，近年社外取締役の複数採用が定着するにつれて日本企業のコーポレートガバナンスに対する投資家の満足度は改善傾向にあるものの，英米企業では過半数の社外取締役採用が基準であることはもちろん，高い株主価値の意識・財務リテラシーが求められるために，いまだに過半数が日本企業のガバナンスに不満を抱いており，改革は道半ばといったところであろう。

（参考）　2012年調査

日本企業のガバナンスに満足していますか？

A．株主価値を大いに意識しており，大変満足している
B．株主価値を多少意識しており，概して満足している
C．株主価値を意識せず，不満である
D．株主価値を無視しており，大いに不満である
E．コーポレートガバナンス自体が重要でない
F．無回答

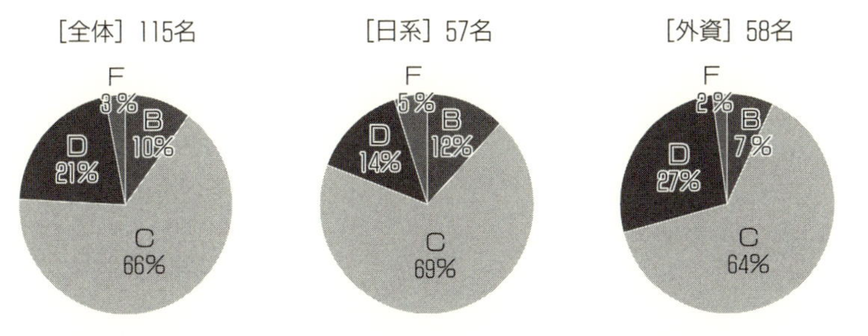

さらに，匿名を条件とした投資家の具体的なコメント（外国人投資家の英語によるコメントは筆者の責任で日本語に翻訳している）も示唆に富む。

《コメント》

「満足している」（外資）

- 過去５年の大改革を鑑みれば，満足と言えるだろう。現在は，旧態のごとく株主が軽視されることなく，大半の企業が配当や自社株買いという形で株主リターンをプライオリティ（最優先事項）に据えている。
- 総論としては，３年前あるいは５年前に比べ，伊藤レポートならびに関係者の皆様の尽力により，株主価値を意識せざるを得ない状況となり，ROE改善努力の開示，同目標の設定と進捗状況の説明，コーポレートガバナンスとESG（環境，社会，統治）に関する取り組みに対しても前向きな企業が増えたという印象である。
- 公的年金によるフィデューシャリー・デューティーと投資側のスチュワー

ドシップに対する意識の高まりにより，投資先に対する議決権行使を細かく吟味する土壌が生まれつつあることも，企業のガバナンス改善につながっているものと思われる。

「不満である」（日系）

- 株主価値を全く考えず，マルチステークホルダーの利益などの詭弁を用いる経営者がいる。決められたことを守っていれば良いという発想から抜け出せない。

「不満である」（外資）

- 日本企業全体としては持続的な企業価値創造よりも法人格の存続に重きが置かれており，したがって事業ポートフォリオ管理をはじめとした資源配分において特にガバナンスが効いていない（＝株主の望む資源配分が達成されていない）と考えている。
- ガバナンスの改善がマージン（利益率）に見られる一方で，本来あるべき体制の実現はまだ道半ばとも言い難い状況である。例えば，取締役の半数以上が社外取締役で占められるような構成となることや，真の指名・報酬委員会が実現されることを願う。
- 「進展」は見られるが，いまだ随所に改善の余地がある。多くの企業が旧態依然とした形式主義で，取締役はファイナンスの理解不足の傾向にある。経営戦略や企業価値創造への貢献力に乏しい学者や法律家が「社外取締役」として採用されるケースが多すぎる。

「大いに不満である」（外資）

- 過剰資本のバランスシートマネジメントや（利益を追求しない）経営層へのインセンティブの欠如，社外取締役が少ない取締役会が問題だ。また，資本コストの基本的理解が欠如しており，多くの経営者は資本コストが6％かそれ以下で良いと思っている。
- いまだに多くの日本企業が終身雇用を使命だと考えているが，これは株主にとって好ましくないのみならず，人材活用という観点から社会全体としても好ましくないと考える。

2　日本企業の ROE に対する満足度

次に日本企業の ROE について投資家意見を尋ねている。

図表 2－2

質問 2．一般的に日本企業の ROE に満足していますか？

A．資本コストを大幅に上回っており，大いに満足している
B．資本コストを多少は上回っており満足している
C．資本コスト以下のレベルであり不満である
D．資本コストを大幅に下回っており大いに不満である
E．ROE 自体が重要でない
F．その他

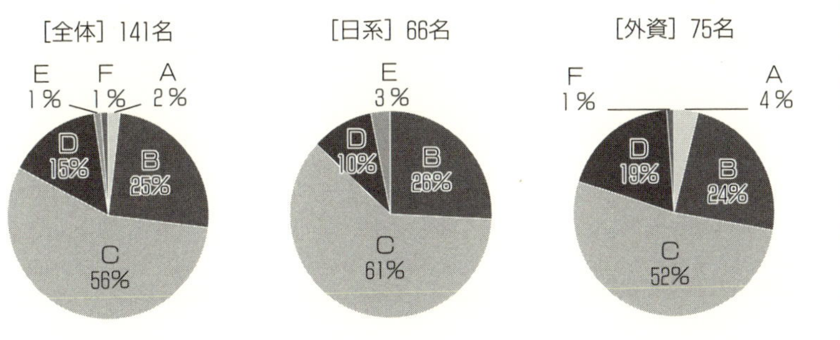

コーポレートガバナンスと同様に，近年日本企業の ROE は伊藤レポートの啓蒙効果などもあり改善基調にあるものの，過半数の投資家が日本企業の ROE に不満を抱いている。国内外の投資家の意見の傾向に乖離はない。アベノミクス以前の平均 5 %レベルであった日本企業の ROE は，2018年は株主資本コストのコンセンサスと言われる 8 %をクリアして10%レベルに改善している。

一方で，英米企業が15%レベルを基準としていることや，急速に改善した日本企業の ROE の持続性や経営者の財務リテラシーに不安もあることから，いまだに ROE は改革途中と見られている。

しかしながら，2012年のアベノミクス以前の調査と比較すると，5 %レベルの満足度が約 3 割へと改善しており，強い不満も半減している。ROE の平均値

（参考） 2012年調査

日本企業のROEに満足していますか？

A．資本コストを大幅に上回っており，大いに満足している
B．資本コストを多少は上回っており満足している
C．資本コスト以下のレベルであり不満である
D．資本コストを大幅に下回っており大いに不満である
E．ROE自体が重要でない
F．無回答

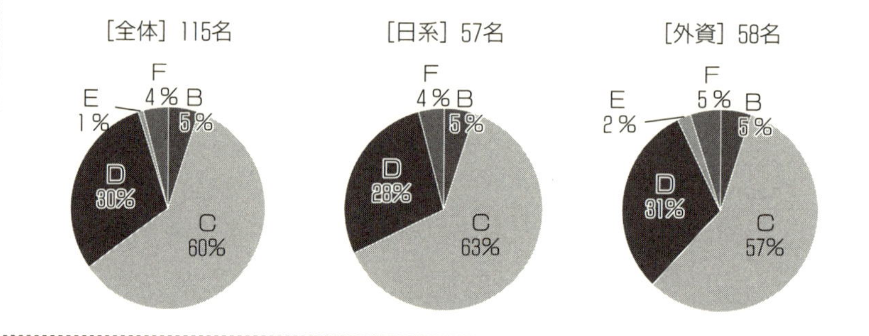

とともに投資家の満足度も着実に改善傾向にあることは確かである。

さらに，ROEについても世界の投資家の生の声は示唆に富む。

《コメント》

「満足している」（日系）

- 平均のROEが８％を超えてきている点を評価する。ただし堅調な内外経済の追い風を受けた一過性の可能性もあるため，一定水準を今後も継続的に達成し得るかという点では未知数の部分が残る。
- 上場企業としてROE８％程度を概ねクリアしていれば，上場企業として求められる資本コストの一般的な水準はクリアしていると思われる。
- ROEをKPIに設定している企業は多い。そのような企業はエクイティ・スプレッドへの意識も高いため，資本コストを上回るROEを維持できているように見える。一方で，株主を意識した経営をせず１桁台前半のROEに

とどまり，なかなか改善の意識が芽生えない企業も散見される。

「満足している」（外資）

- 日本のROEは８～９％，もしくは辛うじて株主資本コスト（CoE）を上回る程度だと見ている。ROEが４～５％だった日本が数年で，著しい発展を遂げていることは認識しており，実際のパフォーマンス改善を期待しているが，円安続きのため，このROE改善拡大の動きが一過性のものとなるのではと懸念している。ブルームバーグによれば，ROEは現在9.2％から8.3％に落ちている。
- 平均ROE水準は７％～８％レベルにまで向上している。米国企業の13％～15％，欧州企業の11％～13％前後に比べるとまだ低いものの，ROEを引き上げるためには売上高利益率改善が欠かせないことに全く異論が聞かれなくなったことは，大きな進歩だと思う。更に一歩踏み込んで，資産効率を真剣に考えるところも出てきていると感じている。
- 自らの企業をキャッシュ・フロー（CF）から語れる企業は極めて少ない。必要なワーキング・キャピタル，キャッシュ・コンバージョン・サイクル（CCC）という概念がまだ乏しく，通年でROEをどの程度にするかが緒に就いたレベルかと感じている。これは，表面的なROE向上ブームに終わるリスクにもつながると考えている。
- ROE向上ブームのリスクとして，財務と資本市場との対話力を持った経験豊富なCFOが不足していることと，経営陣のCFOの存在に対する意識がまだ低いのではないかとやや危惧している。年度ベースでのROE目標とその達成に目を奪われ，各事業に必要なワーキング・キャピタルの水準から実際に現金化されるまでのプロセスとフローを管理できなければ，結局，「景気が回復，円安になっているからROEが改善している」ことになり，今後起こり得る事業環境の変化でROEの変動が大きくなるリスクは，投資家が背負うことになる。

「不満である」（外資）

- 直近では10％を超えてきたが，長期平均ではまだ不十分。ボラティリティやシクリカリティを考えると今の景況感では15％程度は必要。

「大いに不満である」(外資)

- 一般的に，ここ数年の改善を踏まえても，日本企業はまだROE改善の余地があるのではないか。問題なのは，日本企業がリターンを高める潜在能力を持ちながら，前時代的な保守主義体制がそれを阻んでいることだ。バランスシート上の過剰現金保有のような説明不足の保守主義は許されない。保守主義を貫くのであれば，戦略に基づく企業活動の根拠を説明する必要があると考える。

3　日本企業の保有する現金・有価証券の水準の妥当性

次に，日本企業のバランスシートの現金や有価証券のレベルについての投資家の認識を尋ねた。

図表 2－3

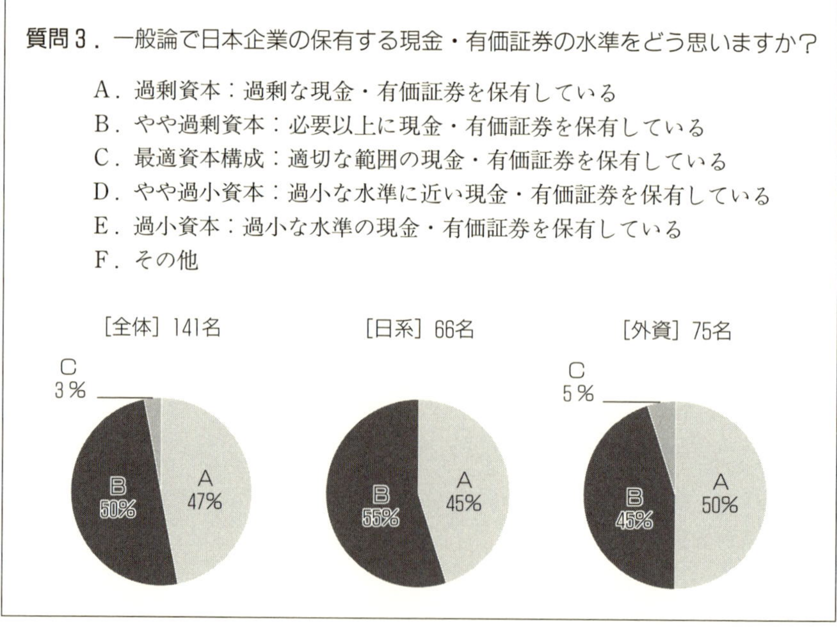

2018年3月末現在で上場企業（金融を除く）のバランスシートに約188兆円の現金・有価証券が積み上がっていた（筆者調査）こともあり，9割以上の投資家

が過剰資本，必要以上の現金・有価証券保有を危惧している。

さらに定性コメントが問題の本質をえぐり出す。

《コメント》

「過剰資本」（日系）

- ゼロ金利で過剰な現金保有は，価値を生む「資本」ではなく，万が一のための「保険」と考えている思想が一般的である。銀行は融資に困っているはずなので，万が一のための資金繰りのコミットメントラインは好条件で結べるはずだ。

「過剰資本」（外資）

- キャッシュ余剰でフリーキャッシュフロー（FCF）過剰企業が多い。資本コストに対して理解がなく，キャッシュが積み上がってしまっているケースが見受けられる。
- エクイティ（内部留保）見合いの現金を持ち過ぎている点は，社会のリスクマネーを無駄遣いしていると考えている。
- 投資家は資本市場で日本企業への不信感をあらわにしている。日本企業は，必要に応じて資本調達を行う一方で，万が一に備えて現金保有も行っているが，過剰資本は深刻な問題である。この過剰な現金保有は，貨幣流通による経済循環の妨げであり，また有事に対応すべき財源レベルをはるかに超えている企業経営目的にそぐわない現金保有だ。これは，妥当な根拠を欠く大きな「ネットネガティブ」と言わざるを得ない。
- 配当や自社株買いはありがたいが，明確な理由なき株式持ち合いはいまだ根強く，日本はガバナンス改善に消極的だと言わざるを得ない。確かに，必ずしも全ての業界がレバレッジを活用する必要はないが，幾多の企業が「万が一」のために現金貯蓄が必要だと妄信しているのが現状だ。これは，必要な時に融資を行わない銀行や不十分な債券市場も一因のため，日本企業がグローバルな競合企業より現金保有に走りがちな姿勢に一定の理解はできる。しかしながら，その保有率は依然として過剰であり，CFが安定している産業にこの傾向が顕著である。
- 適正な自己資本比率という考え方が，まだ多くの企業にはないように感じられる。これは，プロのCFOが少ないことにも起因すると考えられる。

- 企業経営者は，過剰資本を保有することによる株主の安心感を主張することがあるが，過剰な現預金を保有することによる経営者の慢心，事業環境変動時に起こる対応の遅れ，役職員の間に起こる危機対応意識の欠如など，過剰資本がもたらす負の側面に対する意識は極めて希薄と感じている。

「やや過剰資本」（日系）

- 財務状況が改善し，ネットキャッシュの企業が比較的増えている中，現金・有価証券の多寡自体は必ずしも問題ではないのだが，要は成長資金（有価証券投資ならシナジーを生みだす資産）としてどう活用していくのかという説明責任が総じて果たされていないことに対して，過剰資本の疑いを持たざるを得ない。
- 配当性向を指標とする企業は増えたが，配当性向3割程度だと金余りになる企業もあり，自社株買いを含め機動的な株主還元ができれば良いと思う。

4　日本企業の保有する現金・有価証券の価値

次に現在の企業価値評価（バリュエーション）の視点から，たとえば低迷するPBRなどに鑑みて，日本企業の保有する現金・有価証券100円がいくらぐらいに相当するかを尋ねてみた。PBRの1倍割れに加えて，いまだに時価総額よりも現金・有価証券のほうが大きい企業が数百社存在することへの一定のインプリケーションを探ってみた。

図表2－4

質問4． バリュエーション（PBR）から勘案して帳尻を合わせると，現在の日本企業の保有する現金，有価証券の100円をいくらぐらいで価値評価すると適切だと思いますか？

A．100円≒0円
B．100円≒25円
C．100円≒50円
D．100円≒75円
E．100円＝100円
F．100円≒125円～
G．その他

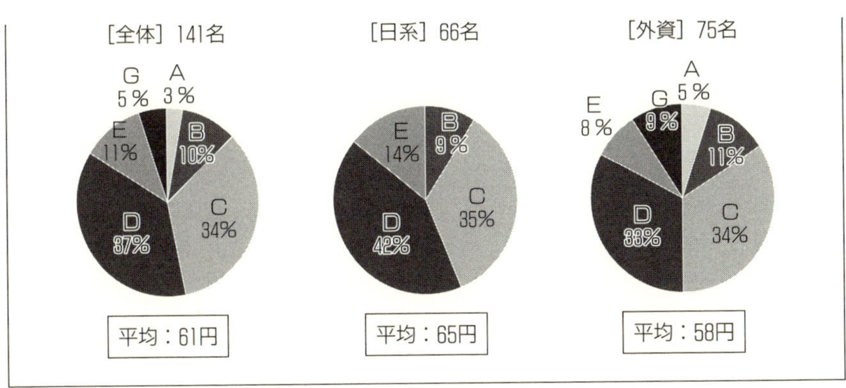

衝撃的な事実として，コーポレートガバナンス・ディスカウント（エージェンシーコスト）から，外国人投資家は日本企業の広義の現金100円を平均で58円に見なしていることが明らかになった。一方，国内投資家は65円と評価している。次章で日本企業の保有する100円が50円になるという統計的な実証研究を紹介するが，2018年でも投資家サーベイという定性的証拠が実証研究の定量的な証拠と合致していることは示唆に富む。

なぜ，このような過小評価が生まれるのか。投資家の具体的なコメントを紹介する。

《コメント》

「100円≒50円」（日系）

- 相変わらず持ち合い株が多く，現金を額面では受け取れない。
- キャッシュ保有には，今後のM&Aや積極投資，景気減速への備えといった理由が考えられるが，日本企業は価値を上回る価格でのM&Aの結果，数年後に減損に追い込まれるケースが多く，好況時の積極投資も景気ピークアウト後にロスが生じるなどの例も多いため。
- 上場企業の多くがPBR１倍割れを起こしている現状は，株式市場が現経営者は現在のブックバリューを減価させる可能性が高いと見ている証左であり，その減価相当額が主に現金ディスカウント現象となって表れる可能性が大きいと考えるため。
- 財務リテラシーの低い企業にとってのリアルオプション的価値は，投資家にとってはディスカウント要因になり得る。

「100円≒50円」(外資)

- 資本市場から割引CF法(DCF)で評価されている企業によっては，保有現金が現在価値に占める影響は僅少と想定される（ほとんど将来価値)。一方で，ブックバリューをベースに価格形成されている場合は現金・有価証券が一定の意味合いを持つが，企業のマネジメントに対する信頼性によって評価は分かれ，その範囲はゼロから100の間ではないだろうか。

「100円≒75円」(日系)

- ひと昔前なら，BPS（1株当たりの純資産）と株価を見比べて割安かどうか判断せざるを得ない程度の企業の現金同等物は半額評価の目線だったが，多少はROEに対する意識も高まった。価値創造投資は期待できないのでノーディスカウントにはならないが，価値破壊投資を疑うほどでもない状況に現在はある。

「100円≒75円」(外資)

- 多くの会社において，1株当たりの簿価と時価の純資産の現在価値は異なり，その不透明性はディスカウントに値する。そうは言っても，もし純資産が8%の収益をあげていれば(ROE 8%以上なら)，PBR 1倍はフェアである。
- バリュエーション上，キャッシュは簿価を非事業資産価値として計算しているが，過去ずっとキャッシュを活用できていない，または下手な投資で減損を発生させている会社の場合，経営力が低いことを割引率の引き上げ要因として考慮する場合がある。これは実質的にキャッシュの価値をディスカウントしているのと同様だと考える。

「100円≒100円」(外資)

- 現金は現金であり，ディスカウントはできないものと考える。しかしながら，現金は本来事業に全額再投資されるか，でなければ，その他の戦略投資や買収等に使用されることが好ましい。そうでなければ保有現金は株主に返還すべきだ。

5　日本株投資に係る株主資本コスト：投資家の最低要求リターン

次に，日本株に世界の投資家が投資する場合の機会費用，最低要求リターン，あるいは最低要求 ROE 水準としての株主資本コスト（CoE）について尋ねた。もちろん，個社別に株主資本コストは異なるものの，日本株平均（TOPIX）として画一的かつ長期の時間軸でのイメージを聞いてみた。

図表２－５

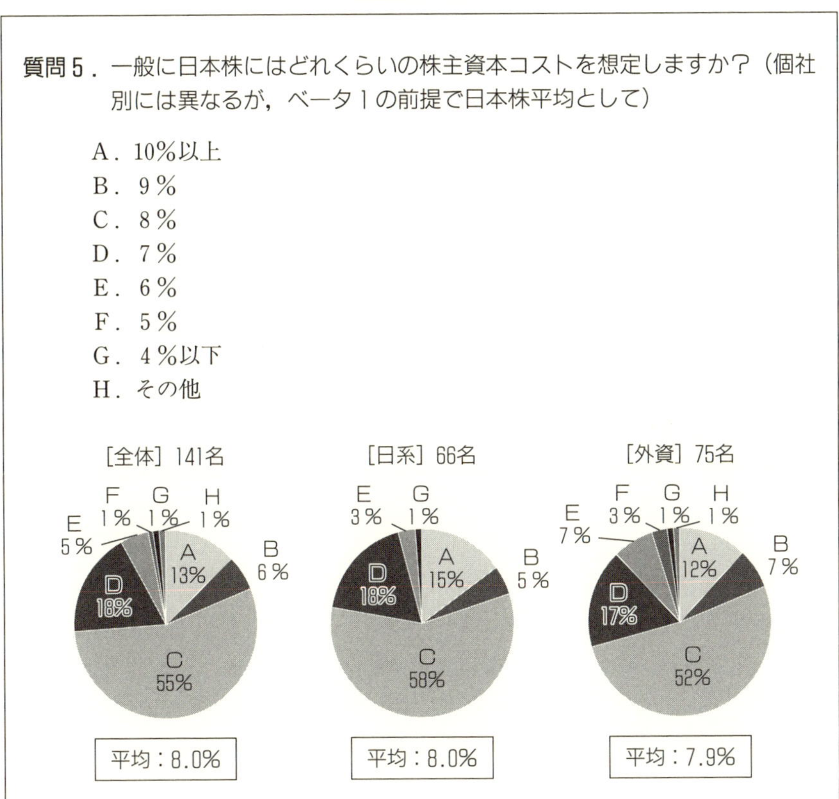

この調査結果は2018年６月16日付けの日本経済新聞朝刊[2]にも大きく取り上

2　2018年６月16日日本経済新聞朝刊15面「総会の焦点③資本コスト」掲載。

げられたが，伊藤レポートの「ROE８％ガイドライン」を裏付ける形で過半数が８％を株主資本コストとしており，平均値も概ね８％であった。国内外で傾向に大差はない。2007年からの継続的な投資家サーベイでも８％が常に最頻値であり，頑強な証拠となっているが，近年はより「伊藤レポートの８％」に収斂してきた印象がある。

ちなみに2014年の伊藤レポートでは筆者の投資家サーベイが採択されている。株主資本コストは８％が最頻値で，外国人投資家の7.2％の要求利回りを満たすことから，８％の最低ROEを推奨する根拠とした。出典は柳（2013a）である。

（参考） 2014年伊藤レポート抜粋

〈日本株に期待する資本コスト〉

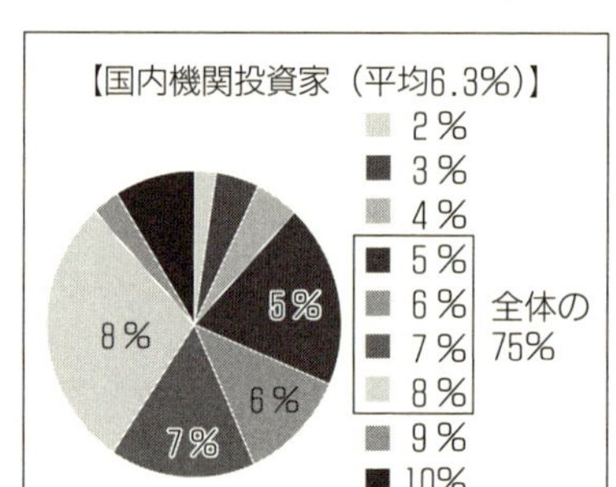

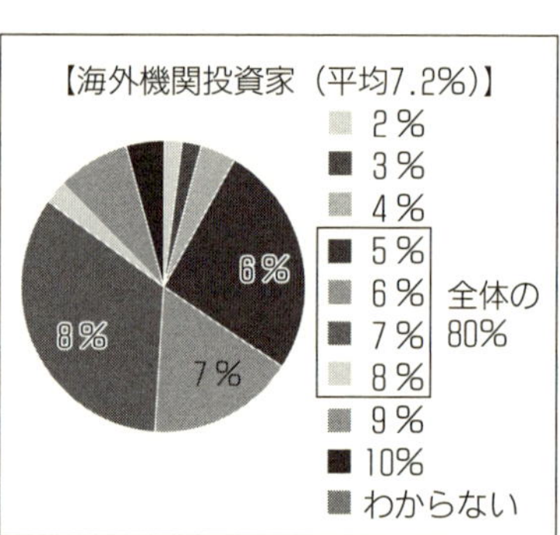

（注） UBS コア200の機関投資家にアンケートを行い，国内投資家52社，海外投資家47社から回答を得たもの（2012年４－６月）。

（出典） 柳良平（2013a）。

さらに投資家の匿名コメントを紹介する。

《コメント》

「10％以上」（日系）

- 中長期的には持続的に10％以上（できれば10％台半ば以上）の ROE が見込める企業になってほしいと考えている（そのような中長期シナリオが描けない

企業に対する投資にはより一層慎重になる）。

「10％以上」（外資）

- 10％もしくはそれ以上が望ましい。もし現在の市場期待がROE８％であれば，CoEはもっと高くてよいはずである。
- 見立てとして，８％から12％程度，個別のヒヤリングおよびモデリングの際，妥当と考えられる水準はこのレベルである。

「８％」（日系）

- 一般にPBR１倍以上が許容されるには，ROE８％程度は必要と考える。
- 一般的な株式のボラティリティから考えて，CoE相当水準が８％だという認識である。
- ８％は複利計算で，10年経てば，倍以上になるので，長期的なリターンの目安としてよいのではないか。

「８％」（外資）

- エクイティ・リスク・プレミアムを過去から勘案すると７～８％が適正だ。
- 平均的に８％程度というのは，資本がまだ小さいためにROE25％以上にもなる高成長企業や，長期成長を担保するアーリーステージ企業の赤字会社を包含する適正な水準と考える。したがって，安定成長を期待する上場大企業については，10％以上のROEを期待する。
- 市場平均PER（株価収益率）からの逆算や，株価とROEの相関性が出てくる水準などから，８％が妥当だと考える。また，伊藤レポートをきっかけに，多くの経営者，投資家の間で８％が１つの共通認識になったことも実態面に影響を与えている可能性があると思われる。
- リスクフリーレート（RFR）＝２％，マーケット・リスクプレミアム（MRP）＝６％と見ているため。
- 日本のリスクフリーレートが近年２％に一度も届かない状況下にある一方で，投資家はグローバルに投資することができる。つまり，投資家は必ずしも日本に投資する必要はないのだ。CoE比較はグローバル規模で平等であるべきで，そのために，リスクフリーレート２％とエクイティ・プレミアム６％を使う。グローバルエクイティ・プレミアムが恒久的に落ちない限り我々はこの水準を使い続ける。したがって，グローバル投資家の関心を集めたいのであれば，企業は８％基準を採用し続けるべきだろう。

「７％」（日系）

- 残余利益モデル等（オプション価値も含めて）で，インプライド資本コストを算出すると，この程度になるように思われる。

6　エクイティ・スプレッド（ROE－株主資本コスト）の支持率

さらに，株主資本コストを上回るROE（エクイティ・スプレッド）を自主開示して，投資家と議論すべきという筆者の東証への提案を支持するか世界の投資家に尋ねてみた。

図表２－６

質問6．エクイティ・スプレッド（＝ROE－株主資本コスト）が価値創造の代理変数として「伊藤レポート（2014年8月）」でも紹介されているが，資本コストを上回るROEの啓発のためにこのエクイティ・スプレッドをアニュアルレポートや東証の決算短信で自主的に開示・議論するという提案を支持しますか？

A．強く支持する
B．一応支持する
C．支持しない
D．中立である
E．関心がない，重要とは思わない

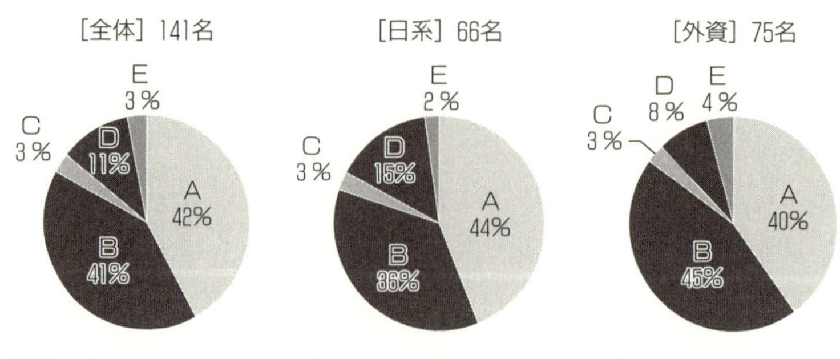

エクイティ・スプレッドについては後段で詳しく触れるが，財務的価値だけでなく，ESG（環境，社会，企業統治）や非財務資本とも価値関連性のある企業価値の代理変数である。世界の投資家のおおよそ８割程度の支持を得た。

さらに投資家のコメントが示唆に富む。

《コメント》

「強く支持する」（日系）

- 上場企業である以上，資本コストを意識するのは当然であり，その１つの方法として，エクイティ・スプレッドを自主的に開示・議論することは，有意義と考える。

「強く支持する」（外資）

- 多くの日本企業が資本主義経済を受け入れながら，他方で資本コストという概念の受け入れを拒否してきたことで，バブル経済崩壊と過去30年近くにわたって変貌してきた世界経済の枠組みの中で取り残され，株価低迷とその副次的効果（年金の予定利率引き下げ等）に苦しんできた。年金基金が日本を代表する企業群に長期的に投資しても，得られる投資収益が債券投資から生まれるリターンを下回り続けた事実に即して考えると，上場・公開企業の責務としてエクイティ・スプレッドを自主開示し，継続的な資本コストの低減努力とROE向上努力を行うことは，結果的に年金財政も含めた国富創造につながると考える。
- 日本でゆっくりとROEが浸透していく一方で，ほとんどの経営層がCoEを理解していない。我々にはROIC（投下資本利益率）vs WACC（加重平均資本コスト）が好ましいが，ROEとCoEはよりシンプルなコンセプトであり，ここから始めることができるだろう。

「一応支持する」（日系）

- 一応支持するが，エクイティ・スプレッドよりもROEのほうが直感的に理解しやすい概念であり，まずはROEについて開示・議論すべきではないかと考える。
- 長期投資家にとって，企業が価値を生み続けるという観点では，この考え方は正しい。ただし企業にはさまざまな状況や，ステージがあり，それらを考慮した正しい評価をする必要がある。単純に指標として開示するだけでは，逆に市場のミスリードにつながるケースもある。

- 開示もさることながら，本邦でもCFO育成が課題と認識している。

「一応支持する」（外資）

- 企業が株主資本コスト（CoE）をどのように考えているのかを見るのに役立つため，一応支持する。また，資本コストをどのように削減できるかについてディスカッションすべきだ。
- 経営者教育が必要である。そして，経営者のKPIにエクイティ・スプレッドを入れるべきだ。

「中立」（日系）

- 企業がエクイティ・スプレッドを意識することは重要で，経営陣がこれらを語れるということが必要だと思う。一方で，資本コストの算出にはいろいろと前提が必要で，社員の労力を考えると文書に残す必要は現段階では感じていない。

「関心がない/重要とは思わない」（外資）

- 現在のCoEの理論的計算方法には納得がいかない。市場は毎分ごとに，リアルなエクイティ・コストを提供しており，これはPERの逆数である。学者は予想リスクプレミアムやベータ等の活用を主張しているが，これはもはや過去の遺物であり，必ずしも現在や将来と関連性があるとは言えない。

7　日本企業のESGとその開示についての投資家意見

CFOの非財務戦略の記載（第8章，第9章）で，詳細は深掘りするが，近年注目を集めるESGや見えない価値とも呼ぶべき非財務情報の日本企業による開示や対話について世界の投資家がどう考えているのかを尋ねてみた。

図表２－７

質問７．日本企業のESG（非財務資本）および統合報告書によるその開示についてはどうお考えですか？

A．無条件でESGを積極開示すべき
B．ROEより優先してESGを説明すべき（ESG＞ROE）
C．ROEとESGを両立して価値関連性を示すべき（ROE & ESG）
D．ROEを優先して記述すべき（ROE＞ESG）
E．ESGの開示は不要
F．その他

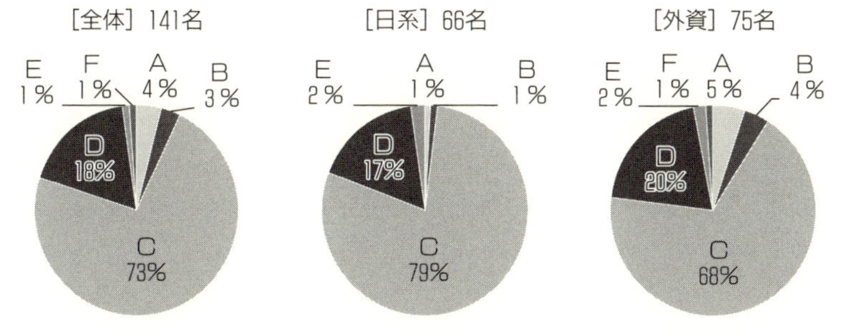

国内外の投資家で意見に大差はないが，圧倒的多数が「ESG（非財務情報）とROE（企業価値）の関連性を示してほしい」と要請している。

《コメント》

「ROEとESGを両立すべき」（日系）

- ESGは本来，企業の成長戦略とセットで議論すべきものであり，ROEも同様である。それぞれに因果関係があるはずだ。
- 『論語と算盤』のように，ROEとESGもどちら「か（OR）」ではなく，どちら「と（AND）」も，持続的な価値創造のために重要だ。
- 企業の活動において，さまざまなステークホルダーの要求を満たす社会的価値創造が最も重要と考えるが，一方で株式投資という側面において，株主に対する還元とその直接的な源泉となる財務的な利益の拡大・価値向上は不可欠である。よって，両立して示されるべきと考える。

- ESGだけでは企業価値へのつながりがわからないから，形だけになるため，ROEとの両立が不可欠である。
- 各企業独自のESGマテリアリティ（重要度）とそれによるROEとの連関や長期的な企業価値創造を示した統合報告書があると，各ステークホルダーがその企業に対して深い理解が得られるので，お互いに良いことだと思う。ただし，投資家や政府が強制するのではなく，企業の自主的な開示を望む。

「ROEとESGを両立すべき」（外資）

- ROEがなければ，ESGが成り立たない。
- ESGは一般的に言って，資本コストの低減に資する。
- ROEとESGは両方とも大切な要素であり，この2つは相互に密接な関連があるというのが我々の見解である。ESGの開示は，企業間で改善の余地があり，特にリスクマネジメントの面が気になる。企業は事業の潜在的リスクについて開示する義務があり，これは投資家にとって最も重要である。私たちのような機関投資家は，アセットオーナーに対して受託者責任（スチュワードシップ責任）の義務があり，企業の公開情報を基にリサーチすることを通して，その責任を果たしているのである。

「ROEを優先して記述すべき」（日系）

- 説明が難しいESGよりもまずはROEへの課題解決に注力すべきだと思うから。

「ROEを優先して記述すべき」（外資）

- 多くの企業がESGを隠れ蓑として利用しながら，G（企業統治）を注視していない。我々は経営戦略についてディスカッションしたいと思っているが，その一方で統合報告書には全ての財務情報を記載してほしいと考えている。大半の企業が我々の望む財務情報の開示ができていない。ROEはROICと同様FCF生成（または使用）の観点から重視すべき最も大切な指標である。しかしながら，キャッシュリッチ企業がROEではなく，ROICについて話したがるだろうか（それはないだろう）。
- ROEの向上を真摯に考えている企業の場合，ESGの向上はROEに内包されると考える。今のようにESGやSRI（社会的責任投資）が盛んになる前から，優良企業はESGについても配慮していたし，ディスカッションする能力も有していた。したがって，ESGについても別途開示する状況は望ましい方向だが，ESGはROEより優先されるべきものと考えるより，利益を重視していただきたい。

8　日本企業のESGを企業価値評価（PBR）に織り込むべきか

後段で具体的な事例やモデル，実証研究は掘り下げていくが，日本企業のESGを企業価値評価であるPBRに織り込むべきかを世界の投資家に尋ねてみた。

図表２－８

質問８．日本企業のESG（非財務資本）の価値とバリュエーション（PBR）の長期的関係についてはどうお考えですか？

A．ESGの価値は全てPBRに織り込まれるべきだ
B．ESGの価値の相当部分はPBRに織り込まれるべきだ
C．ESGの価値を多少はPBRに織り込むべきだ
D．ESGの価値は別物なのでPBRや株価に織り込まれるべきではない
E．関心がない，重要とは思わない
F．その他

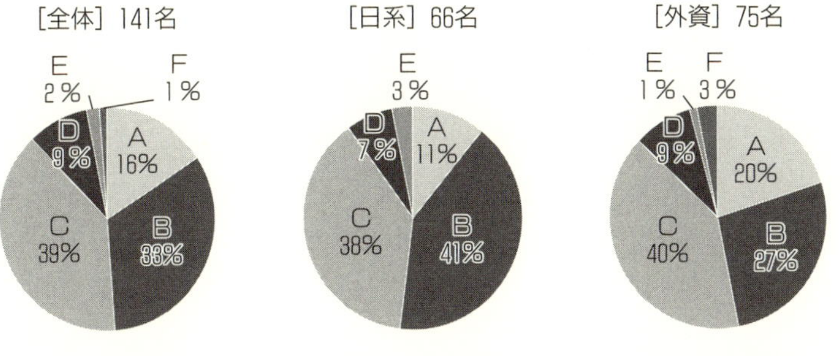

大多数の投資家が一定程度はESGをPBRに織り込むべきと回答していることは示唆に富む。実証研究と並んで，CFOの非財務戦略で示す「非財務資本とエクイティ・スプレッドの同期化モデル（筆者のPBRモデル）」を支える定性

的証拠となろう。

世界の投資家の匿名コメントも参照されたい。

《コメント》

「ESGの価値は全てPBRに織り込まれるべき」(日系)

- PBR 1倍を上回る部分は非財務価値であることを強く支持しているから。

「ESGの価値はPBRに全て織り込まれるべき」(外資)

- ESGの価値はPBRに織り込むべきというのが我々の見解である。ESGは企業価値評価に影響を与えると考えているのだ。概してESGは企業の安定性，持続性，質を表しており，長期では，評価に織り込むべき企業価値評価のファンダメンタルズの一要素だと考えている。しかしながら，短期的には，市場のモメンタムやファンダメンタルズ要素以外の何かが株価に影響を及ぼすと考えられる。

「ESGの価値の相当部分はPBRに織り込まれるべき」(日系)

- ESGは長期的には，財務情報となる。企業の長期的なキャッシュ・フロー予想や，株主コストの予想に必要になる。
- ESGの価値の中で，将来キャッシュ・フロー，および割引率に関連する部分は相当にあると考える。したがって，適切に反映されることでPBRへ織り込まれるものと考える。
- 企業の社会的な価値とは必ずしも財務面だけでは評価できない部分が大きいと考える。単なるチャリティー・無報酬の社会奉仕だけではない社会貢献がさまざまな形で行われており，その一部(または全て)は中長期的には「本業」の成長因子として，将来の財務的価値に反映される。環境保全・社会的義務・ガバナンスルールなど，求められている項目を満たしているか否か，という側面ではなく，その企業だからこそできる社会的価値創造という「ESG価値」は，バリュエーションに反映されるべきと考える。

「ESGの価値を多少はPBRに織り込むべき」(日系)

- ESGについては，バランスシートに現れない潜在的な企業価値であり，

PBR に織り込まれるべきであると考えるが，その評価や測定が難しいため，全てを織り込むことは現状困難だと思う。しかしながら，一定程度であれば織り込むべきと考える。

- ESG の価値をどのように定義するかだが，ESG 活動を広義に理解すると，その中には企業価値にあまり影響のないものもあると思われる。一方で，新しい事業機会へのアクセスを高めたり，ステークホルダーとの協調を促進したり，ビジネスリスクを提言させるような活動であれば，ESG 活動は企業価値，つまり PBR に反映されるべきであると思う。
- 本来我々はもっと，ESG を企業価値評価に織り込みたいと考えていたが，アセットオーナーから100%の支持を得られない限り，ESG が時間とともに定量化される程度に応じて，ムービングターゲットとしての適切なバランスを見つける必要がある。
- 簿価純資産（BV）を超える価値創造は時価概念や将来獲得キャッシュ・フロー（CF）を反映したものなので，現在計算できる財務価値以外のものを織り込む可能性があると考えている。ESG はそのうちの重要な要素であるが，流動性など典型的な ESG 要素に還元できないものも多くあるため，あくまで「多少は」だと思う。
- E（環境）と S（社会）は新しいものであるが故に，近年のブームは少しばかり強調し過ぎているきらいがある。E と S は経営の通常のアセスメントとして企業価値評価に織り込むべきものだと考える。G のガバナンスこそが変革をもたらす要素であり，その変化は ROE の成長やフリーキャッシュフロー，バランスシートマネジメントに見ることができる。

「関心がない/重要だとは思わない」（日系）

- ESG は解釈の余地があまりに大きく，その受け止め方も人や会社によってバラバラなのが現状と認識している。よって，アクティブ運用者としてはネガティブチェック（不祥事リスク等の回避）には使えるが，直接的に中長期的な企業価値評価につながるものとは考えていない。また，そもそも長年構造不況事業を抱え，通常の IR の情報開示自体も悪いのに，ESG 的な取り組みとして『サステナブル経営説明会』なるものを熱心に開催する会社（某流通大手）が出てきている昨今の流れには，正直なところ，どこか本末転倒になっていないかと違和感をおぼえている（植樹活動や女性管理職採用，健康経営だけを頑張っても，株価にプレミアムは付けられないと考える)。

ここまで，2018年の投資家サーベイを紹介して，資本市場のパーセプションを詳細に明らかにした。長期の大手機関投資家の相当数をカバーしており，市場の声としては一定のイメージを把握できたであろう。

本源的な企業価値は潜在的な価値を含み，企業と投資家には情報の非対称性が存在するものの，少なくとも上場企業の企業価値を具体的な数値で論じる場合は，やはり投資家の企業価値評価である長期的な時価総額が一定のインプリケーションを持ち得るであろう。

そのためには，日本企業の実像を適切な開示や対話で投資家に訴えるとともに，世界の投資家が現在の日本企業をどう見ているかを把握することもCFOが財務・非財務戦略を構築するにあたっての座標軸になろう。こうした観点から本章の世界の投資家サーベイを，本書の主張の１つのベースとして念頭に置いていただきたい。

第２節　世界の投資家サーベイ2019の速報

筆者は執筆時点で2019年の投資家サーベイの取りまとめを完了したところである。本節では資本市場のパーセプション・スタディの最新データとして，2019年調査のサマリーの集計結果[3]を速報で報告する。

1　日本企業のコーポレートガバナンスへの満足度

図表２－９

質問１．一般に日本企業のコーポレートガバナンスに満足していますか？

A．株主価値を大いに意識しており，大変満足している
B．株主価値を多少意識しており，一般的に満足している
C．株主価値を意識せず，不満である
D．株主価値を無視しており，大いに不満である
E．コーポレートガバナンス自体が重要でない

3　2019年投資家サーベイの調査期間は2019年２月25日－５月29日である。回答者は国内投資家100名，外国人投資家81名，合計181名で，回答者の所属機関の日本株投資総額は約100兆円（2019年３月現在の数値で推計）になる。

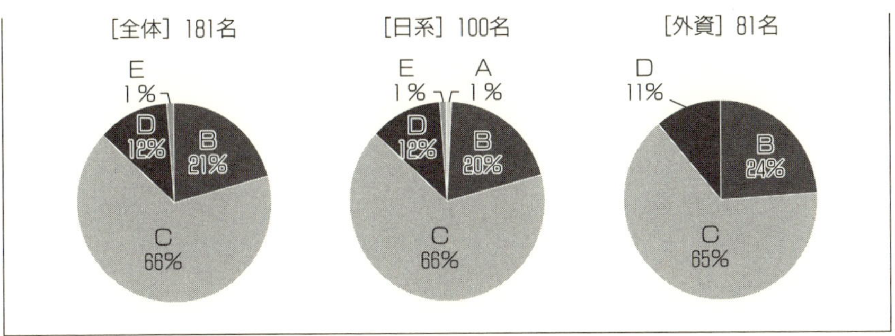

図表2－9のように，2018年調査と2019年調査では日本企業のガバナンスに関する投資家の満足度には大きな変化はなかった。2018年6月にコーポレートガバナンス・コードが改訂されて，政策投資株式，つまり株式持ち合いも資本コストの意識をもって見直すことが要請されたが，実効性が伴っていないこともあって，投資家の満足度は停滞しているように見える。一段のガバナンス改革が必要だろう。

2　ROEの投資家満足度

図表2－10

質問2．一般に日本企業のROEに満足していますか？

A．資本コストを大幅に上回っており，大いに満足している
B．資本コストを多少は上回っており，満足している
C．資本コスト以下のレベルであり，不満である
D．資本コスト以下のレベルであり，大いに不満である
E．ROE自体が重要でない

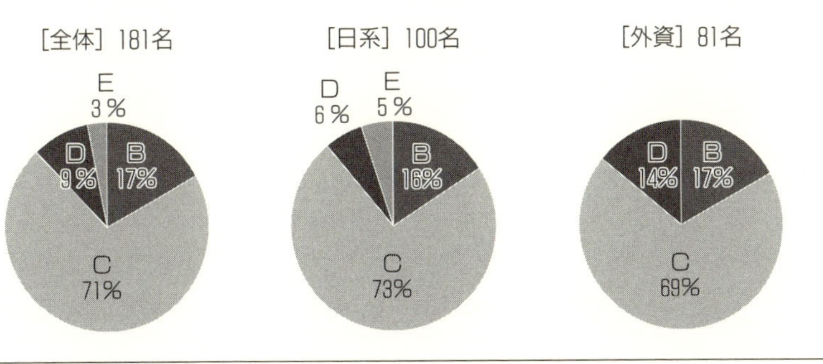

図表２-10にあるように，投資家のROEへの満足度は2018年の27％から17％へと低下した。日本企業の平均ROEが，９％台から８％台へ低下したこともあろうが，株価の停滞，あるいは2018年６月改訂のコーポレートガバナンス・コードで，資本政策や経営計画で資本コストの意識を高めるように要請されたにもかかわらず，企業経営者の過半数がいまだに十分に資本コストを認識していない（JIRA（2018））ことなどが背景にあると推察される。企業側のエンゲージメントも皮相的になってきているのかもしれない。

3　日本企業は過剰資本・過剰現金保有か

図表２-11

質問３．一般論で日本企業の保有する現金・有価証券の水準をどう思いますか？

A．過剰に現金・有価証券を保有している（したがって，多くの場合，過剰資本）

B．必要以上に現金・有価証券を保有している（やや過剰資本）

C．必要な，あるいは適切な範囲内の現金・有価証券を保有している（最適資本構成）

D．やや過小な水準の現金・有価証券しか保有していない（やや過小資本に陥っている）

E．過小な水準の現金・有価証券しか保有していない（過小資本）

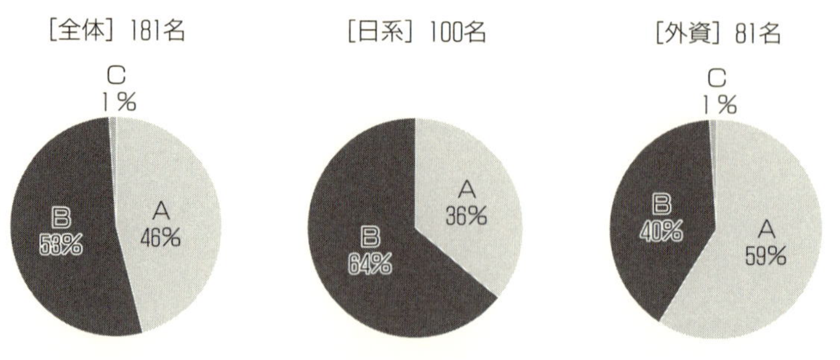

図表２-11のように，2018年と2019年では変化なく，半数が過剰資本・過剰現金保有，半数がやや過剰資本・過剰現金保有としている。海外投資家の過剰資本・過剰現金保有との評価が50％から59％へと上昇しているので，一層積み上

がる現金・有価証券への不満は根強いようだ。

4　日本企業が保有する現金100円はいくらの価値があるか

図表２－12

質問４．VALUATIONから勘案して帳尻を合わせると，現在の日本企業の保有する現金，有価証券100円をアバウトに，いくらぐらいで価値評価すると適切だと思いますか？

A．現金，有価証券の金額が時価総額よりも大きい企業も多く，ガバナンスディスカウントや価値破壊投資のリスクが著しいので，ゼロに近い評価（100円≒０円）

B．日本企業の相当がPBR１倍割れであり，ガバナンスディスカウントや価値破壊投資のリスクを勘案して一定のディスカウント（50％以上）：（100円≒25円）

C．日本企業の相当がPBR１倍割れであり，ガバナンスディスカウントや価値破壊投資のリスクを勘案して一定のディスカウント（50％前後）：（100円≒50円）

D．日本企業の相当がPBR１倍割れであり，ガバナンスディスカウントや価値破壊投資のリスクを勘案して一定のディスカウント（50％以下）：（100円≒75円）

E．監査法人が担保する有価証券報告書の貸借対照表の現金，有価証券の価値は絶対的なので，等価で見る（100円≒100円）

F．現金，有価証券は正のNPVを生む価値創造投資に使われる（あるいは自社株買いの増配になる）ので，プレミアム評価：（100円≒125円～）

G．無回答

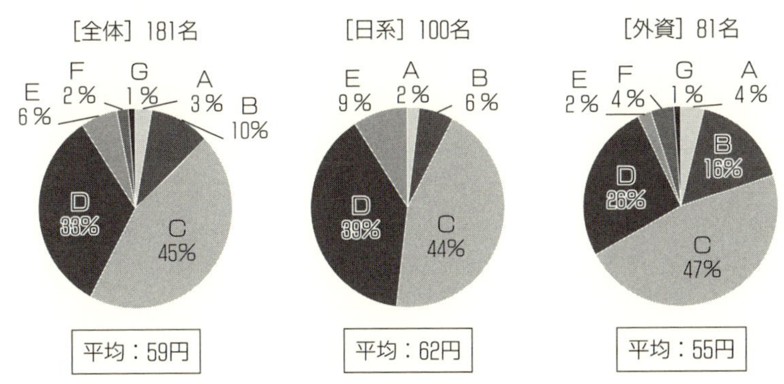

図表２−12にあるように，日本企業の保有する広義の現金（現預金，有価証券）100円の価値は2018年の61円から，2019年は59円と50円台へ低下した。海外投資家は55円の価値しかないと言っている。

積み上がる現金，有価証券，資本コストの意識の欠如，CFO の説明不足などが影響しているのだろう。コーポレートガバナンス・ディスカウントあるいはエージェンシーコストとも言えるが，見えない価値，ESG の価値が毀損されているのだ。

「日本企業の保有する現金100円は50円の価値しかない」と資本市場は見なしているのだ。

5　配当政策の要諦

図表２−13

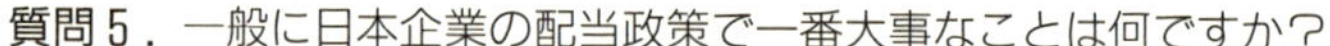

質問５．一般に日本企業の配当政策で一番大事なことは何ですか？

Ａ．安定配当（配当絶対額の維持）
Ｂ．安定配当性向（業績連動配当）
Ｃ．最適資本構成（BS マネジメント）からの最適配当政策
Ｄ．エージェンシーコストの低減（コーポレートガバナンス）
Ｅ．配当政策自体が重要でない，配当無関連命題

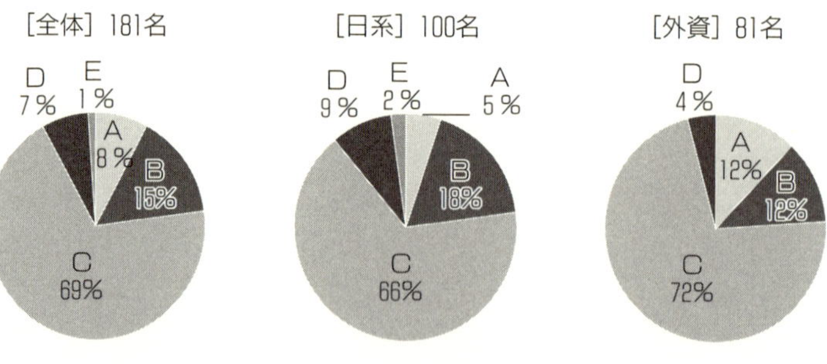

この質問は2018年調査にはなかったが，前回の2016年調査と著変はなかった。日本企業には「配当性向30％」の神話があるが，引き続き，知見の高い長期投資家は，最適資本構成に依拠した最適配当政策，あるいはバランスシートマネジメントを要求している。これも企業と投資家のダイコトミー（２分法）の１つ

である。

6　株主資本コストのコンセンサス

図表２－14

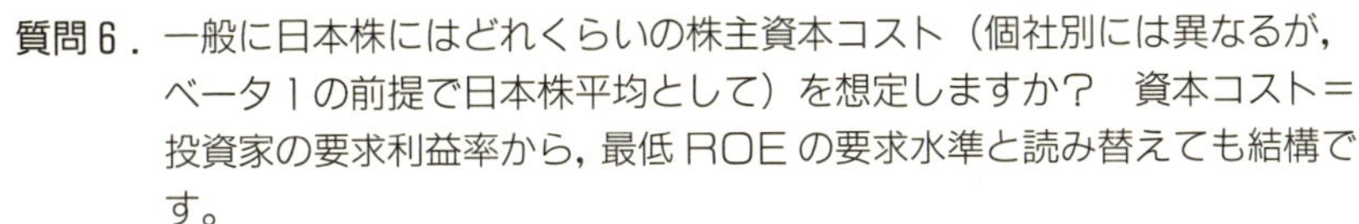

質問６．一般に日本株にはどれくらいの株主資本コスト（個社別には異なるが，ベータ１の前提で日本株平均として）を想定しますか？　資本コスト＝投資家の要求利益率から，最低 ROE の要求水準と読み替えても結構です。

A．10％以上
B．９％
C．８％
D．７％
E．６％
F．５％
G．４％
H．４％未満

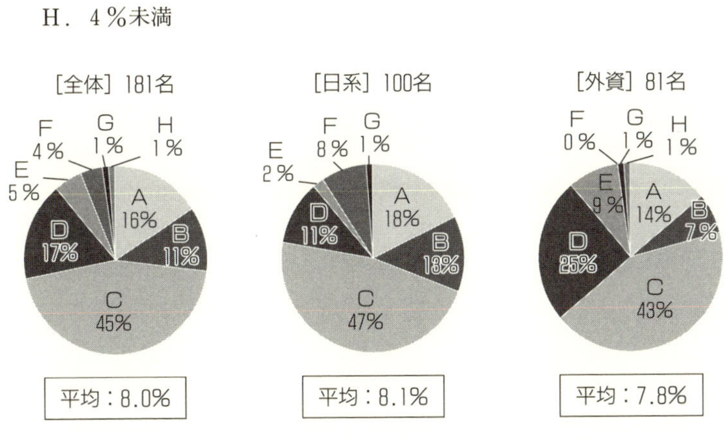

図表２－14のように，株主資本コスト，最低要求 ROE についての世界の投資家のコンセンサスは，2018年と2019年では８％で同じであった。伊藤レポートの「ROE８％ガイダンス」が世界の投資家に完全に受け入れられて定着している蓋然性が高い。

7 エクイティ・スプレッドの支持率

図表 2-15

質問7．エクテイイティ・スプレッド（=ROE－株主資本コスト）が価値創造の代理変数として「伊藤レポート（2014年8月）」でも紹介されているが，「資本コストを上回るROEの啓発の為に」このEquity Spreadをアニュアルレポートや東証の決算短信で自主的に開示・議論するという提案を支持しますか？

A．強く支持する
B．一応支持する
C．支持しない
D．中立である
E．関心がない/重要とは思わない
F．その他/無回答

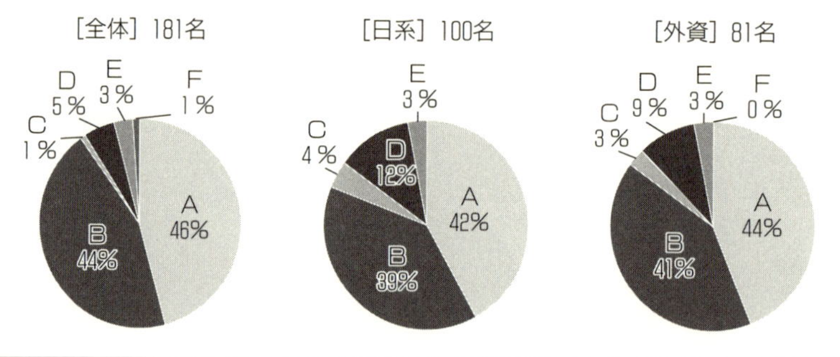

図表 2-15のように，エクイティ・スプレッドの支持率についても2018年と2019年で大差はないが，引き続き支持率は上昇している。エクイティ・スプレッドの統合報告書や決算短信での自主開示により，世界の投資家との議論が充実する可能性もあろう。

8　日本企業のESGへの要望

図表２－16

質問８．日本企業のESG（非財務資本）および統合報告によるその開示についてはどうお考えですか？

A．無条件でESGに注力して積極開示すべきである
B．資本効率（ROE）より優先してESGを開示して説明してほしい（ESG>ROE）
C．資本効率（ROE）とESGを両立して価値関連性を示してほしい（ESG & ROE）
D．日本は周回遅れなのでまずは資本効率（ROE）を優先して記述すべき（ESG<ROE）
E．ESGの開示は不要

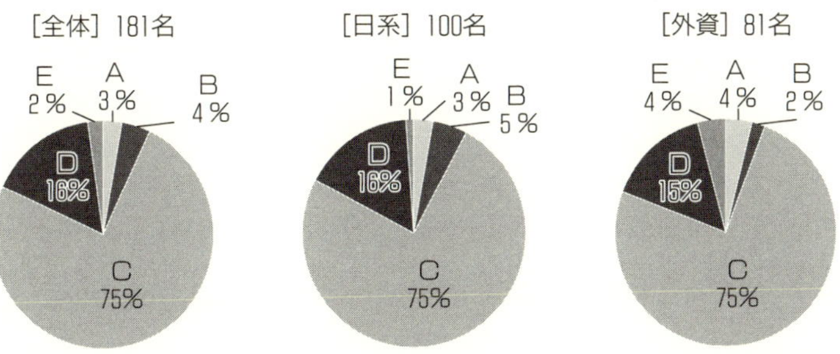

図表２－16のように，日本企業のESGへの要望については，2018年と2019年で変化はない。75%の投資家が「PBRモデル」つまりESGと企業価値の価値関連性を説明してほしいと要望している。一見，ESGは日本の企業文化と親和性が高く，近年，日本でもESGがブームだが，「日本企業の一部はESGを低いROEやPBRの言い訳，隠れ蓑にしてはいないか」という海外投資家の批判もある。

一方，時折，日本企業の一部は「近江商人の三方良し（=ESG）が日本では重要だからROEは低くてもかまわない」として低ROEを正当化する向きもあると聞く。ちなみに，2018年12月東証主催の「企業価値向上経営セミナー」で筆

者と共に登壇したフィデリティ投信の三瓶裕喜氏は「古文書を調査したところ，一貫して近江商人の ROE は高かった」と語っている。

近江商人は「三方良し＝ESG」と ROE を両立させていたとも解釈できるのかもしれない（東証編，柳・三瓶（2018））。

9　ESG を PBR（株価純資産倍率）に織り込むか

図表 2－17

質問 9．日本企業の ESG（非財務資本）の価値とバリュエーション（PBR）の長期的関係についてはどうお考えですか？

A．ESG の価値は，資本コスト低減や将来業績の増分・安定化などを通じて，本来ならすべて PBR（1 倍以上の部分）に織り込まれるべきだと考える

B．ESG の価値の相当部分は，資本コスト低減や将来業績の増分・安定化などを通じて本来は PBR（1 倍以上の部分）に織り込まれるべきだと考える

C．ESG の価値を多少は PBR に織り込むべきだと考える

D．ESG の価値は別物なので，資本コスト低減や将来業績の増分・安定化なども関係はなく，PBR や株価に織り込まれるべきではないと考える

E．ESG の価値評価には関心がない・重要とは思わない

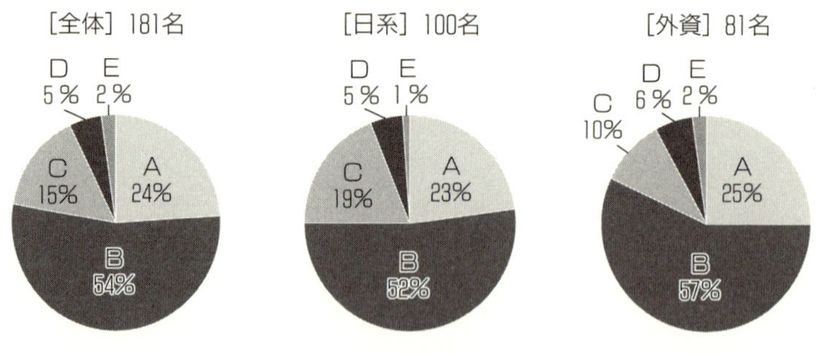

図表 2－17のように，全体として約 9 割の投資家が多少は ESG の価値を PBR に織り込むとしており，見えない価値の見える化に光明がある。特に2018年と比べて，2019年は「ESG の価値を100％，PBR つまり企業価値評価に算入する」と回答した投資家の比率が16％から24％に 5 割増となっており，顕著な

ESG 投資の浸透がうかがえる。

「ESG の価値の相当部分を PBR に織り込む」投資家の比率も，この 1 年で33%から54%へ急上昇しており，ESG の潜在価値の大きい日本企業には大きな朗報である。

ここから，いかにして開示と対話で「PBR モデル」の道筋を伝えて企業価値評価（PBR）を高めるのか。それこそが真の CFO の非財務戦略の目的であり，ミッションである。

第3章 不都合な真実：日本企業の保有現金100円は50円

第1節 日本企業のバランスシートに積み上がる現金・有価証券

第1章で詳説したように，近年アベノミクスのガバナンス改革の影響もあり，日本企業の業績，株価，ROE等は改善傾向にあるが，その一方，2019年3月末現在で，上場企業（金融を除く3,532社）のバランスシートには，約109兆円の現金が積み上がっている。これに投資有価証券（持ち合い株式を含む）を加えると，その総額は約185兆円にも上る[1]（**図表3－1**）。

一般論では，粉飾決算でもない限り，財務会計上は監査済有価証券報告書に記載されているこれらの数字は本来正確であり，現金100兆円は100兆円であると見なされ，現金および有価証券185兆円は185兆円の価値があると解されるのが普通であろう。

しかし，ファイナンス理論あるいは管理会計上は，企業が株主に返還しないでバランスシートに蓄えた現金・有価証券には機会費用がある。現実におよそ200兆円レベルの金融資産が日本の上場企業に保有されていて，その保有現金は内部留保を主な源泉としており，内部留保は本来株主に帰属する利益を蓄えたものである。

つまり理論上は，いったん株主に帰属した利益を再度エクイティファイナンスで調達したことに類似すると想定すれば，投資家の機会費用がある。第1章，第2章の世界の投資家サーベイから，日本企業に要求される一般的な株主資本コストを8％と仮定すると，おおまかに言って「200兆円×8％＝16兆円」の追加的な年間利益が本来は求められているとも言える。

1　2019年3月末Bloombergにより筆者試算。

図表３－１　積み上がる現金・有価証券

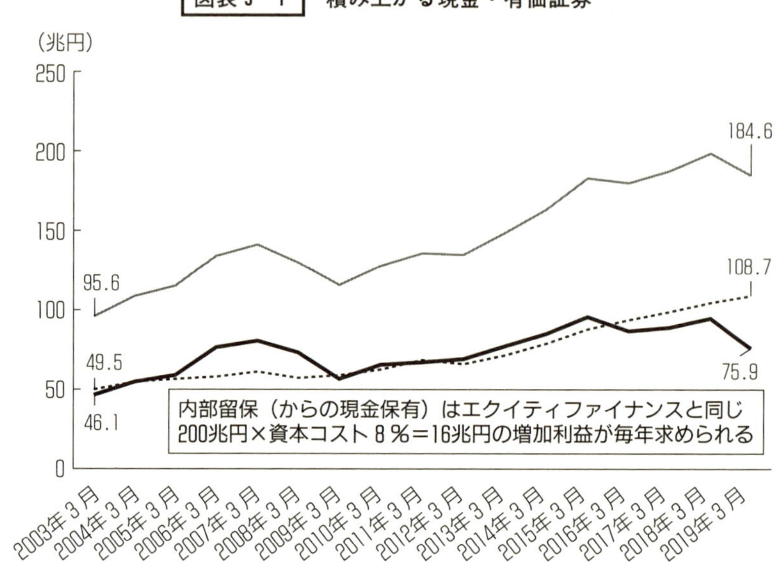

（出所）　Bloombergより筆者作成。

仮に価値を生む投資や株主還元に使われないとすると，毎年16兆円の逸失利益（価値破壊）が発生していることになる。

こうした資本市場の視点，つまり株主価値創造理論の観点からは何が起こるのであろうか。参考データとして**図表３－２**をご覧いただきたい。現金（プラス有価証券）の価値が時価総額よりも大きい企業の数に驚きを禁じ得ないだろう。

図表３－２　日本では現金のほうが時価総額よりも大きい会社が多い

2019年３月東証上場企業（金融除く）3,532社	
保有現金	108.7兆円
保有現金＋有価証券	184.6兆円
現金≧時価総額	222社　(6.2%)
現金＋有価証券≧時価総額	499社（13.9%)
現金＋有価証券－有利子負債≧時価総額	199社　(5.5%)

（出所）　Bloombergより筆者作成。

過剰に積み上がった現金・有価証券は市場からの評価が十分得られないケースも多い。つまり，エージェンシーコストとしてのコーポレートガバナンス・ディスカウントが起こり，ガバナンスやIRに課題のある企業の保有現金100円が，たとえば50円に見なされてしまう場合もある（第２章の投資家サーベイ結果と合致）。

アベノミクスで株価が上昇した後の2019年３月末現在ですら，上場企業（金融を除く3,532社）のうち，バランスシート上の現金のほうが時価総額よりも大きい企業が222社存在し，また，現金および有価証券残高が時価総額よりも大きい企業が499社ある。上場企業の６％強で保有現金が時価総額以上あり，14％で保有現金＋有価証券が時価総額を上回っている。

保守的に有利子負債を差し引いたネットキャッシュで見ても，純現金保有額が時価総額より大きい会社が199社，全体の６％弱もあるのである。たとえば「時価総額100億円の架空の企業Ａ社を時価で買収すると，借入金を全て返済しても200億円の現金が即座に手に入る」ことも起こりうる理屈になる。これは驚くべきことではないだろうか。

さらに，アベノミクスによる株価上昇前の2012年９月末現在で同様のデータを算出してみると，上場企業（金融を除く3,363社）のうち，保有現金のほうが時価総額よりも大きい企業が547社（16％）であり，現金および有価証券残高が時価総額を上回る企業が1,001社（30％）であった。つまり，約３割の上場企業で，金融資産に対する何らかの価値破壊を市場が（意識的あるいは無意識的に）織り込んでいるとも解される異常事態であったわけである。

このように，わが国においては，相当数の上場企業において，保有現金および有価証券が株式市場からディスカウント評価されている現実がある。理論的には，こうした企業を時価総額で買収すれば，即座に買収価額を回収した上で多額のキャッシュ（利益）を得られる特殊な状況になっている。

こうした現金価値のディスカウントは，日本企業のPBRがアベノミクス前では１倍あるいはそれ以下と解散価値を下回り，アベノミクス後でも１倍をやや上回る程度で，国際的に低位にあることと連関している蓋然性がある（**図表３－３**参照）。

2019年３月末現在でも概ね４割の上場企業がPBR１倍割れ，解散価値を下回る企業価値になっている。これは不都合な真実ではないだろうか。

さらに，筆者はあくまで中立の立場であるが，ケーススタディ（第７章で詳し

図表３－３　PBRの国際比較

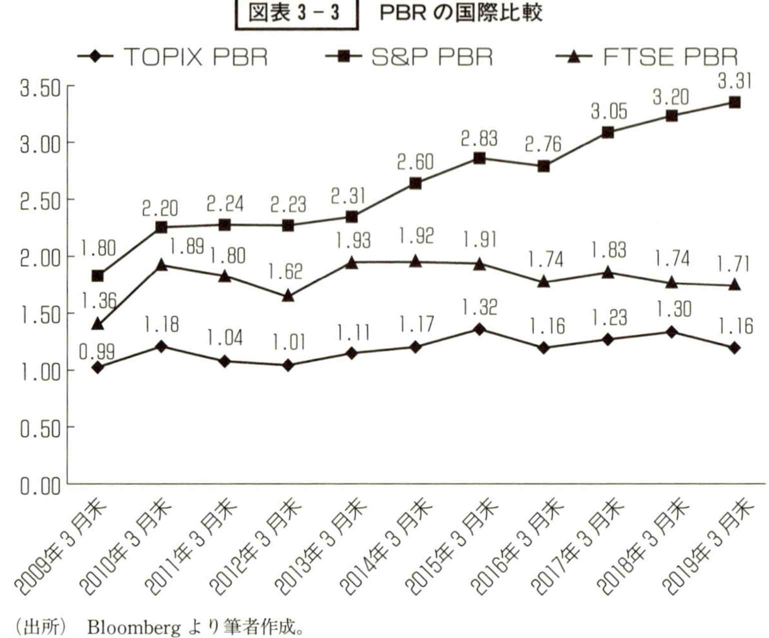

（出所）　Bloombergより筆者作成。

く紹介）として，英運用会社のアセット・バリュー・インベスターズ（AVI）は2018年６月の株主総会で著名大手企業である東京放送ホールディングス（以下TBS）への株主提案を行った。

AVIはTBSの持ち合い株の一部を,「総資産の半分以上が政策保有株というのは株主の不利益になる」として株主に現物で配当することを求めた。株主提案は否決されたが,「現物配当を求めたのは政策保有株を減らすため」というファンドの狙いは下記のTBSの当時の財務数値に鑑みても一石を投ずるものであったと言えよう（ちなみに両社は歩み寄りを見せて2019年株主総会ではAVIからTBSへの株主提案はなかった)。

■TBSの財務指標：2018年３月末現在

自己資本比率　71％

ROE　3.2％（１年前3.4％，２年前3.3％）

PBR　0.74倍（2018年６月末終値）

時価総額4,347億円（2018年６月末終値）

有価証券4,364億円，現金821億円（2018年３月末）
現金＋有価証券＞時価総額

それでは，管理会計上，日本企業の現金の価値はどの程度ディスカウントされており，そうしたネガティブな評価はなぜ発生するのであろうか。本章では，それらを投資家サーベイという定性的証拠とを実証研究による定量的な証拠により解き明かしていく。そして，その解決策は次章以降のCFOの財務・非財務戦略とも言えよう。

第２節　ガバナンスディスカウントの定性的証拠：「日本企業の保有現金100円の価値は50円」

ガバナンスディスカウントの定性的証拠を訴求するには，柳（2014c）が詳しいが，筆者は「日本企業の現金の価値」にフォーカスした希少で本格的なグローバル投資家サーベイを2012年に行ったので本節で紹介したい。柳（2015d），Yanagi（2018b）でも日英でその概要を公表している。さらに本書第２章に2018年調査詳細と2019年調査速報の最新サーベイ結果があるので，合わせて再読して参照いただきたい。

１　日本企業の保有現金の価値評価に係る投資家サーベイ結果

日本企業の保有現金の価値評価に係るグローバル投資家サーベイの概要は次のとおり（有効回答82社：国内42社，海外40社）である。有効回答率は41％であった[2]。

2　（調査期間）　2012年10月１日から2012年12月31日の３カ月間
（質問票）　筆者作成
（調査実施者）　筆者
（調査対象）　日本株に投資する世界の主要機関投資家200社にサーベイを実施して，国内機関投資家42社，海外機関投資家40社，合計82社から回答を得た（有効回答率41％）。
（調査方法）　電子メール，電話，インタビューによる意見聴取

図表３－４

質問１． 一般論として日本企業の保有するバランスシート上の狭義の現金（定義：現金および現金同等物）100を概ねいくらくらいで投資家としては価値評価（ディスカウント評価・プレミアム評価）しますか？　あるいは評価すべきだと考えますか？

Ａ．ゼロまたはマイナス評価する
Ｂ．０－50で評価する
Ｃ．概ね50前後で評価する
Ｄ．50－100で評価する
Ｅ．額面どおり概ね100で評価する
Ｆ．100－150で評価する
Ｇ．概ね150で評価する
Ｈ．150－200で評価する
Ｉ．200以上で評価する

〈現金の評価に係る質問１の回答結果〉

A	B	C	D	E
５％	３％	18%	29%	45%

日本企業の保有現金の価値評価では，投資家の最多回答は額面どおり100での評価であった。一定数の投資家は日本企業の現金を額面通りで見ており，安心感のある回答であった。しかしながら，その回答者の割合は45％[3]と過半数を割り込んでおり，日本企業の現金の価値を過半数の投資家が一定のディスカウントをしている，あるいはディスカウントすべきだと考えていることが判明した。

なお，回答Ｆ，Ｇ，Ｈ，Ｉはゼロであった。つまり，プレミアム評価をすると回答した投資家は皆無であった。この結果は国際的なコーポレートガバナンスの劣位（第１章のISSデータ）に鑑みればDittmar and Mahrt-Smith（2007）と整合するとも考えられるし，さらに日本企業における実証研究である山口・馬場（2012）とほぼ合致する。先行する定量的な実証研究が本研究の定性的な投資家サーベイによって確認できたと言えよう。

3　日本企業の狭義の現金の価値評価では，国内投資家では55％が額面通りの評価で45％がディスカウント，海外投資家では35％が額面評価で65％がディスカウント評価となっており，海外投資家のほうが厳しい目線を有している。

図表３－５

質問２．質問１に対する回答の主な要因は何でしょうか？

Ａ．コーポレート・ガバナンスに対する懸念あるいはエージェンシーコスト

Ｂ．価値破壊的な（資本コストを下回るリターンの）投資を行うことへの懸念

Ｃ．監査済み財務諸表のバランスシートの金額は原則そのまま使用する

Ｄ．企業のビジネスジャッジメントによるリアルオプション価値を勘案

Ｅ．価値創造的な（資本コストを上回るリターンの）投資を行うことへの期待

〈質問２の評価の要因に係る回答結果〉

A	B	C	D	E
20%	34%	43%	1%	2%

想定された理由であるが，質問１で100評価をした投資家は基本的に「監査済み財務諸表のバランスシートの金額は原則そのまま使用する」と回答している点は納得感がある。ディスカウント評価をした投資家が要因としてあげたトップは「価値破壊的な（資本コストを下回るリターンの）投資を行うことへの懸念」，次いで「コーポレートガバナンスに対する懸念あるいはエージェンシーコスト」であった。

図表３－６

質問３．一般論として日本企業の保有するバランスシート上の広義の現金（定義：現金および現金同等物＋持ち合い株式を含めた投資有価証券）100を概ねいくらくらいで投資家としては価値評価（ディスカウント評価・プレミアム評価）しますか？　あるいは評価すべきだと考えますか？

Ａ．ゼロまたはマイナス評価する

Ｂ．０－50で評価する

Ｃ．概ね50前後で評価する

Ｄ．50－100で評価する

Ｅ．額面どおり概ね100で評価する

F．100－150で評価する
G．概ね150で評価する
H．150－200で評価する
I．200以上で評価する

〈現金および有価証券の評価に係る質問3の回答結果〉

A	B	C	D	E
6％	13%	27%	31%	23%

やはり，持ち合い株式を含む有価証券残高まで勘案すると，投資家の評価はさらに悪化する。日本企業の保有現金および有価証券を額面どおり，100％で評価した投資家は23%と半減し，77%の投資家がディスカウント評価をしている[4]。「50-100」が31%，「概ね50前後」が27%となっている。なお，回答F，G，H，Iはゼロであった。つまり，プレミアム評価をすると回答した投資家は皆無であった。

図表3－7

質問4． 質問3に対する回答の主な要因は何でしょうか？

A．コーポレート・ガバナンスに対する懸念あるいはエージェンシーコスト
B．価値破壊的な（資本コストを下回るリターンの）投資を行うことへの懸念
C．監査済み財務諸表のバランスシートの金額は原則そのまま使用する
D．企業のビジネスジャッジメントによるリアルオプション価値を勘案
E．価値創造的な（資本コストを上回るリターンの）投資を行うことへの期待

4　日本企業の広義の現金の価値評価においては，国内投資家では35%がパー評価で65%がディスカウント，海外投資家では15%が額面評価で85%がディスカウント評価となっており，狭義の現金の評価同様に海外投資家のほうが厳しい目線を有している。

〈質問４の評価の要因に係る回答結果〉

A	B	C	D	E
44%	25%	23%	1％	7％

やはり質問３で100評価をした23％の投資家は基本的に「監査済み財務諸表のバランスシートの金額は原則そのまま使用する」と回答している点は合点がいく。一方で，ディスカウント評価をした投資家が要因として挙げたトップ２つの要因の順位は逆転して，「コーポレートガバナンスに対する懸念あるいはエージェンシーコスト」が第１位，「価値破壊的な（資本コストを下回るリターンの）投資を行うことへの懸念」が第２位であった。

日本特有の株式持ち合いがコーポレートガバナンスを悪化させているという海外投資家の不満は強く（ACGA (2008)），投資有価証券による価値破壊を厳しく評価されたことが背景にある蓋然性が高い。一連のグローバル投資家サーベイによれば，過半数の投資家が「株主価値を意識していない」として日本企業のガバナンスに不満を表明しており，やはり過半数の投資家が「ROE が資本コストを上回っていない」として日本企業の投資効率に満足していないことが明らかになっている。

図表３－８

質問５．一般論として，もしも，今後日本企業がコーポレートガバナンスを改善し，財務のリテラシーを高めたら，日本企業の保有する現金（および有価証券）の価値評価を引き上げ，日本株を現状よりも一層オーバーウエイトしようと思いますか？

A．大いにオーバーウエイトしたい
B．ある程度オーバーウエイトしたい
C．投資行動は変わらない
D．逆にアンダーウエイトする
E．わからない

〈投資行動への影響に係る回答〉

A	B	C	D	E
17%	46%	26%	1%	10%

株主価値創造に係る財務のリテラシーを含めてコーポレートガバナンスを改善すれば，6割以上の主要グローバル機関投資家が日本株投資を増やすとしている。これはアベノミクスのガバナンス改革が価値創造，日本企業の成長戦略，国富の最大化に資する可能性があることを示唆しているのではないだろうか。

2　現金の価値に係るグローバル投資家の主要コメント：事例

多忙を極める調査対象の投資家サーベイでは記号のみの回答（質問1-5）が中心に回答され，具体的なコメントの記述は少なかったが，国内外のオピニオンリーダーから下記の典型的な定性コメント（抜粋）が得られた[5]。

- エージェンシーコストを理由にしたディスカウント評価という考え方を，当社は強く支持する。日本企業の場合，作為的に過剰現金等を保有しているというよりは，ファイナンス理論に関するリテラシーが低いために不作為にそうなっている場合も散見されるようだ。株主還元の積極化が相応しい企業に対しては，「資本効率の改善」と「エージェンシーコストの低減」に加えて，「金は天下の回り物」というキーワードも日本的にはピンとくるのではないだろうか。

- 一般にキャッシュリッチで低ROE企業のバリュエーションがディスカウントされがちなのは，現金評価がディスカウントされているからである。「どうせこの企業は無駄な投資や買収に金を使うのだろう」と感じた企業は少なくない。このような企業は定性評価の観点から投資判断にマイナス効果が発生しているが，事実上，現金評価をディスカウントしていることと等しい。さらに背景にあるのはガバナンスの問題に他ならない。

5　各ファンドの責任者からのコメント。外国人投資家の意見は投資家の匿名を条件とする引用許諾を得て，筆者の責任においてできるだけ原文に忠実に和訳している。

- 日本企業の保有する現金の評価は50％と考えるが，50％での評価というのは極めてざっくりとしたものである。大半の企業では保有現金を全て株主に返すということはあり得ず，またROIC（投下資本利益率）を維持向上させるような投資・M&Aに使うということも考えにくいため100％評価はできない，一方で全くゼロ評価ということもないというあたりから出てきたものだ。経験的にも，いわゆるキャッシュリッチ企業の株価を見ていると，保有現金を半分程度で評価するとバリュエーションの水準が適度な範囲に落ち着くことが多いように思われる。

- 多くの日本企業でバランスシート・マネジメントが疎かになっていると思う。広義の現金に対する考え方がルーズで，レバレッジは悪という考え方が依然根強いようだ。建前上ROEを経営目標に掲げている企業こそ増えたが，バランスシートのスリム化という視点が圧倒的に欠けているように思われる。これは取りも直さず，資本コストという概念が企業経営者に欠如しているからである。現金の価値にエージェンシーコストとしてのディスカウントを要求する理由はここにある。株式持ち合いは言うに及ばず，企業の金融資産がディスカウントで評価されているのだ。こうしたコーポレートガバナンス（法令遵守ではなく，どちらかというとコーポレート・ファイナンスの領域）の問題に真剣に取り組む姿勢を見せれば，内外投資家からの評価が高まり，結果として現金の価値あるいは株価のディスカウントが縮小（あるいは解消）に向かう蓋然性が高いのではないか。

こうした世界の大手機関投資家の具体的なコメントは，投資家サーベイの質問1と3で確認した日本企業の現金（および有価証券）に対する市場のディスカウント評価要因の背景を裏付けていて説得力を持つと言えよう。また，先行研究の実証結果とも合致していて示唆に富む。

2012年の当該サーベイ実施時点ではアベノミクス前ということもあり，株価の低迷も含めて環境が悪く，投資家のコメントも一層辛辣であるが，第2章で紹介した2018年調査の投資家の定性的なコメント詳細も再読していただきたい。さらに，2019年の最新アンケート結果である**図表2-12**も再掲するので，参照願いたい。

図表２－12（再掲）

質問４． VALUATIONから勘案して帳尻を合わせると，現在の日本企業の保有する現金，有価証券100円をアバウトに，いくらぐらいで価値評価すると適切だと思いますか？

A．現金，有価証券の金額が時価総額よりも大きい企業も多く，ガバナンスディスカウントや価値破壊投資のリスクが著しいので，ゼロに近い評価（100円≒０円）

B．日本企業の相当がPBR１倍割れであり，ガバナンスディスカウントや価値破壊投資のリスクを勘案して一定のディスカウント（50％以上）：（100円≒25円）

C．日本企業の相当がPBR１倍割れであり，ガバナンスディスカウントや価値破壊投資のリスクを勘案して一定のディスカウント（50％前後）：（100円≒50円）

D．日本企業の相当がPBR１倍割れであり，ガバナンスディスカウントや価値破壊投資のリスクを勘案して一定のディスカウント（50％以下）：（100円≒75円）

E．監査法人が担保する有価証券報告書の貸借対照表の現金，有価証券の価値は絶対的なので，等価で見る（100円≒100円）

F．現金，有価証券は正のNPVを生む価値創造投資に使われる（あるいは自社株買いの増配になる）ので，プレミアム評価：（100円≒125円～）

G．無回答

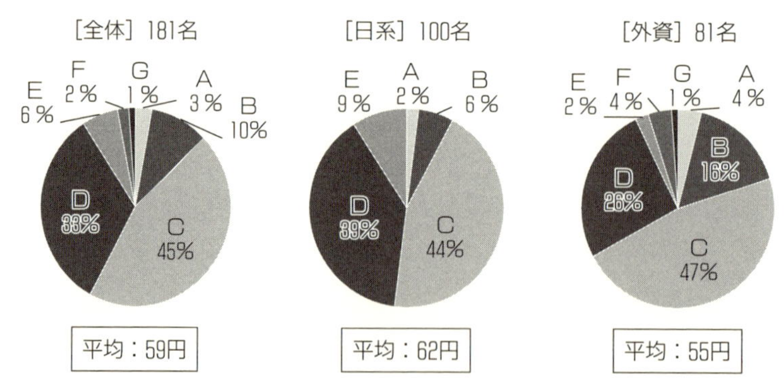

直近の2019年調査では，世界の投資家は「日本企業は過剰資本である」と考えており，基本的な「日本企業の現金の価値のディスカウント評価」に著変は

なく，平均値をとると，外国人投資家は日本企業の現金・有価証券100円を55円で評価している。全体でも100円が59円（国内投資家は100円を62円に評価）に見られており，前回サーベイ調査や後述する実証研究と整合性があることが再び最新のサーベイでも確認された。

投資家サーベイによるガバナンスディスカウントの定性的な証拠には一定の頑強性があると言ってよいだろう。その結果は，端的には「日本企業の保有現金100円は，たとえば50円レベルにまでディスカウント評価される傾向がある」，「そのディスカウント要因は主にコーポレートガバナンスと投資効率に対する懸念である」と要約することができる[6]。

第３節　ガバナンスディスカウントの定量的証拠

本節では，ここまでの投資家サーベイ結果という定性的証拠を裏付けるべく，日本企業の現金の価値のディスカウント評価に係る定量的な証拠として，筆者が直接関わった最新の柳・上崎（2017）の実証研究を紹介する。なお，この実証研究はYanagi（2018b）が英文で世界に向けて発信している。

1　先行研究

現金の価値に係るコーポレートガバナンスによるディスカウント評価の主な先行研究を整理してみる。

まず，Jensen（1986）のフリーキャッシュフロー（FCF）仮説によれば，多額の現金保有をしている企業は，利益率の低い（資本コストを下回り価値破壊する）プロジェクトに投資する可能性があるとして，コーポレートガバナンスが脆弱な企業は保有現金を有効活用できないことを示唆している。

具体的な保有現金のディスカウント評価に関する米国の実証研究では，Dittmar and Mahrt-Smith（2007）が，1990-2003年の米国企業1,958社（延べ13,250個のサンプル）を対象に実証研究を行っている。その結果，コーポレートガバナンスが劣後する企業グループの保有する現金の現在価値は１ドル当たり

6　ACGAはACGA（2008）の白書で，「第一章　所有者としての株主」，「第二章　資本の効率的活用」を冒頭にして，日本企業に対してコーポレートガバナンスの改善と資本効率（ROE）の向上を求めている。また著名米国投資家のバフェットも「企業が内部留保を許される理由は１つ。その１ドルを１ドル以上にできるときだけである」といった趣旨を述べている（Cunningham（2008））。

0.42-0.88ドルであり，ガバナンスの優良な企業の保有現金の現在価値は１ドル当たり1.27-1.62ドルと評価されることを明らかにしている[7]。

日本企業対象の調査では，山口・馬場（2012）の分析の結果，日本企業の保有するバランスシート上の現金１円は，0.55円から0.74円にディスカウント評価されていることが実証されている。そして，その要因としては，株主から銀行等の債権者への富の移転，エージェンシーコストの反映が示唆されている。

日本のコーポレートガバナンスに鑑みると，日本企業の保有現金の市場評価は概ね50％レベルという仮説が成り立つ。これは前述の市場データによる保有現金が時価総額を上回る，あるいはPBRが１倍割れしているという状況と関連しており，その主な要因は日本企業のガバナンスと投資の意思決定プロセス（資本コストを下回るリターンの投資を行う傾向）に対する投資家の懸念とも推測できるだろう。

2　柳・上崎（2017）の評価項目と重回帰分析モデルの設定

本節では日本企業の現金の価値を実証した学会論文から柳・上崎（2017）を紹介したい。当該論文では，コーポレートガバナンスの尺度として，日本証券アナリスト協会が公表する優良ディスクロージャー企業選定における「コーポレートガバナンスに関連する情報の開示」の項目の評価[8]を使用した。この評価の原数値を，時点および業種で規格化して，平均０，標準偏差１となるようスコア化した（以下，CG1）。

コーポレートガバナンスについては，株式保有構成が影響を与えるという指摘も多い。西崎・倉澤（2002）は，大口株主（海外投資家，機関投資家）がモニタリング活動を通して企業価値に影響を与えるとし，大口株主によるガバナンスへの役割を報告した。したがって，コーポレートガバナンスの代理指標の２つ目として，株式の外国人持ち株比率についても検証をした（以下，CG2）。

7　この他，グローバルなユニバースでは，Ammann et al.(2011)は，2007年時点のGovernance Metrics International（GMI）のコーポレートガバナンススコア（CG スコア）を用いて46カ国1,875企業の分析を行い，CG スコアが悪い企業ほど余分な現金を保有する傾向にあり，フリーキャッシュフロー仮説（Jensen（1986））と整合的であること，また CG スコアが良い企業ほど保有現金の価値が高いことを報告し，コーポレートガバナンスが効果的に機能し，株主還元を含む適切な資金使途により過剰な現金保有状態が改善されることで，企業価値評価に好影響を与える蓋然性があることを示唆した。

8　当選定は業種ごとに担当する企業アナリストによって行われ，2016年度の評価対象企業は15業種242企業であり，東証１部に占める時価構成比は約60％であった。

現預金の定義としては2つを用いる。1つは「現金」であり，財務諸表上の現金・預金の値で，狭義の現金を表す。他方は「現金(グロス)」であり，現金・預金に短期性有価証券と投資有価証券を加えた値で，広義の現金である。なお，現金・預金に短期性有価証券と投資有価証券を加え，そこから有利子負債等を差し引いた「現金（ネット)」に対しても分析を行ったが，結果は変わらなかった[9]。

柳・上崎（2017）では，コーポレートガバナンスが保有現金の価値に与える影響の検証は，Dittmar and Mahrt-Smith (2007) の方法に倣い，配当込みリターンを被説明変数として，現金，純資産，純利益，研究開発費，配当，利子，レバレッジ等を時価総額で除した数値を説明変数としてコントロールして重回帰式による推計を行った。この方法においては，ある期間での現金の変化に応じた株主価値の変化を計測し，その上で，CG1とCG2の良し悪しによって変化の程度が異なるかどうかを検証した。

参考までに，本件で使用された回帰式は以下のとおりである（回帰式(1))。

$$
\begin{aligned}
r_{i,t} = {} & \gamma_0 + \gamma_1 \frac{\Delta C_{i,t}}{M_{i,t-1}} + \gamma_2 \frac{\Delta E_{i,t}}{M_{i,t-1}} + \gamma_3 \frac{\Delta NA_{i,t}}{M_{i,t-1}} + \gamma_4 \frac{\Delta RD_{i,t}}{M_{i,t-1}} + \gamma_5 \frac{\Delta I_{i,t}}{M_{i,t-1}} \\
& + \gamma_6 \frac{\Delta Div_{i,t}}{M_{i,t-1}} + \gamma_7 \frac{C_{i,t-1}}{M_{i,t-1}} + \gamma_8 L_{i,t} + \gamma_9 \frac{NF_{i,t}}{M_{i,t-1}} + \gamma_{10} \frac{C_{i,t-1}}{M_{i,t-1}} \cdot \frac{\Delta C_{i,t}}{M_{i,t-1}} \\
& + \gamma_{11} L_{i,t} \frac{\Delta C_{i,t}}{M_{i,t-1}} + \gamma_{12} \cdot Gov_{i,t} \cdot \frac{\Delta C_{i,t}}{M_{i,t-1}} + \sum_{\text{sector}} \gamma^{sector} \cdot \delta_{i,t}^{sector} \\
& + \sum_{\text{year}} \gamma^{year} \cdot \delta_{i,t}^{year} + \varepsilon_{i,t} \qquad \cdots\cdots(1)
\end{aligned}
$$

ここで，$r_{i,t}$は計算時点までの過去12カ月対数リターン(配当込み)，$M_{i,t-1}$は計算時点の1年前の時価総額，$C_{i,t}$は現金で，前述の通り「現金」または「現金(グロス)」の2通り，$NA_{i,t}$は純資産で総資産から負債を引いた額，$E_{i,t}$は純利益額，$RD_{i,t}$は研究開発費，$I_{i,t}$は支払い金利額，$Div_{i,t}$は配当総額，$NF_{i,t}$はネットファイナンスの額で，負債の借り入れから返済を引いた額と株式の発行から償還や償却を引いた額の合計，$L_{i,t}$はレバレッジで，負債を負債と株式時価総額の合計で割った値である。

9　分析は東証1部上場(金融を除く)でデータが取得可能な銘柄を対象とした。サンプルは2005年から2016年の各6月末時点のデータで，各変数について上下1%の異常値をサンプルから除外した延べ1,851銘柄・年である。

計算時点において取得可能な直近本決算期での値で，Δはその前期からの変化額を表す。$Gov_{i,t}$は前述の各CG尺度(CG1，またはCG2)を表す[10]。また，$\delta_{i,t}^{sector}$は業種ダミー[11]，$\delta_{i,t}^{year}$は年ダミー変数である。添え字の i は企業，t は時点を表す。財務データは野村総合研究所の分析データ・サービスより取得した。

式(1)の左辺は該当期間の株式リターンであり，現金変化と同時期の株式価値変化を捉えるものであるが，Dittmar and Mahrt-Smith（2007）やその他の先行研究の多くは，Fama and French（1993）によるベンチマーク・ポートフォリオに対する超過リターンを用いている。本節では，業種ダミー変数，および年ダミー変数を回帰モデルに入れているが，これは，業種ごとに付与されるコーポレートガバナンス評価を検証とする点，および，分析サンプルが比較的大型企業に限られる点などから，Dittmar and Mahrt-Smith（2007）が意図した，株式リターンに影響を与えるとされるリスクの調整は本分析においても実質的に行われている[12]。

3　柳・上崎（2017）の重回帰分析の結果

コーポレートガバナンス（CG）が現金価値に与える影響を検証したが，回帰式(1)の回帰分析では，現金の値として，「現金」と「現金（グロス）」を，また，CG尺度としてCG1とCG2の計4通りの結果を得ている(**図表3－9**)[13]。γ_{12}の係数が正であれば，現金保有の限界的増加に伴う株式価値の変化(ここでは株式リターン）は，CG尺度が高いほどより大きいことを示唆する。

10　コーポレートガバナンスの良し悪しによって，現金の変化に応じた株主価値の変化の程度の違いを計測するため，分析モデルでは変数Govは現金保有量の変化との交差項の中に含まれる。なお，ガバナンスが直接株主価値変化に影響する場合は変数Govを式(1)の説明変数に直接含める必要があるが，その場合にはどのような経路を通して影響を与えているかを検討する必要がある。

11　優良ディスクロージャー企業選定は業種ごとに評価が付与される。評価対象業種は必ずしも毎年一定ではない。

12　なお，式(1)の回帰モデルの説明変数に明示的に，バリューの代替指標としてPBRやサイズの代替指標として対数時価総額を入れても，定性的な結果は変わらなかった。

13　相関係数γ_{12}のコラムに注目頂きたい。狭義の現金に関しては，CG1では相関係数は正の値ながらp値が0.709なので，統計的に有意でない。しかし，CG2ではP値が0.055なので，10%水準で有意である。一方，広義の現金（グロス）においては，CG1はp値が0.024なので5%水準で有意，CG2はp値が0.003なので1%水準で有意に正の関係がある。たとえば，p値が0.01未満の場合，「1%水準で統計的に有意」という。これは，相関関係が，実際には偶然に過ぎないのに誤って「意味がある」と判断している可能性が1%以下という示唆である。もちろん，利益額や配当総額と株価リターンの相関関係は最も強い。

図表３－９　**コーポレートガバナンス（CG）が株主価値に与える影響を示す回帰分析結果**

	(1)		(2)		(3)		(4)	
計測対象	現金		現金		現金（グロス）		現金（グロス）	
CG尺度	CG1		CG2		CG1		CG2	
	係数	p値	係数	p値	係数	p値	係数	p値
γ_1	59.7	3.7%	14.5	69.7%	30.9	12.0%	−16.9	52.5%
γ_2	101.9	0.0%	102.4	0.0%	106.5	0.0%	106.1	0.0%
γ_3	28.5	0.1%	28.0	0.1%	16.2	6.0%	15.9	6.3%
γ_4	−42.3	68.9%	−30.6	77.2%	−20.2	84.8%	−19.8	85.0%
γ_5	−437.4	11.3%	−444.6	10.7%	−532.7	5.3%	−511.5	6.3%
γ_6	399.0	0.5%	393.6	0.6%	396.6	0.5%	401.5	0.5%
γ_7	22.4	0.0%	22.6	0.0%	13.2	0.0%	13.1	0.0%
γ_8	−29.6	0.0%	−29.2	0.0%	−32.1	0.0%	−31.8	0.0%
γ_9	−10.7	11.0%	−11.0	9.7%	−12.9	6.1%	−12.6	6.6%
γ_{10}	−14.7	82.1%	−16.7	79.5%	−20.7	36.7%	−29.8	18.9%
γ_{11}	−27.5	58.7%	−10.2	84.3%	25.2	48.3%	44.6	22.3%
γ_{12}	4.1	70.9%	1.5	5.5%	16.7	2.4%	1.6	0.3%
δ^{sec}	Yes.		Yes.		Yes.		Yes.	
δ^{year}	Yes.		Yes.		Yes.		Yes.	
adj-R^2[%]	58.0		58.0		58.4		58.5	

（出所）柳・上崎（2017）より筆者作成。

まず，「現金」に対する影響を見ると，γ_{12}の相関係数は，CG1の場合は統計的な有意性は見られないが，CG2の場合は有意水準10％で正であった。狭義の現金に対しては，CG2，つまり，外国人持ち株比率が高いほど，相対的に高い価値評価を与えられていることになる。

一方，「現金（グロス）」を対象とした結果は，γ_{12}の係数はCG1，CG2のいずれを用いても有意（p値0.05未満）に正である。したがって，コーポレートガバナンスが良い企業の現金・有価証券は，悪い企業のそれよりも高い価値があることを意味する。

また，「現金」での結果と比較して「現金（グロス）」のほうが，投資家はガバナンスの良し悪しによってその価値がより左右される，と考えている可能性が示唆されている。企業のバランスシートにおいて，「現金（グロス）」は「現金」より平均的には実額が２倍以上の大きさであること，それゆえに，改定コーポレートガバナンス・コード（東証（2018））が明記するように，いわゆる株式持ち合いである投資有価証券等の保有目的を厳しく問う資本市場の姿勢が浮かび上がる。

ここから導かれる結論として，企業が保有する現金100円の限界的価値がコーポレートガバナンスの水準によってどのように異なるかにつき，分析結果を**図表３−10**に示す。ここでは平均的な企業を想定した値を掲載している。いずれの場合もガバナンスが良いほど保有する現金の価値も高く，多くの場合，統計的にも有意であった。

「現金」では，コーポレートガバナンス（CG）が平均的な企業では100円が約44〜48円と評価されるのに対し，CGが良い（ここでは＋２標準偏差）企業では100円が約52〜86円と見なされるという結果となった。そして，CGが悪い（−２標準偏差）企業では100円が約10〜37円と見なされる。

また，「現金（グロス）」では，CGが平均的な企業の100円では約36〜37円と評価されるのに対し，CGが良い企業では100円が約67〜78円と見なされるが，CGが悪い企業では100円が約０〜４円と，ほぼゼロに見なされるという衝撃的な結果となった。

「現金」と「現金（グロス）」を比較すると後者のほうが評価は低くなっており，本書で紹介した世界の投資家サーベイでも明らかになった投資家の声（株式持ち合いへの懸念）と整合的な結果になっている。これらの定性的・定量的な証拠に鑑みて，コーポレートガバナンス・ディスカウントから，概ね「日本企業の保有現金100円は50円に評価されている」と言ってよいだろう。これも「不都合な真実」である。

図表３−10　日本企業の現金100円の価値評価

	計測対象 CG尺度	現金 CG1	現金 CG2	現金（グロス） CG1	現金（グロス） CG2
CG	良い（＋２σ）	52.3	86.0	67.1	77.8
	平均	44.5	47.8	35.5	36.8
	悪い（−２σ）	36.7	9.5	3.9	−4.2

（注）・CG1：アナリストCGのスコア　　CG2：外国人持ち株比率
・2005年-2016年６月末データ：東証一部（金融除く）
・異常値を除く1,851銘柄・年

（出所）　柳・上崎（2017）より筆者作成。

図表3－11　**米国企業の現金1ドルの価値評価**

CG スコア	保有現金1ドルの価値
良い（＋2標準偏差）	1.27-1.62ドル
平均	1.09ドル
悪い（－2標準偏差）	0.42-0.88ドル

（注）・1990-2003年の金融・公益を除く米国株式
・CG スコアは Gompers スコアを使用
・機関投資家の大量保有がある場合は平均的に＋0.39ドル

（出所） Dittmar and Mahrt-Smith（2007）より筆者作成。

参考のために米国企業のケースを Dittmar and Mahrt-Smith（2007）から**図表3－11**に掲げる。

コーポレートガバナンス・スコア（CG スコア）[14]が平均的な米国企業では1ドルの現金がほぼ1ドル（1.09ドル）に額面通りに評価されており，日本企業との比較において大変興味深い。CG スコアの悪い米国企業ではやはり1ドルが0.42-0.88ドルにディスカウントされている一方で，CG スコアの良い企業は1ドルの価値が1.27-1.62ドルにプレミアム評価を享受していることも特筆すべきであろう。

結論として，米国やその他の国の企業を対象とした先行研究と比較して，日本の企業は概して現金の価値は低い評価にとどまっている。これは，コーポレートガバナンスが相対的に弱く，良質な投資機会があったとしても，有効に活かせないと見なされており，また，配当等の形でのペイアウトに対する要求が強いことを示唆する。特に，ガバナンスが悪い会社の「現金（グロス）」に対するより厳しい評価には，伝統的な「株式持ち合い」に対する投資家の懸念が反映されている。その中でも，コーポレートガバナンスが良いほど現金の価値は有意に高くなる。ガバナンスを有効に機能させることで投資家の期待を回復し，企業価値を高めることができるという証左であろう。

こうした背景を受けて，**図表3－12**に PBR の国際比較を掲載する。

第8章で詳説するが，PBR 1倍以上の「市場付加価値」が，見えない価値，

14　Dittmar and Mahrt-Smith（2007）では，Gompers et al.（2003）Index を CG の代理指標としている（CG スコア）。

図表３−12　ESGの価値も包含したPBRの国際比較

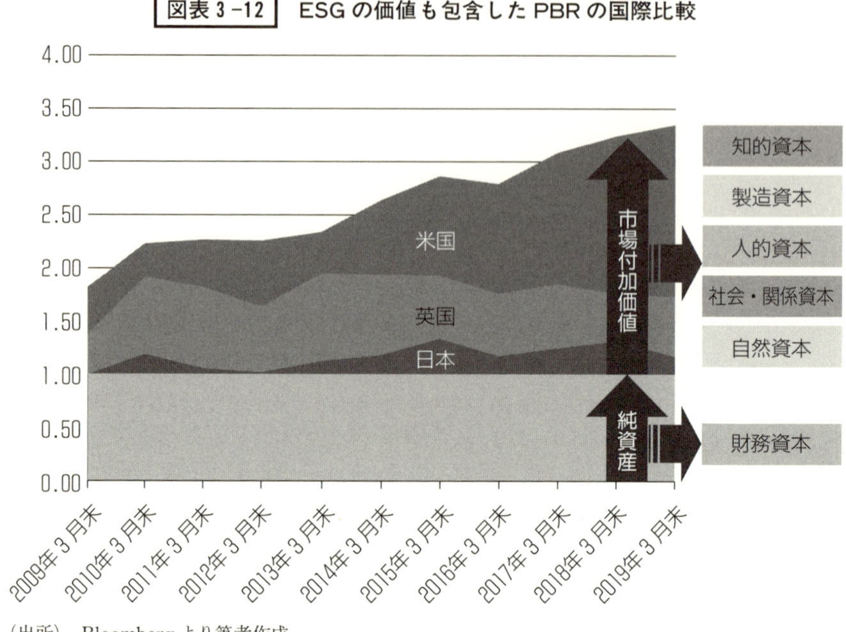

（出所）　Bloombergより筆者作成。

ESGの価値，あるいは国際統合報告評議会（IIRC）の定義する５つの非財務資本と関係していると考えられる（IIRC-PBRモデル）ので，本章で実証したようにESGのG（ガバナンス）が現金・有価証券の市場価値に影響を及ぼして，PBRにも反映されているとも解釈できよう。

柳・上崎（2017）の実証のように日本企業の保有現金100円が約50円で評価され，Dittmar and Mahrt-Smith（2007）の示唆のように米国企業の保有現金１ドルの価値が約１ドルの評価と仮定すると，CFOの財務・非財務リテラシーも含むガバナンスの質がPBRの彼我の差の一因になっているとも考えられるだろう。

現金の価値は広義のコーポレートガバナンスに関連しているが，言い換えれば，バランスシート・ガバナンスとして企業価値を最大化するようなCFOポリシーの最適な株主還元政策とも価値関連性があるはずである。これについては，本書の第７章で詳説する。CFOの財務・非財務戦略でバランスシート・ガバナンスを改善すれば，日本企業の「保有現金100円が100円（以上）に評価」され，PBR（企業価値評価）が向上する蓋然性が高いのである。

第4章 企業価値を高めるCFOポリシー：財務戦略マップ

第1節 CFOの受託者責任と財務戦略マップ

前章までは，銀行ガバナンスから株主ガバナンスへの変遷，ガバナンス改革，そして類書に見ないほど詳細な世界の投資家の厳しい意見や現金価値のコーポレートガバナンス・ディスカウントを解説した。それでは，CFOはどのようにして株主やその他のステークホルダーの負託に応えて，財務・非財務戦略から企業価値を持続的に高めていくべきなのであろうか。

本章では，前章までのスチュワードシップ責任からの世界の投資家の視座の理解，PBR 1倍割れや保有現金のガバナンス・ディスカウント（100円が50円になる）といった不都合な真実についての議論に基づいて，CEOの経営参謀としてのCFO（経理・財務部門）がコーポレートガバナンスの観点から受託者責任・説明責任を果たし，企業価値を高めるためのCFOポリシーとしての「財務戦略マップ」の概要を提案して，コアとなる管理会計あるいは企業財務の施策を説明していきたい。それを「コーポレート・スチュワードシップ」と言い換えることもできよう。ここでは，ファイナンス理論に加えて，実務家の読者もイメージが湧きやすいように，エーザイの2019年統合報告書の公開資料の抜粋を紹介しながら筆者がCFOとして実践している開示事例も合わせて紹介していく。

その前提として，初めに「企業と投資家の目的を持った対話」としてのIR（インベスター・リレーションズ）について触れておきたい[1]。わが国において「銀行

1　ガバナンス改革直後の2016年の日本IR協議会（JIRA）の事業会社サーベイによれば，コーポレートガバナンス・コードとスチュワードシップ・コードにより「企業の持続的成長のための目的を持った対話」が促進されたと回答した企業が50.4％と過半数になった（前回調査30.2％）。また，中期計画で資本政策を策定する企業は60.7％（前回32.6％）となり，そのうち57.3％がROE目標を設定している。

ガバナンス」から「株主ガバナンス」へと変遷が進む中で，上場企業の経営者，そしてCFOの受託者責任は持続的な企業価値の向上であることが認識され始めた。かつては日本企業の株式の過半数を所有していた金融機関による株式持ち合いが低下している一方で，持ち合い解消の受け皿となってきたのが，ファイナンスの理論に従って行動する外国人投資家である（外国人株主は日本企業の発行済み株式の約3割をストックとしては保有しているが，日本株売買フローでは過半数を占める[2]。つまり価格形成に大きく影響を及ぼす立場にある）。かかる変遷を踏まえて，上場企業は市場と対話し，市場が求める企業価値向上を目指すことがミッションになっている。

ここ近年，IRの重要性が指摘されるようになった。「投資家向け広報」とも翻訳されるIRの意味は何であろうか。全米IR協会（NIRI, National Investor Relations Institute）は，下記のようにIRを定義している。

NIRI（2004）のIRの定義

「インベスター・リレーションズ（IR）とは，企業財務やコミュニケーション，マーケティング，証券法上のコンプライアンスを統合した戦略的な経営責務であり，それによって，企業とファイナンスコミュニティ（投資家層），その他のステークホルダー間の，最も効果的な双方向コミュニケーションが可能になる。そして，IRの最終目的は，当該企業の有価証券が公正価格（フェアバリュー）を達成することにある。」

株主と上場企業はプリンシパル・エージェント（またはスチュワードシップ）の関係[3]にあり，所有者たる株主から，経営者は経営を委託されており，企業価

2　柳（2015d）参照。

3　所有と経営の分離では，経営者が株主から経営を委託されている「プリンシパル（依頼人）-エージェント（代理人）」関係がある。エージェンシー理論では代理人が自己の利益を優先して依頼人の利益を損ねる可能性がある（エージェンシー問題）として，そのモニタリングの仕組みとしてのガバナンスがある（不祥事防止のための社外取締役など）。一方，日本の社会的・文化的背景を考慮すれば，受託者たる経営者は，「自主的に」株主（プリンシパル）の意向に沿う企業価値最大化を目指すよう動機付けられているという仮説をスチュワードシップ理論という。単純化すれば，性悪説的な米国型ガバナンスはエージェンシー理論中心でルールベースのガバナンスを訴求し，集団主義的で性善説的な日本では英国にならい，スチュワードシップ理論を主にプリンシプルベースでガバナンスを求める傾向になっている（近年のガバナンス改革の趣旨）。

値向上のために受託者責任を果たすべく努力する義務がある。その企業価値最大化は株主だけのためのものではなくて，他のステークホルダーとのバランスを前提にして「持続可能」な価値創造を行うことになる。当然，株主の求めるグローバルスタンダードと日本独自の文化や制度に基づく個々の会社ごとの事情にはギャップがある。株主・投資家の要求に対して，それをあたかも法律のように受け止めて従う必要はないが，企業には説明責任がある。IRでは，“Comply or Explain”（投資家の求めるグローバルスタンダードを遵守するか，そうでなければ個別の事情を納得できるように説明してください）という原則が適用されるべきである。つまり，プリンシプルベースの精神である。そして，IRの目的である，「適正株価（インサイダーとしてCFOの算出するDCF：割引キャッシュフローの価値）」の達成のためには，CFOが自社の本源的価値（Intrinsic Value）による理論株価を把握した上でマーケットと向き合わなければならない。「自社の本源的価値を知らずしてIRを語るべからず」ということになろう。

別の角度からIRの意義を定義すると，説明責任履行により情報の非対称性を緩和して，ボラティリティやリスクを低減する，つまり資本コストを下げる，ということが挙げられるだろう。ディスクロージャーが充実して説明責任を履行しているIRの良い企業は，リスクを低減して将来キャッシュフローの割引率（株主資本コスト）を引き下げるルートを経由して，企業価値向上に貢献するだろう。

もう1つ付言すれば，IRとは双方向の株主・投資家との対話，エンゲージメント（企業価値を高めるための投資家の関与）であり，投資家からのフィードバックを真摯に受け止めて学ぶという姿勢もCFOにとって重要であろう（その意味で第1章，第2章の投資家サーベイ結果をCFOは熟知すべき）。こうしたIRを前提としながら，上場企業のCFOは企業価値を高める財務戦略を遂行するスチュワードシップ責務を負っている。

ここで提案する「新時代のCFOの財務戦略マップ」（**図表4－1**）では，企業価値最大化のための施策として，特にその中核を担うROE経営，持続的成長のための投資採択基準，残余利益の株主還元のあり方の3つを提案している。これは2019年エーザイ統合報告書からの抜粋であり，筆者がエーザイのCFOとして考案し，日々財務理論を実践しているCFOポリシーの実際の骨子である。

当該財務戦略マップの流れでは，まずバランスト・スコアカード（Kaplan and Norton（1996））の「学習と成長の視点」，「顧客の視点」として，前章まで詳し

図表 4－1　エーザイ CFO の財務戦略マップ

エーザイ
統合報告書
2019
P.34

持続的な株主価値最大化のための財務戦略マップ[*1]

エーザイでは，持続的に株主価値を最大化するための財務戦略マップをCFO ポリシーとして策定しています。この戦略は，「ROE マネジメント」「配当方針」「投資採択基準：VCIC」の 3 つの柱で構成されています。

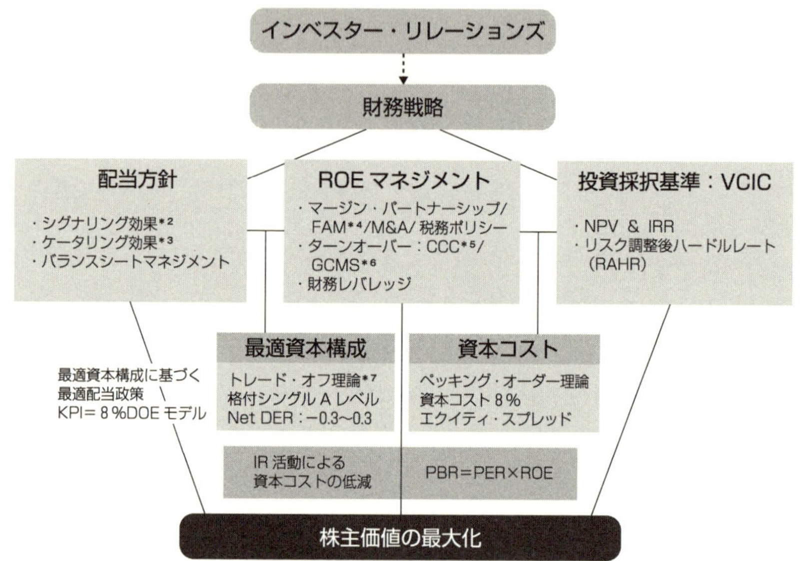

＊1　西川郁生編『企業価値を高めるための財務会計リテラシー』日本経済新聞出版社（2016）を一部改編

＊2　シグナリング効果：配当政策により経営者の将来収益予測に対する考え方が株価に影響をもたらすこと

＊3　ケータリング効果：配当を選好する株主の期待に応えることで株価に影響をもたらすこと

＊4　FAM：Fixed Asset Monetization（固定資産の現金化）

＊5　CCC：Cash Conversion Cycle（キャッシュ・コンバージョン・サイクル）

＊6　GCMS：Global Cash Management System（グローバル・キャッシュ・マネジメント・システム）

＊7　トレード・オフ理論：負債調達による限界的な損益と企業の倒産リスクが均衡する最適資本構成を求める理論

（出所）エーザイ統合報告書2019。

く述べてきたように，IRでCFOは世界の投資家の意見を理解，吸収し，それを経営にフィードバックする。究極の目的としては「財務の視点」たる持続的な企業価値の最大化を目指すが，そのための「内部プロセスの視点」として，ROE経営，投資採択基準，株主還元政策の３つの柱にフォーカスする。そして，そのプロセスに関してIRで説明責任を果たしていくというサイクルを回すこととなる。

厳しい意見を持ち，企業に関与（エンゲージメント）しようとする外国人投資家を回避して個人株主シフトを図る企業は価値創造を果たしていないことが，石川（2019）でも示唆されている。理論武装して世界の投資家に立ち向かう優れたCFOのIRは資本コストを低減するし，**図表４－２**にあるような関係図からも，中長期的に機関投資家が最重視するROEを高めれば企業価値評価，つまりPBRは向上する蓋然性が高い。

PBR（株価純資産倍率）＝PER（株価収益率）×ROE（株主資本利益率）

国際的に日本のPBRは劣後し，１倍程度で付加価値の創造がほとんどないが，クリーンサープラス関係と定常状態を仮定すると，PERは理論的に「r（資本コスト）−g（成長率）」の逆数に収斂するので国際的に15倍レンジで大差はない。したがって，PBRの彼我の差はROEの違いに帰結する（**図表４－３**）。

そして，かかる観点から，企業価値評価を高める「内部プロセス」の改善を担う３つの柱の要点をまとめると，次のようになる。

1．まず中核となる考え方にROE経営がある。長期的には株主のリターン，つまりTSR（キャピタルゲインとインカムゲインの合計である株主の総合利回り）に収斂する企業価値の代理変数としてのROE（およびエクイティ・スプ

図表４－２　PBR，PER，ROEの関連性の図式

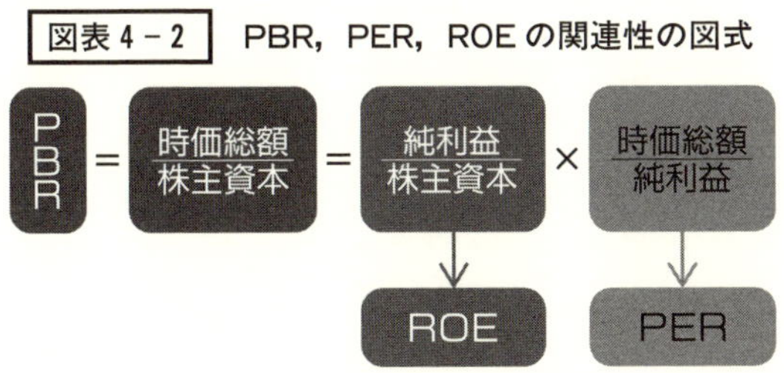

（出所）　筆者作成。

図表４－３　PBR＝PER×ROEの国際比較

〈日米英　PBR比較〉

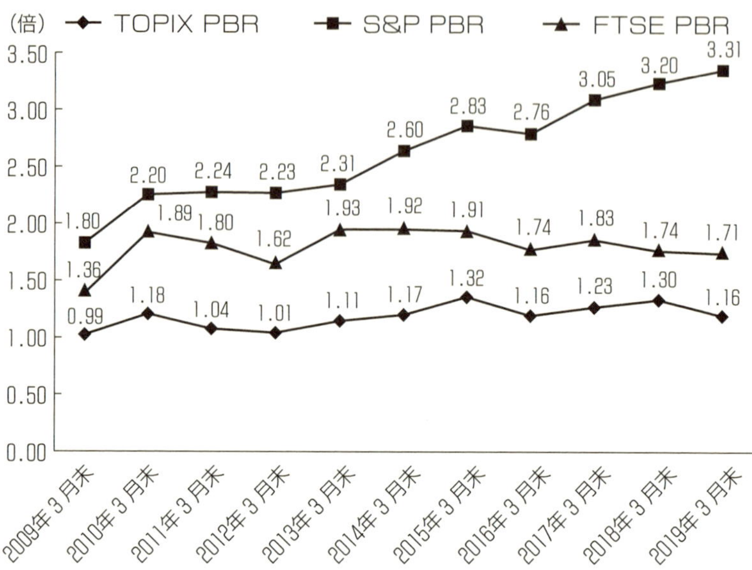

〈日米英　PER比較〉

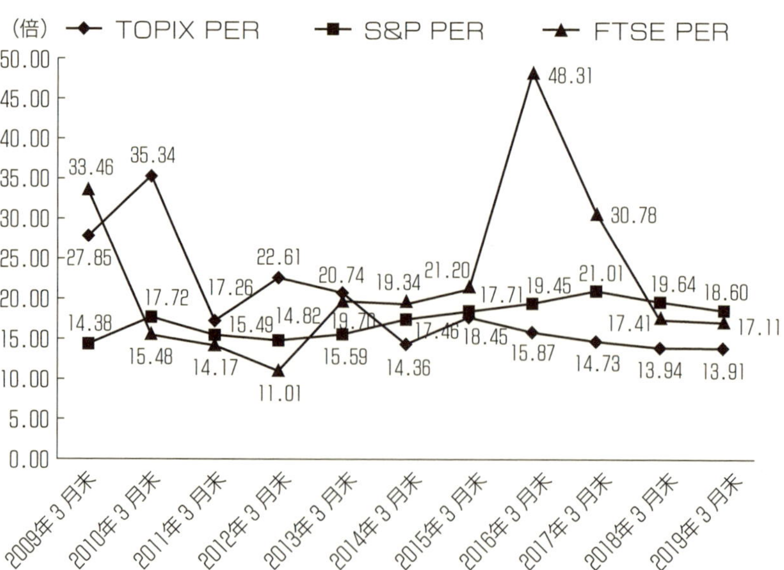

〈日米英　ROE比較〉

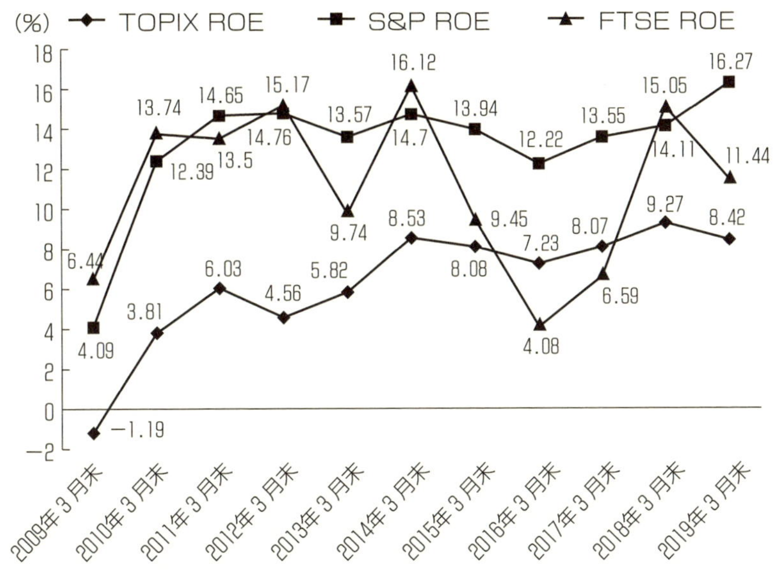

（出所）　Bloombergより筆者作成。

レッド）を中長期的かつ持続的に高めることにCFOの使命は帰結する。そのためには資本コストを意識して，それを上回る資本効率を求めることになるが，社内の管理会計としては，デュポン分析によりマージン，ターンオーバー，レバレッジに分解して，それぞれの具体的施策を噛み砕いて現場にカスケードダウンしていくROE経営が重要となる。伊藤レポートでは最低8％のROEを中長期的に求めている。これについては，第5章で詳しく述べる。

2．持続的成長を目指す事業会社として，根本的には，本業の本源的価値を高めるための設備・IT投資，研究開発，戦略的事業投資等を積極的に行うことが前提条件である。一方で，財務規律を重視しながら価値創造を担保する高度な投資採択基準が要求される。この観点から，資本コストを意識したNPV（正味現在価値）やIRR（内部収益率）が重視されるべきだが，真に株主の負託に応えて企業価値を高めるには，ハードルレートはリスク調整後の割引率をプロジェクトのリスクに応じて適用することも求められるだろう。多くの日本企業の投資採択基準には改善の余地がある。これについては，第6章で深掘りしてみたい。

3．そして企業価値を高めるための投資を，価値創造を担保する高度な投資採択基準で採択して全てまかなった上で，余剰資金および内部留保の還元（残余利益配当方針：Residual Theory of Dividend）も重要である。さらに言えば，バランスシートマネジメントとして，株主資本と総資産のバランスも考慮の上で，「最適資本構成に基づく最適配当政策」も検討しなければならない。それは資本効率の改善に密接に結び付いてくるからである。もちろん，市場に対するシグナリング効果（配当政策がどのようなメッセージを市場に送るのか）や株主の要望に応えるケータリング効果（株主・投資家はどのような株主還元を望んでいるのか）も勘案する必要がある。石川（2010），石川（2019）が実証するように，配当の株価への影響力は強い（コロボレーション効果）。第7章で詳説する。

この3つが企業価値を高める戦略の支柱であると考える。これは，ファイナンス理論に加え，筆者の上場企業のCFOおよび外資系投資銀行幹部としての過去の経験や，世界中の機関投資家との延べ3,000件以上の面談におけるIRの議論にも立脚している理論と実践を融合したモデルでもある。エーザイでは筆者の主宰するグローバルCFO会議を四半期ごとに開催して，世界中のグループ会社の財務部門でこのCFOポリシーを共有化している。

そして，財務戦略マップは，会社運営における通常の会計上の純利益の最大化努力を所与のものとして，財務の視点にフォーカス（目的関数を一本化）した企業価値の最大化のための派生的戦略マップで，KaplanとNortonの主張するバランスト・スコアカードベースの全社的な戦略マップの一部を構成するものでもある。これらの価値創造の財務戦略を管理会計上の指標や施策に落とし込み，事業部の各現場に浸透していくことで有機的に結び付けていけば，全社的な企業価値向上に向けた変革の一助となるだろう。その意味でも財務戦略を企画・実行するCFO（コーポレート・スチュワードシップ）とそれを監督して価値創造を担保する取締役会（コーポレートガバナンス）の役割は大きい。

第２節　現場に落とし込むCFOの日本型ROE経営：管理会計とのつながり

1　ROEのデュポン展開による全社への浸透

本章の財務戦略マップの中核にROE経営がある。長期的にはROEは株主のリターン（TSR）に収斂し，機関投資家の９割が重視（生保協会（2019））し，エクイティ・スプレッドとオールソンモデル（残余利益モデル）からも株主価値との価値関連性は証明されている指標である。スチュワードシップ・コード，コーポレートガバナンス・コード，伊藤レポートも資本効率の改善を求めているが，その代理指標はROEである。

したがって企業経営者，CFOは，株主およびその他のステークホルダーに対する受託者責任と説明責任を果たすために，企業価値の代理指標であるROEを持続的かつ中長期的に高める義務がある。

ROEの定義を振り返ってみよう。

ROE（％）＝純利益÷株主資本（簿価）

柳（2015d）によれば，「株主利益＝株主の総合利回り（TSR）＝キャピタルゲインとインカムゲインの合計」は会計上の株主持分の利益率である平均ROEに長期的には収斂する傾向があるが，日本企業の資本効率（ROE）は国際的にも低位にある（**図表４－４**）。

それでは，いかにしてROEを高めることができるのだろうか。

ここで，ROEを米国の化学会社が100年以上も使用する管理会計の手法である「デュポン分析」で３つに分解してみよう。実はROEは**図表４－５**の数式のように３つの要素に分解できる。

CFOにはROEの３要素を管理会計の視点で分析して，経営プロセスを改善することがROE経営で求められている。

エーザイの統合報告書2019では**図表４－６**のように，CFOポリシーからの「デュポン等式」を開示しており，これを実務ではさらに詳細に分解して全世界の子会社へ展開している。

日本の経営者から頻繁に聞かれるROE批判として，「アメリカの会社は株主原理主義が行き過ぎて，投資家も企業も近視眼的なショートターミズムが横行

図表４－４　日米のROEとTSRの長期的関係

〈日本のTotal ReturnとROE〉

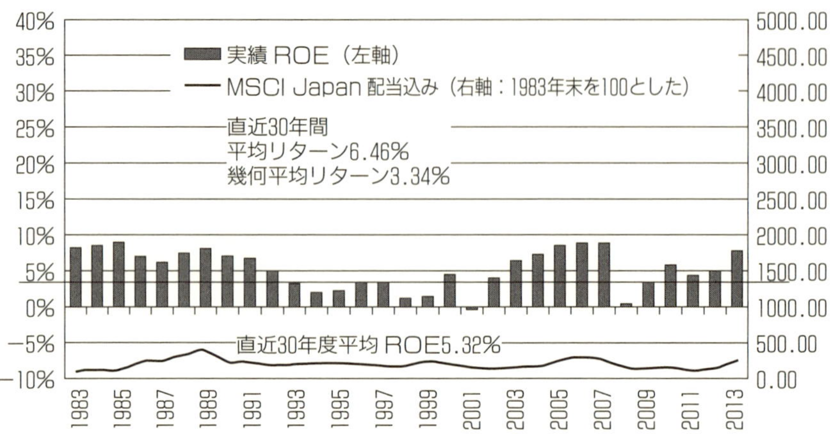

＊　83年末の各地域MSCIを100とした値を基準に各地域の年次リターンを算出。

〈米国のTotal ReturnとROE〉

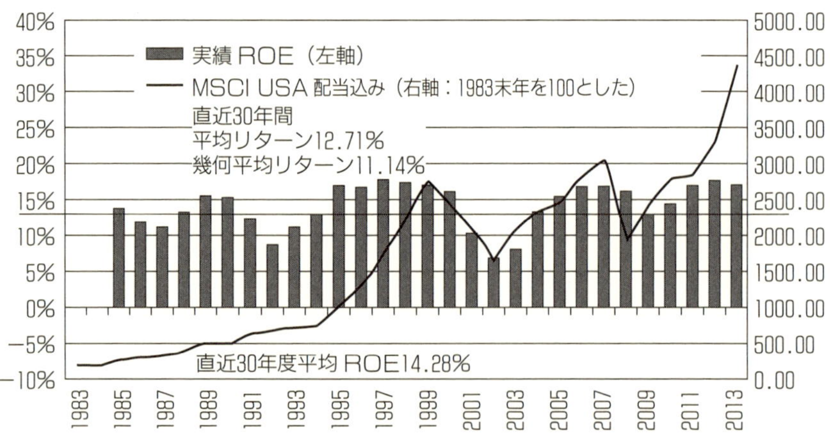

＊　83年末の各地域MSCIを100とした値を基準に各地域の年次リターンを算出。

（出所）　Bloombergより筆者作成（柳（2015d））。

図表 4－5　ROE のデュポン分解

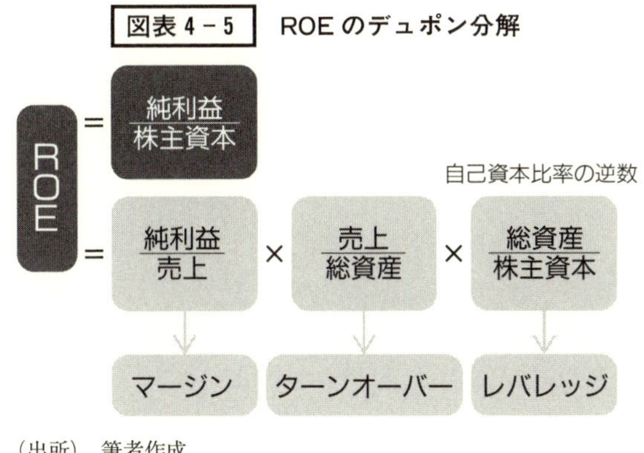

（出所）　筆者作成。

図表 4－6　エーザイの ROE のデュポン等式の開示

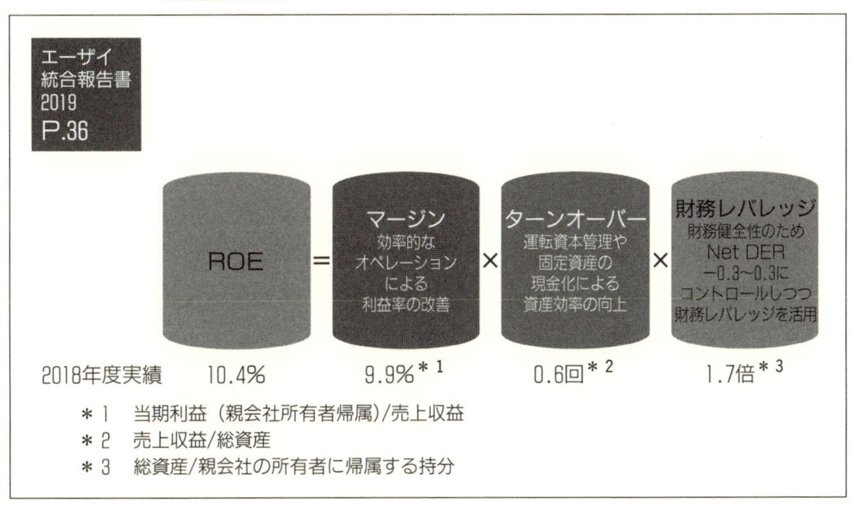

（出所）　エーザイ統合報告書2019。

している。無理やりレバレッジを高めて，過度の借入金を利用することで，人工的に ROE を高めており，倒産リスクにさらされても株主だけが潤うように経営されている。それは極めて不健全で，持続的ではない。」というような意見もある。それが事実であればもちろん重大な問題であり，日本企業は見習うべきではない。

そこで，国際比較で ROE を検証してみよう。デュポン分析により 3 つの要素

図表4－7　デュポン分解の国際比較

〈日米英　ROE 比較〉

ROE＝マージン×ターンオーバー×レバレッジ

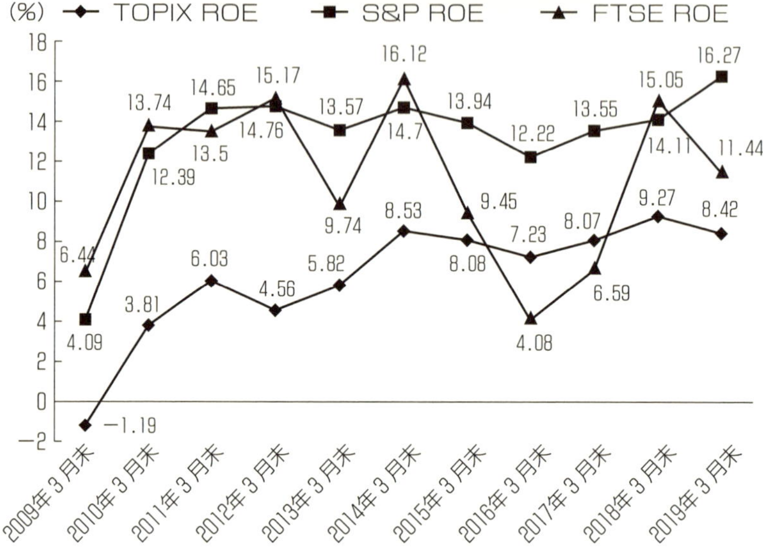

〈日米英　マージン比較〉

マージン＝純利益÷売上

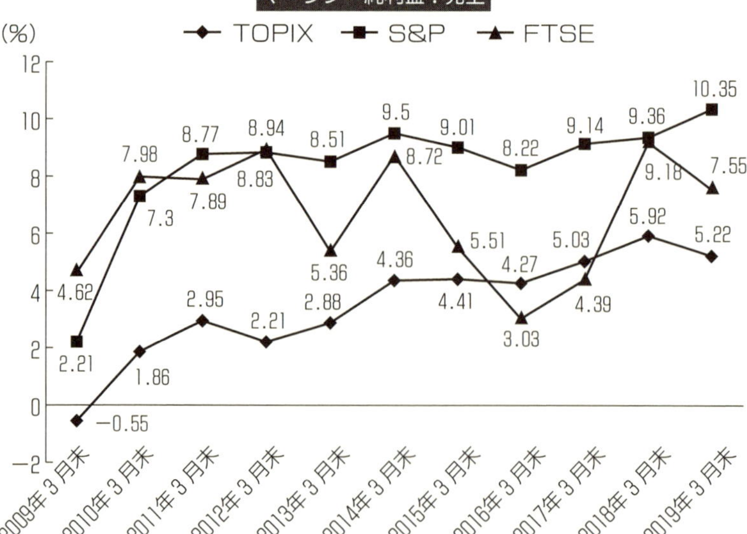

〈日米英　ターンオーバー比較〉

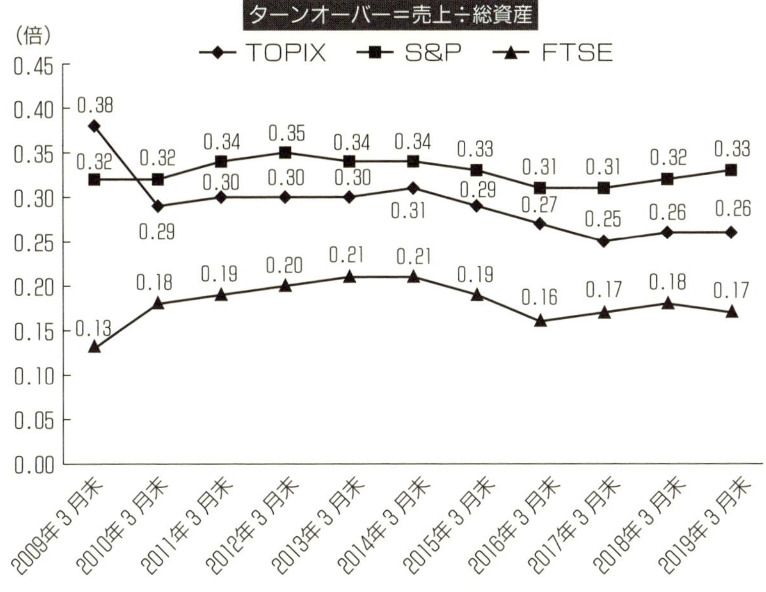

〈日米英　レバレッジ比較〉

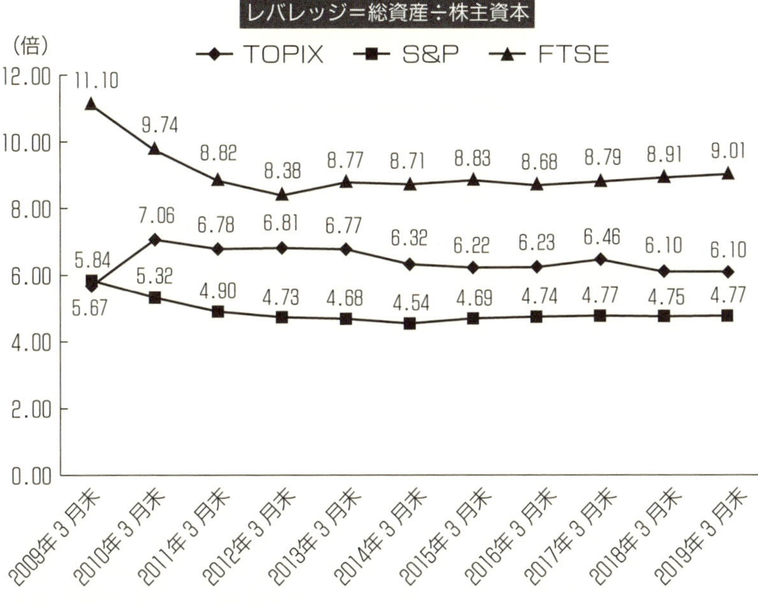

（出所）　Bloomberg より筆者作成。

に分解して，マージン（純利益÷売上高＝利益率），レバレッジ（総資産÷株主資本＝自己資本比率の逆数），ターンオーバー（売上高÷総資産＝回転率）で考える（**図表4－7**）。

デュポン分析で見てみると，ROEの国際格差（平均値）は主にマージンの差であり，レバレッジとターンオーバーには大差がない。平均値で日本企業のROEが米国の半分以下であるのは，レバレッジではなくて，マージンが半分以下であることが主因である。これにはイノベーションの欠如，合従連衡が少ないための過当競争，終身雇用のコストや税務戦略の巧拙などの要因があろう。上記の「アメリカ企業のROEが日本よりも高いのは，レバレッジが高いからだ」という日本企業経営者が頻繁に発するROE批判は，少なくとも過去平均値比較では，必ずしも当てはまらない。

伊藤レポートも「ROE 8％以上を目指すべき」としているが，「レバレッジをかけるべき」とは言っていない。アベノミクスのガバナンス3大改革であるスチュワードシップ・コード，コーポレートガバナンス・コード，そして伊藤レポートは持続的成長と企業価値向上のための資本効率の改善を求めているが，その根幹は2014年の日本再興戦略（アベノミクスの第3の矢）のテーマ，「稼ぐ力を取り戻す」である。これは，まさに日本企業の本業のマージン改善であり，過度のレバレッジによる株主偏重主義や短期志向ではない。利益率の向上に努めることに対しては，基本的にどんな経営者も異論がないだろう。やはり日本経済活性化のためには利益率の向上が急務であり，日本企業の長期的経営戦略，イノベーション，業界内での合従連衡，コストの最適化などを実行していくべきである。そして，それが成長戦略とROE経営の王道である。一方で，構造改革など，企業だけでなく当局の役割[4]も相当重いことも付言しておこう。

いずれにしてもROE経営において，CFOは新商品開発，コスト管理，ノンコア資産売却などのマージン改善策を第一に着手すべきであろう。そして，日本企業のCFOはレバレッジの最適解を求めて，財務の健全性を維持しながら資本効率も高める最適資本構成を勘案したバランスシートマネジメントを考える必要があるのではないか。

4　KPMG河原茂晴氏（当時）の2015年7月3日経済同友会「2015年度資本効率の最適化委員会」での講演資料「ROEを超えて－コーポレートジャパン最新事情と改善に向けた課題－」によれば，日米ROE格差のうち，3.4％はエネルギーコスト，3.9％は社内失業（終身雇用）コスト，2％はタックスプランニングの差であるとも解釈できる。

2　現場にカスケードダウンする日本型ROE経営と管理会計

会計・財務の専門家たるCFOは，管理会計の手法によるROE経営を現場に落とし込んで企業価値向上を推進する責務がある。

米国の名門化学会社デュポンは，今から100年以上前に有名な経営管理システムのデュポン分析を管理会計に取り入れているが，ROEツリー展開図（さらに細かく分解することもできる）を見ると（**図表4－8**），企業内部の各現場のミクロの管理会計の「カイゼン」が企業価値評価向上へとつながっていることがよく理解できる。

株主・投資家，特に外国人投資家は企業価値向上，端的には代理指標としてのROEの改善を求めて，「目的を持った対話（エンゲージメント）」を通じて外側から日本企業にアプローチする。社外取締役も，株主の代表として資本生産性の向上を経営陣に問うだろう。日本企業のCFOはそうした声を受けて，ROE改善策を企画・立案して管理会計の視点から現場のオペレーションの「カイゼン」に落とし込めるはずである。在庫を減らす，売掛金の回収を早める，設備

図表4－8　管理会計のカスケードダウンとしてのROEツリー展開図

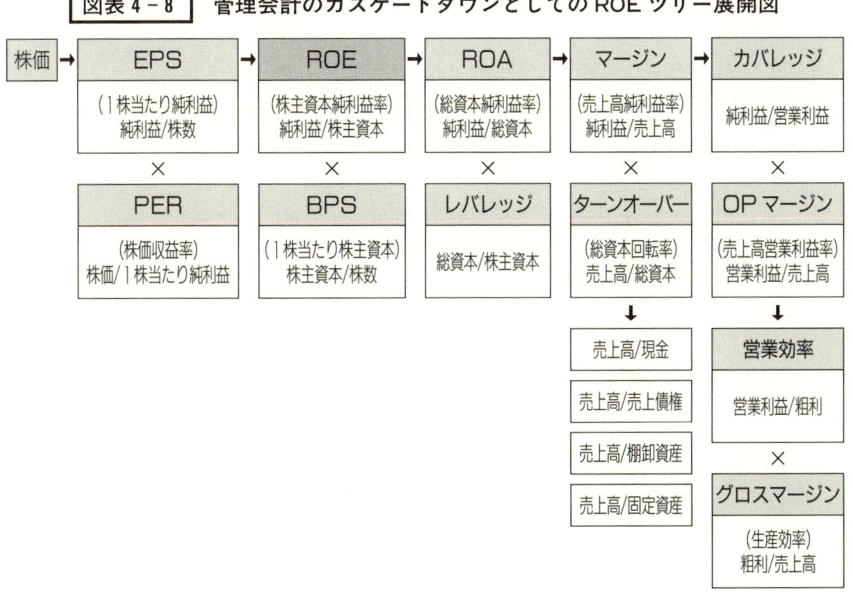

（出所）　筆者作成。

稼働率を上げる，無駄な経費を削減する，利益率を上げる，経営者として当然の行動を改善することに違和感はないであろう。このようにして長期的な視野で企業と投資家は共生・協働が可能であろう。

伊藤レポートでは「ROE の向上は確かに経営者の責務であるが，それを各種指標に分解し，現場にまで落とし込むことによって，現場の高いモチベーションを引き出すことも重要である。現場力を伴った ROE 向上こそ日本の経営スタイルに適合する。それは『日本型 ROE 経営』とも言える」としている。

財務会計をもとに，「社内の管理のため」に管理会計は存在するが，現場の「カイゼン」が「日本型 ROE 経営」につながり，最終的には企業価値を最大化して外部のステークホルダーに貢献することができるのである。そして CFO の受託者責任・説明責任はここにある。

そして，ROE 経営では，決してショートターミズムに陥らずに，長期の時間軸が重要である。エーザイの「統合報告書2019」では CFO ポリシーとして10年平均[5]の ROE を KPI としている。そして，株主資本コスト（CoE）は世界の投

図表 4－9　10年平均をベースとしたエーザイの ROE 経営

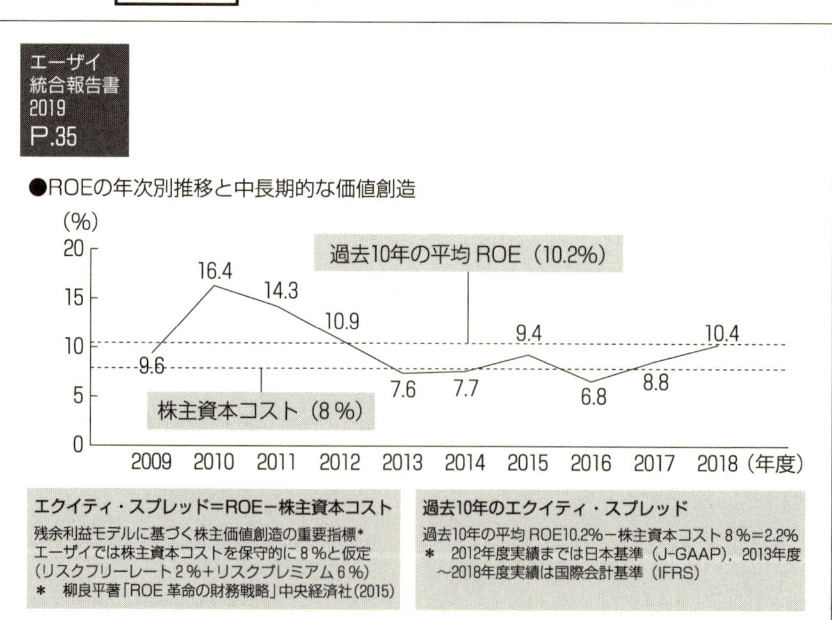

（出所）　エーザイ統合報告書2019。

資家のコンセンサス（第1章，第2章参照）である8％を採用して，10年平均で正のエクイティ・スプレッド2％を目指している（**図表4－9**）。

第3節　価値を創造するための高度な投資採択基準を考える

企業の成長には投資が必要である。費用計上される研究開発はもとより，設備投資，製品買収や企業買収（M&A）といった有形資産・無形資産取得の「資本的支出（CAPEX）」も重要である。そこでは，CFOはコーポレート・スチュワードシップとして企業価値向上を担保する投資採択基準を策定して運用する。経営資源は有限であり，採択できる投資も限られてくるので，優先順位をつけて，一定の基準で投資採択基準を定めることになる。

そのためには，CFOの「資本コストを意識した投資採択基準」が企業価値創造理論あるいは世界の投資家の視座から前提条件になろう。したがって，企業価値向上を企図した資本支出予算では，資本コストを加味した投資採択基準を設定することが基本になるが，日本企業においては，SPP（回収期間法[6]）に比べて，資本コストの意識を前提とするNPV（正味現在価値法[7]），IRR（内部収益率法[8]）の普及率は決して高くはないようだ（第6章で詳説）。今，世界の投資家から次世代CFOの財務リテラシーが問われている。

筆者は新時代のCFOが検討すべき企業価値評価向上のための投資採択基準の基本原則を以下のように考える。

5　エーザイのCFOポリシーでは，研究開発投資が実るのには10年以上かかることもあり，長期志向で「10年平均のROE」をKPIに採択している。過去，ハードルレートの8％を下回るROEを計上した時期も一時あったが，ショートターミズム（たとえば過度に研究開発費を削減する裁量的利益調整）に陥らずに研究開発投資を積極的に行ったことで，早期の抗がん剤の新薬上市につながり，2018年度のROE実績は10.4％，2019年度のROE予想は13％超になっている（2019年11月執筆時点）。

6　回収期間法（SPP：Simple Payback Period）とは，投資金額が何年で回収されるかを調べ，その期間がガイドラインとなっている期間よりも短ければ投資を実行し，長ければ投資を見送るという投資評価方法の1つ。回収期間法は計算が簡単で理解しやすい特徴を持つが，金銭の時間的価値を勘案できない，そもそも判断基準となるガイドライン期間を何によって決めるべきか曖昧，などの限界も指摘されている。

7　正味現在価値法（NPV：Net Present Value）とは，プロジェクトの投資から生み出される将来キャッシュフローを割引率を使って現在価値に割り引く，同じく，投資額についても割引率を現在価値に割り引く，そして，現在価値に換算した将来キャッシュフローから現在価値に換算した投資額を差し引いて，その計算結果である純額（NPV）の大きさで投資の判断を行う方法を指す。

8　内部収益率法（IRR：Internal Rate of Return）とは，NPV＝0となる割引率を指す。IRRが資本コストよりも高い場合は投資案件を採択して，低い場合は棄却する。

【資本支出予算における投資採択基準の基本原則】

1．NPV がプラスであること
2．IRR が資本コストを上回ること
3．NPV と IRR では NPV を優先する
4．複数案件は PI（Profitability Index）による比較が有効
5．さらにリアルオプションも検討する

さすがに近年は，わが国でも NPV と IRR という資本コストベースの投資採択基準を利用する会社も増えてきてはいるが，ハードルレートが５％，８％や10％など一律であることが多い。しかし，プロジェクトのリスクは個別に異なるだろう。本章では投資採択基準で適用する割引率（ハードルレート）は，全社ベースで一律ではなく個別のリスク調整後ハードルレートを適用すべきという価値観を提案したい（Value Proposition）。エーザイの CFO ポリシーでは約200種類のハードルレートを定めて，全世界の投資案件の NPV 計算に適用して，CFO が採択の可否を審査している。

リスクリターンを厳密に分析して価値評価する投資家の負託に応えるには，プロジェクトごとの投資採択基準において，「保守主義の原則」で，各投資プロジェクトのリスク，投資国，投資主体（本体か子会社か），公開会社か非公開会社か等によって調整するハードルレートの基準を CFO が設定することでステークホルダーの信任をより得られるだろう。

こうしたガイドラインでグローバルな案件を勘案すると数百種類のハードルレートを使いこなすことになるのである。**図表４-10**にエーザイの統合報告書2019から CFO ポリシーによる投資採択基準の開示事例を紹介する。

第４節　最適資本構成に基づく最適配当政策

Miller and Modigliani（1961）の MM 定理によれば，完全市場の下では配当は企業価値に影響を及ぼさないことが知られている。ただし，こうした配当無関連命題は完全市場を前提としているので，現実の資本市場では様相が異なる。

石川（2010），石川（2019）は，実証研究で，配当が株価に多大なる影響を及ぼしていることを証明している。強力な「シグナリング効果」あるいは「コロボレーション効果」が確認されている。また，諏訪部（2006）も増配とその後の EPS

図表4-10　エーザイCFOポリシーの投資採択基準の開示事例

エーザイ
統合報告書
2019
P.37

●投資採択基準：VCIC（Value-Creative Investment Criteria）

企業が成長するためには，投資の優先順位や選択が重要となります。そのため，エーザイでは，戦略投資に対する投資採択基準を定め，価値創造を担保しています。その際には，リスク調整後ハードルレートを用いた正味現在価値（NPV）と内部利益率（IRR）スプレッドをKPIとしています。原則としてNPVプラスの条件のみを採択することは当然ながら，IRRにも一定のスプレッドを設けて価値創造を担保します。なお，ハードルレートについては，投資プロジェクト，投資国，流動性などのリスク要因を加味して，およそ200種類のハードルレートを設定し，それぞれの投資案件に応じて，リスク調整後ハードルレートを採用しています。

2018年6月に改訂された「コーポレートガバナンス・コード」において，自社の資本コストの的確な把握をもとにした経営資源の配分が求められていますが，エーザイでは2013年からVCICを導入し，価値創造の担保を行っています。

リスク調整後ハードルレートの設定方法

リスク調整後ハードルレート＝リスクフリーレート＋β×リスクプレミアム（＋流動性プレミアム）

- リスクフリーレート：各国別10年国債の過去10年平均利回り
- β（ベータ）：投資カテゴリーに応じて設定（リスク特性）

（出所）　エーザイ統合報告書2019。

（1株当たりの純利益）の上昇を報告している。

企業価値を生む投資を可能な限り採択して積極的に将来のための投資を行った後に，配当で株主に資金を返還する考え方（残余配当方針）もある。この原則から考えるとFCF（フリー・キャッシュフロー）は全額株主還元に充てるべきだろう。

また，Jensen(1986)のFCF仮説では，過剰にキャッシュを積み上げるとエージェンシー問題が発生して経営者の保身につながるという。第3章で定性的・定量的な証拠を示したように「日本企業の保有現金100円は50円に見なされている」のである。

一方，ライフサイクル仮説では，成長企業は無配でも投資を優先し，成熟企業は株主還元を高めるべきという考えになるし，ケータリング効果に鑑みれば，顧客たる自社の株主の配当に対するニーズを理解して対応すべきかもしれない。

Black（1976）が「配当はパズルである」と言うように，配当は単純ではないのである。

ここで，本章の理解のために主な配当指標を掲げる。

【主な配当指標】

・配当性向＝配当支払額÷純利益（%）
・配当利回り＝配当金÷株価（%）
・自社株買い比率＝自社株買い金額÷純利益（%）
・総還元性向＝配当性向＋自社株買い比率（%）
・株主資本配当率（DOE）＝配当総額÷株主資本（%）＝ROE×配当性向（%）

（参考） 配当割引モデル（DDM）による理論株価（クリーンサープラスと定常状態を仮定）＝1株当たりの配当金÷（資本コスト－永久成長率）

日本企業には配当性向神話が強く，「キーワードは配当性向30%」，「配当政策は米国に追いついた」という声もある。しかしながら，日米配当性向を詳しく見てみると同じ平均値が30%でも対照的な分布になっている。生保協会（2019）が「配当性向30%」を要請していることもあり，日本企業の配当性向は平均値かつ米国企業の平均値でもある30%に集中する傾向がある一方，米国ではライフサイクル仮説が機能して企業の成長ステージごとに配当性向がフラットに分散しており，一番多いのは無配企業になっている。「配当性向30%は魔法の数字」と考える日本企業の配当性向は横並び意識から平均値である30%レベルに集中する傾向がある一方，成長企業は無配でも良いし，高いROEで再投資できるなら投資家は配当を求めない。また，現金を貯め込んだ成熟企業には100%以上の株主還元を求める。言い換えれば，企業ごとの最適資本構成を勘案する必要がある。配当性向10%でも高すぎる企業もあれば，配当性向300%でも低すぎる企業もある。ここでコーポレート・スチュワードシップともいうべきCFOの最適な配当政策の立案が求められるのである。

それでは，世界の投資家は日本企業の配当政策において何が一番重要だと考えているのだろうか（**図表2-13**（46ページ）参照）。

継続的な大規模サーベイにより明らかになった世界の投資家の求める配当政策は，圧倒的に「最適資本構成に基づく最適配当政策」である。これは，CFOのバランスシートガバナンスとも言えるだろう。ガバナンスと資本効率の観点からは，配当性向よりもフリーキャッシュフロー仮説[9]が示唆するエージェンシーコストの削減を企図した最適資本構成が重要なのである。

それではCFOが最適配当政策の企画・立案するにあたって，そのベースとなる最適資本構成はどのように考えればよいのだろうか。

筆者は，第7章で詳説する「格付け類推法」による最適資本構成の模索と資金調達のペッキングオーダーも勘案した最適配当政策をCFOポリシーで実践している。

実務上はクレジットを勘案した「信用格付け類推法」を簡便法として，信用格付けA（シングルA）になるような財務のKPIを追求することで，CFOは財務の健全性を確保し，トレードオフ理論（負債の活用は資本コストを低減するが，過度になると倒産リスクも高まるのでバランスが重要）やペッキングオーダー理論（企業は現金，負債，株式の順で資金調達する）に基づいて最適資本構成を目指すことになる。

加えて，将来の投資機会，保有現金の水準，シグナリング効果，安定配当，ROEターゲット，エクイティ・スプレッドなども用いて総合的に決定すべきであり，それに依拠して最適な配当政策をCFOは模索すべきであろう。

こうした「最適資本構成に基づく最適配当政策」の具体的なKPIとしては，たとえば，柳（2008）の推奨するDOE（株主資本配当率）がある。DOEは株主から預かった株主資本に対する配当総額の比率を示すもので，バランスシートマネジメントに適していると言える。

財務戦略マップの3つ目の柱に掲げた「最適資本構成に基づく最適配当政策」は非常に重要かつ難易度の高い新時代のCFOの課題である。

最後に実例として，上記を総合的に包含したエーザイの中期経営計画「EWAY2025」のKPIをエーザイの統合報告書2019から掲載する（**図表4-11**）。

---

9 Jensen（1986）により確立されたと言われる。プリンシパルたる株主はリスクマネーを拠出して，エージェントたる経営者に事業運営を委託しているが，手元資金が豊富になると経営者の保身や価値破壊の投資をする可能性がある。これをエージェンシーコストという。

図表4-11　エーザイの中期経営計画のKPIの開示事例

KPI	2020年度ターゲット
ROE	10%以上
エクイティ・スプレッド*1	2%以上
DOE*2	8%レベル
親会社所有者帰属持分比率	50〜60%
Net DER*3	−0.3〜0.3

2025年度　ROE15%レベル

＊　配当金の決定は取締役会の承認を前提とします。
＊1　エクイティ・スプレッド＝ROE－株主資本コスト，株主資本コストは保守的に8%と仮定
＊2　Dividend on Equity：親会社所有者帰属持分配当率
＊3　Net DER：Net Debt Equity Ratio＝(有利子負債(社債および借入金)－現金および現金同等物－3カ月超預金等－親会社保有投資有価証券)÷親会社の所有者に帰属する持分

（出所）　エーザイ統合報告書2019。

本章で概要を述べたROE（目標10%以上），エクイティ・スプレッド（目標2%以上）に加え，バランスシートマネジメントとしての最適資本構成（自己資本比率50-60%およびNet DERマイナス0.3倍－プラス0.3倍），とそれに依拠した最低配当政策DOE（8%レンジ）の具体的な目標値の開示があることに注目いただきたい。こうしたCFOの理論と実践の融合による財務戦略の実践と説明で，世界の投資家の信任を得ることができれば，持続的な企業価値の向上につながる蓋然性が高いだろう。

ここから，第5章，第6章，第7章で財務戦略マップの3本柱について，それぞれ詳しく解説していく。

第5章 ROE経営とエクイティ・スプレッド

第4章ではCFOポリシーから財務戦略マップの全体像を示したが，第一の柱としてその中心にあるのはROE経営[1]である。

財務戦略マップ1

中核となる考え方にROE経営がある。長期的には株主のリターン，つまりTSR（キャピタルゲインとインカムゲインの合計である株主の総合利回り）に収斂する企業価値の代理変数としてのROE（およびエクイティ・スプレッド）を中長期的かつ持続的に高めることにCFOの使命は帰結する。そのためには資本コストを意識して，それを上回る資本効率を求めることになるが，社内の管理会計としては，デュポン分析によりマージン，ターンオーバー，レバレッジに分解して，それぞれの具体的施策を噛み砕いて現場にカスケードダウンしていくROE経営が重要となる。伊藤レポートでは最低8％のROEを中長期的に求めている。

1　価値創造の代理変数として資本生産性を測るKPIにはROIC等，さまざまな指標が考えられるが，本書では簡便法として負債の影響を除いたROEを議論する。ROEは変数が少なくシンプルかつ，決算短信で統一された計算式で，基本的に東証全上場企業が開示をしていること，伊藤レポートの「ROE8％ガイドライン」から浸透度が高いことなどから採択した。ROICは負債利用企業や複数の事業部を持つ企業の管理指標としての優位性もあるが，変数が多く，定義も企業によってまちまちであり，統一された開示がないために採択しなかった。たとえばオムロンのROIC経営が有名であるが，同社は多数の異なる事業部を有しており，その管理には適している。ちなみにエーザイのCFOポリシーでは，当社がほぼ単一事業（医療用医薬品）の企業かつ実質無借金であるので，開示に優位性のあるROEを選択している（実質無借金企業の場合は，ほぼROE＝ROICになる）。

■伊藤レポートの“ROE 8 %ガイドライン”

伊藤レポート（経産省 2014）の中で「個々の企業の資本コストの水準は異なるが，グローバルな投資家から認められるにはまずは第一ステップとして，最低限 8 %を上回る ROE を達成することに各企業はコミットすべきである。もちろん，それはあくまでも『最低限』であり，8 %を上回ったら，また上回っている企業は，より高い水準を目指すべきである」という記述が注目を集めた。これが，いわゆる“伊藤レポートの ROE 8 %”ガイドラインであるが，筆者もその委員を務め，ROE や資本コストに係るドラフティングに関わったが，以下の筆者の文献がエビデンスとして採択されている。

「企業価値創造の KPI として，『エクイティ・スプレッド（ES）＝ROE－CoE（株主資本コスト：株主の期待する投資リターン）』がある。投資家から見ると，これがプラスであれば価値創造企業，マイナスであれば価値破壊企業と評価される。」（出所：柳（2010））

「資本コストは，市場が期待する収益率であるが，絶対的な定義はなく，妥当な資本コスト水準については議論が分かれる。 1 つの参考として，日本株に対して，国内外の機関投資家が求める資本コストにかなりのばらつきがあること，平均的には7.2%（海外），6.3%（国内）を想定しているとの調査結果がある。」

「上記の調査では，グローバルな機関投資家が日本企業に期待する資本コストの平均が 7 %超になっている。これによれば ROE が 8 %を超える水準で約 9 割のグローバル投資家が想定する資本コストを上回ることになる。」（出所：柳（2013a））

ROE が長期的に TSR と正の相関を持ち，PBR の説明変数でもあることから企業価値の代理指数となることは述べてきた。それでは，ROE 経営の理論基盤の一角をなす伊藤レポートの「ROE 8 %ガイドライン」を深掘りしてみたい。なぜ伊藤レポートは ROE を重視して，8 %以上の ROE を求めるのだろうか。ROE の重要性と留意点，エクイティ・スプレッドと株主資本コスト 8 %の根拠の順で説明しよう。

第1節 中長期的なROE経営の重要性

それではROE（Return on Equity）とは何か？ ROEとは株主資本利益率のことであり，以下の式で計算できる（**図表5－1**）。

図表5－1 ROE（%）＝純利益÷株主資本（簿価）

ROEとは

・ROE＝Return on Equity

$$株主資本利益率＝\frac{純利益}{株主資本}$$

・株主から預かった資本を企業が事業に投資して，どれだけリターンをあげたかを示す（簿価ベース）。資本効率または資本生産性の指標。

・長期では株主の総合利回り（時価ベース）に近似する。

・投資家が最重視するKPI。

（出所） 筆者作成。

分子は会計上の当期純利益[2]で損益計算書（PL）の「利益」の数値であり，分母は貸借対照表（BS）の「資本」[3]の数字であり資本効率を表している。つまりROEは会計の指標である。

実務上，株式投資家から見ると，企業がどのような資産に投資をしようが結局どの程度のリターンを株主に生んでいるかという点でわかりやすい。株式投資家の立場からは，長期の投資リターン（TSR）[4]は長期のROEに収斂すること，また上場企業の決算短信でも開示があるので時系列比較，同業他社比較，

2 IFRS（国際会計基準）では包括利益も重視されるが，ROEの計算式の分子には純利益を用いる。包括利益のOCI（その他包括利益）には本業以外の為替・株式相場の影響で管理不能な要因も含まれるため変動が大きくなる。また包括利益も増分情報内容を持つが，純利益はより大きい増分情報を株価に対して持つことが実証されている。世界の投資家の実務においてもROE計算には純利益を用いることがスタンダードになっている。

3 2005年12月に企業会計基準委員会（ASBJ）は，純資産の部の表示に関する新しい会計基準を発表し，「3つの資本」が混在している。「株主資本」は資本金，資本剰余金，利益剰余金，自己株式の合計，「自己資本（金融庁と東証の決定）」は株主資本に，その他有価証券評価差額金，繰延ヘッジ損益，土地再評価差額金，為替換算調整勘定を加えたもの，「純資産」は自己資本にさらに新株予約権と少数株主持分を加えたものである。つまり，3つの資本（株主資本，自己資本，純資産），3つのROE（株主資本利益率，自己資本利益率，純資産利益率）が存在することになった。金融庁と東証はROE計算の過去からの連続性を保つために，ROEを「自己資本利益率」とした。本書では株主ガバナンスから企業価値を語ろうとしているので，計算式は自己資本ベースでも，あえて「株主資本」という言葉を使うこととする。

4 TSRとは，「キャピタルゲインとインカムゲインを合わせた株主の総合リターン（%）」を指す。

異業種比較が行いやすい指標でもあることから，一般に「資本効率」というと代表的にROEが使われることが多い。そして投資家はROEを最重視する。要するに，コーポレートガバナンスの原点に戻って，プリンシパルたる株主からの負託を受けて，エージェントたる経営者が預かった「株主から拠出されたお金」に対して，どれだけの金額を「株主の利益」として生み出したかを表す指標がROEなのである。資本効率とは株主の資本（会社経営者の資本ではない）に対する利益創出の生産性である。

しかし，株主だけが潤えばそれでよいということはない。本書で論じるROEは株主原理主義ではない。

ROE計算式の分子たる会計上の純利益を考えてみよう。PLの順番を思い起こしてほしい。まず売上げで顧客に報い，仕入れで取引業者に報い，研究開発費で将来の顧客に報い，人件費で従業員に報い，金利支払いで銀行（債権者）に報い，税金支払いで地域社会に報い，そして最後の残った純利益が株主に帰属する利益である（その蓄積たる内部留保から配当金が得られる）。

株主は優先順位が一番低く，残余利益にしか請求権がない。ROEの分子はすべてのステークホルダーに支払い終えた後の残余利益である当期純利益を使う。これを持続的に得ていくために，株主以外のステークホルダーとの協働と共生が前提条件であり，そのバランスを欠かなければ，長期的なROEはすべてのステークホルダーとのWin-Win関係をもたらすはずだ（第8章でPBRモデルを詳説）。

第2節　ROE経営に係るCFOの留意点：「良いROE」と「悪いROE」

本書ではCFOポリシーの中核に関して，ROEを価値創造の代理変数としてフォーカスしている。しかしながら，ROEには限界や欠陥もあり，「良いROE」と「悪いROE」[5]がある（**図表5－2**）。

本書では，原則としてステークホルダー間の調和のとれた長期的かつ持続的なROE（たとえばエーザイのCFOポリシーのようにROEは10年平均で考えてもよ

5　「悪いROE」の具体例としてキャッシュリッチ企業の「リキャップCB」のケースについて章末で紹介している。ちなみに，『週刊エコノミスト』2016年8月30日号「ROEブームで企業が食い物に　リキャップCB急増の裏側」（編集部：荒木宏香）では，筆者のコメント「技巧的な小手先のROE向上策では長期投資家の支持は得られない」が引用されている。

図表5－2 良いROEと悪いROE

良いROE	悪いROE
中長期志向（たとえば10年平均） ＊中長期視点からの投資。	短期志向（裁量的利益調整） ＊投資の先送りや強引なリストラ。
成長見込みのある低ROE ＊将来投資のための一時的なEPS低下。	成長見込みのない低ROE ＊収益回復シナリオのない低EPS。
収益絶対額を伴うROE ＊投資を行い持続的に利益も増加トレンド。	縮小均衡のROE（デフレ要因） ＊リストラや分母対策で比率のみ重視。
中長期で会計平準化・修正 ＊特別利益・会計基準変更の影響も長期では平準化。	会計上の短期変動を重視した利益調整 ＊短期主義の特別利益，会計基準変更による一時的な利益かさ上げ。
バランスシートマネジメント ＊最適資本構成を求めてバランスシートを管理するガバナンスを持つ。	過剰レバレッジ（倒産リスク） ＊分母対策で借入金を過剰に利用して倒産リスクを負う。リキャップCBなどの技巧[6]。
簿価主義 ＊ROEは簿価指標であるが長期ではTSRに収斂する。時価と簿価は乖離が縮小する。	時価主義 ＊株価は時価なのにROEは簿価だから不要だとする考え。
資本コストを上回るROE ＊持続的に資本コストを上回る価値創造。	極大化・継続増要求 ＊毎年右肩上がりのROE上昇を求める。
アカデミック論文 ＊オールソンモデル等からROEと株主価値の関係は証明済み。	感情論 ＊ROEは企業価値と無関係との誤った主張や，ROEを嫌悪する感情論。
日本企業（周回遅れ） ＊日本の低ROEから投資家は対話の中でROE改善を強く求めるのは理解すべき。	米国企業では課題とされていない ＊米国では既にROEは高い水準で定着しているから（宿題済み）。
業績予想・中期計画開示あり ＊東証の制度もあるが，日本の低ROEから目標開示による底上げは必要。	米国では目標開示がない ＊目標開示がないからROE不要という暴論。米国企業内では極めて重視されている。
優れた財務リテラシー・管理会計 ＊社内に財務の専門家を擁し，中長期的ROE改善の戦略を自ら企画できる。	盲目的政府追従 ＊政府の指示に盲目的・形式的に追従しているだけの表面上のROE言及。
ESG/CSRとの両立 ＊中長期的にwin-winで全てのステークホルダーを満たすROE経営。	株主原理主義（株主だけのROE） ＊株主だけが利益を得るためのROE重視で短期主義や数字合わせが横行。

（出所） 筆者作成。

---

6 本章末のケース研究で詳説。

い）を論じており，近視眼的に無理なリストラや，投資の先送り，あるいは過度のレバレッジを伴うショートターミズム（短期主義）のROEではないことには留意していただきたい。

たとえば，財務レバレッジをかけることでROE数値を高めることができるため，よく理解していないと本業のROIC（投下資本利益率）が低い（したがって，本業の事業そのものの競争力・収益性が低い）のに，株主にだけは高い利益率を提供することもできてしまう。

「ROEを高めるべき」という議論に対しては，「感情的なROE嫌悪」や「資本を減らし，財務の健全性を損なってまでROEを上げるべきなのか？」という心理的な反発[7]を生みやすいが，そのようにして高めたROEは長期持続的なものではなく，よって資本効率の代理指標としては10年など長期平均のROEを用いるべきだと考える。

伊藤レポートでも，下記のように，ROE 8％以上を求める一方で，株主原理主義でも短期主義でもない，現場の従業員と一体となった「日本型ROE経営」，「非財務資本の資本効率」が重要であるとして，すべてのステークホルダーとWin-Winで，持続的な長期のROEを強調していることも理解しておかなければならない（本書では後段で「PBRモデル」を議論する）。

> 「ROEの向上は確かに経営者の責務であるが，それを各種指標に分解し，現場にまで落とし込むことによって，現場の高いモチベーションを引き出すことも重要である。現場力を伴ったROE向上こそ日本の経営スタイルに適合する。それは『日本型ROE経営』とも言える。」
>
> 「国内外の資金供給者から集められる『金融資本』，経営・事業を担う人材である『人的資本』，イノベーション創出能力の源泉となる「知的資本」，サプライチェーンや社会規範等の『社会・関係資本』，環境等の『自然資本』等，さまざまな資本を有効活用しなければならない。つまり広い意味での『資本効率（Capital Efficiency）』を高めることは日本の存立に関わる重要課

7　伊藤（2015）は「こうしたレバレッジにかこつけたROE批判により日本株は四半世紀低迷した。こうした主観的な決め付けを続けるならグローバルな資金獲得競争に勝てない。時計の針を戻してはならない」と感情的なROE反対論に警鐘を鳴らしている。また，エクイティ・スプレッドの解説で詳細を後述するが，大阪市立大学の石川博行教授は「ROE至上主義に非を唱える主張もあるが，それは，理論モデルである残余利益モデル（RIM）に対する不理解に基づいている」と一刀両断にしている（西川編・石川（2016））。

題である。」

それでは，こうした前提のもとにCFOは中長期的に，目安としてどれくらいのROEを確保しなければならないのか。伊藤レポートは「資本コストを上回るROE」としてROE 8％以上を目指すべきとしている。以下，エクイティ・スプレッドの理論と共に，伊藤レポートの「ROE 8％ガイドライン」を解析する。

第3節　株主資本コスト＝最低要求ROE 8％の根拠

本書では「株主資本コスト＝投資家の期待収益率」の原点に戻って，世界の投資家はどう日本株の平均的な株主資本コスト（CoE＝r）を考えているのかを重視している（もちろん，資本コストは会社ごとに異なる）。

伊藤レポートに記載のあるとおり，価値創造の代理指標であるエクイティ・スプレッド（ROE－株主資本コスト）の構成要素のうち，ROEは個別企業ごとに決算実績・業績予想から把握できるとして，概念的な株主資本コスト：CoE（＝r）をどのように設定すべきか。ヒストリカル，インプライド両面からCAPM（資本資産評価モデル）をはじめ多数の推計方法があるが絶対的な解はないだろう。参考までにCAPMの概要を**図表5－3**に示す。

たとえばベータ（β）値1の前提でCAPMに従えば[8]，「リスクフリーレート（RFR）＋リスクプレミアム（RP）」に収斂される。問題はRPだが，ヒストリカ

図表5－3　CAPM（資本資産評価モデル）理論

株主資本コスト……自己資本の提供者である株主の期待収益率のこと

【推測方法】 CAPM（キャップエム）…… Capital Asset Pricing Model 資本資産評価モデル
株主資本コスト＝リスクフリー・レート＋株式市場全体のリスクプレミアム×β

(i)「リスクフリー・レート（一般的には日本国債10年物の利回り）」
(ii) 過去の株式データから推測される「株式市場全体のリスクプレミアム」
(iii) 過去の株式データから推測される個別企業ベータ（β）値

（出所）筆者作成。

8　個社別にベータ値および資本コストは異なる。ここでは日本株全体（ベータ値＝1）に対するCoEを論じている点には留意されたい。

ルRPはデータ対象期間によって変動する。持ち合い株式を中心とした安定株主時代が反映されるなど過去実績に依拠した推計は，将来志向のグローバル投資家の期待値を捕捉できない。したがって，本書では「将来志向」，「グローバル投資家の期待値」を重視して，サーベイによりCoEを推計する立場をとる（資本コスト＝投資家の期待収益率）。また，Fernandez and Campo（2010）から保守的に考えれば先進国のRPは約６％と仮定できる[9]。本書では，RPを６％と想定して，さらに，ゴーイング・コンサーンとして日本国債30年債の長期平均利回りから，RFRを２％の前提とする。ここから本書の仮説として，日本株CoEを「２％＋６％＝８％」とする[10]（８％は日本株全体の平均資本コストであり，ベー

図表１－10　株主資本コスト（CoE）のコンセンサス　（再掲）

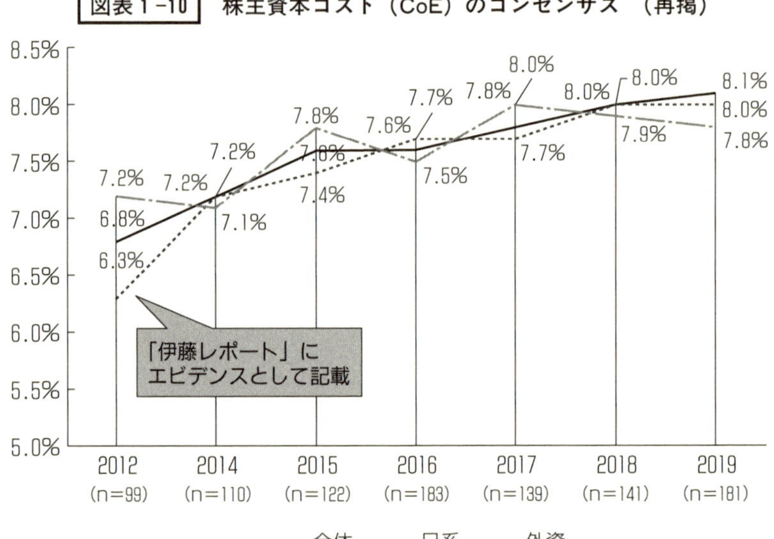

（出所）柳（2010），近藤・柳（2013），柳（2013ab），柳（2014ab），柳（2015abcd），西川編・柳（2016），柳（2016），柳（2017），柳編（2017），柳（2018），柳・広木・井出（2019），Yanagi（2018b）により2007-2018年調査を作成，2019年調査は本書で初公開。

9　Fernandez and Campo（2010）の市場関係者2,400名サーベイでは，先進国RPの水準は５－６％に収斂している。AFP（2011）の米国CFOのアンケート調査でも，RPは５－６％との回答が半数を占めた。近年の株式益回りもRP ６％レベルを示唆している。

10　直近の10年物国債利回りから，RFR１％以下を主張する投資家も多い。この場合は１％＋６％＝７％が日本株CoEになるが，2019年調査ではCoE７％での満足度は３分の１以下になる。ちなみに，実現可能性はともかく，アベノミクスにおける日本政府のインフレターゲットも２％である。米国企業に対してはRFR差異から10%超のCoEを求める声が多い。

タ1の前提である)。

それでは,「資本コスト＝投資家の期待収益率」の原点に戻って，世界の投資家はどう日本株のCoEを考えているだろうか。第1章で扱ったように，この「CoE＝8％」仮説は筆者の行った時系列投資家サーベイで裏付けられる(**図表1-10**再掲)。

伊藤レポートに採択された柳(2013a)の2012年の投資家サーベイではコンセンサスは7％レベルであったが,近年は第2章の2019年調査にあるように，8％に収斂してきている。いずれも「CoE＝8％」を投資家の期待収益率の最頻値としており，CoE8％の前提で概ね9割のグローバルな日本株出資者の期待値を満たす。投資家サーベイの頑強性と，伊藤レポートの妥当性が示唆されていると言えよう。

このように，時系列投資家サーベイのコンセンサスから日本株に対する平均的なCoEは8％で概ね妥当であると言えよう。そして，価値創造には資本コストを上回るリターンを上げる(正のエクイティ・スプレッドを創出する)ことが重要である。「伊藤レポートのROE8％」の主旨はここにある。

企業が「目的を持った対話」のアジェンダとして，たとえば東証の決算短信等でエクイティ・スプレッドを開示して投資家と対話すれば価値評価改善に資するだろう。企業はComply or Explainの原則で，長期的なROEの計画に加えて，個社別の資本コストのレベルを説明することが望ましい。

下記のように，2018年6月に改訂されたコーポレートガバナンス・コード(東証(2018))でも「資本コストの意識」が強調されている。

【原則5-2．経営戦略や経営計画の策定・公表】

経営戦略や経営計画の策定・公表に当たっては，自社の資本コストを的確に把握した上で，収益計画や資本政策の基本的な方針を示すとともに，収益力・資本効率等に関する目標を提示し，その実現のために，事業ポートフォリオの見直しや，設備投資・研究開発投資・人材投資等を含む経営資源の配分等に関し具体的に何を実行するのかについて，株主にわかりやすい言葉・論理で明確に説明を行うべきである。

(出所)　改訂コーポレートガバナンス・コード2018。

一方で，**図表5-4**にあるように，JIRA(2018)によれば過半数の企業が自社の資本コストを認識していない。

図表５－４　自社の資本コストがどの程度の水準か：認識の有無

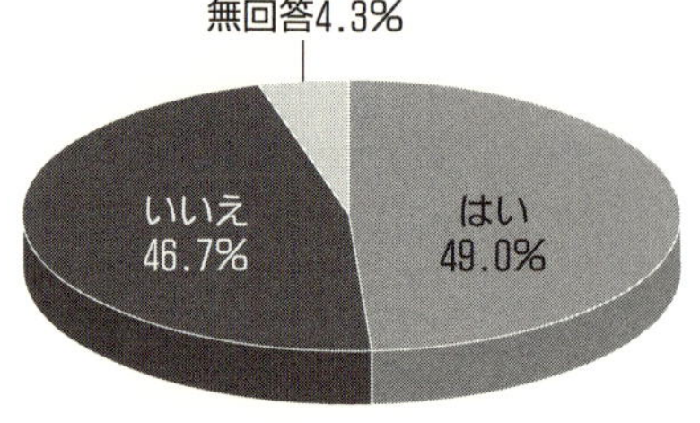

(n=981)

	件数	割合（%）
はい	481〈422〉	49.0〈44.0〉
いいえ	458〈486〉	46.7〈50.6〉
無回答	42　〈52〉	4.3　〈5.4〉

〈　〉内は前々年データ

（出所）　JIRA（2018）。

図表５－５　資本コストに対するROE水準の見方（企業・投資家）

認識ギャップ大【企業＞投資家】	「上回っている」
認識ギャップ大【企業＜投資家】	「同程度」「下回っている」

a．上回っている　　b．同程度　　c．下回っている
d．(企業）資本コストを把握していない/（投資家）わからない

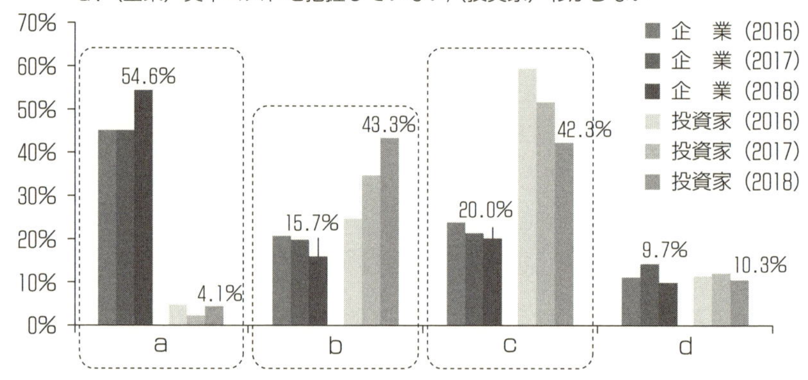

（回答数【企業】：2018年度：515，2017年度：553，2016年度：541）
（回答数【投資家】：2018年度：97，2017年度：110，2016年度：89）

（出所）　生保協会（2019）。

また，生保協会（2019）によれば，ROEが株主資本コストを上回っているかという論点で，企業と投資家のダイコトミーは大きい（**図表５－５**）。

「株主資本コスト＝株式投資家の期待収益率」の原点に立ち返って，企業と投資家が，世界の投資家サーベイのコンセンサスも参考にしながら，エクイティ・スプレッドの理論も勘案した上で，建設的な資本コストについての対話を深めていく必要があるだろう[11]。

第 4 節　価値創造の代理指標としてのエクイティ・スプレッド

本節では ROE を展開して，伊藤レポートでも価値創造の代理指標とされるエクイティ・スプレッドを軸に論じていく。エクイティ・スプレッドは米国管理会計士協会（IMA）により株主価値創造の KPI に採択されている管理会計の指標である[12]。筆者は IMA 日本支部常任理事として，エクイティ・スプレッドの有用性を10年来唱え，東京証券取引所や GPIF（年金積立金管理運用独立行政法人）にもその KPI 採択や開示と対話の提言を行っている[13]が，筆者が伊藤レポートに記載して注目される以前から東証では重視されてきた経緯[14]がある。

株式投資におけるリスクテイクをする株主にとっての価値創造の前提は，投資先企業が会計上黒字であるだけでは十分でなく，「株主資本コスト（CoE）を上回る ROE」を持続的に上げることである。伊藤レポートにも記載されているとおり，エクイティ・スプレッドは下記のように定義される。

エクイティ・スプレッド（%）＝ROE－CoE（または r）[15]

一般に，株主価値（長期的な時価総額または理論値）は株主資本簿価（BV）に市場付加価値（MVA）を加えて算出できる。残余利益モデル（RIM）[16]では株主価値は下記の数式になる。

$$\text{株主価値（SV）}=\text{株主資本簿価（}BV_0\text{）}+\sum_{t=1}^{\infty}\left(\frac{\text{当期利益}_t-CoE\times BV_{t-1}}{(1+CoE)^t}\right)$$

SV：株主価値（時価総額）　BV：株主資本簿価　CoE：株主資本コスト
t：会計年度

11　留意点として，資本生産性から価値創造を測定する場合に，投下資本を株主資本とすれば「ROE－CoE＝エクイティ・スプレッド」を使用すべきであり，投下資本に株主資本と負債を合わせて用いるなら，「ROIC（投下資本利益率）－WACC（株式と負債の加重平均資本コスト）＝ROIC－WACC スプレッド」を適用すべきであり，両者を混同してはならない。

12　米国管理会計士協会（IMA）の管理会計基準（SMA）「株主価値会計」（IMA（1997））で採択。

13　日本経済新聞2016年 8 月 7 日「中外時評　広がるか価値創造企業　資本コストの自覚が先決」（論説副委員長：水野裕司）参照。

14　2012年度に開始された東証の「企業価値向上表彰」の選定基準の KPI の 1 つになっている。

15　エクイティ・スプレッドは比率で示すが縮小均衡に陥らないためには絶対金額である残余利益（当期利益－株主資本コスト金額）も勘案する。本書では比率と金額を論じる。ちなみに，理論的には残余利益モデル（エクイティ・スプレッド），EVA，DCF，DDM のどの方式を使用しても算出される企業価値は同一になる。

16　Ohlson（2001）でも取り上げられている。

この展開式は以下のようになる[17]。

$$SV_0=BV_0+\frac{(ROE_1-CoE)BV_0}{1+CoE}+\frac{(ROE_2-CoE)BV_1}{(1+CoE)^2}+\frac{(ROE_3-CoE)BV_2}{(1+CoE)^3}+\cdots$$

SV：株主価値（時価総額）　BV：株主資本簿価　CoE：株主資本コスト
t：会計年度

明らかに株主価値は理論的にROEが説明変数であり，「ROE不要論」は残余利益モデルとそのファクターであるエクイティ・スプレッドの誤解である。西川編・石川（2016）で大阪市立大学の石川博行教授は以下の趣旨を述べている。

「ROE至上主義に非を唱える主張があるが，それは，理論モデルである残余利益モデル（RIM）に対する不理解に基づいている。ROEに対する誤解が多いので，あらためて，ROEの重要性を訴えたい。RIMは，株式の本質的価値を評価する代表的モデルである配当割引モデルに，会計の基本原則であるクリーンサープラス関係を代入して数学的に導出される。残余利益モデルの数式から明らかなとおり，株式価値を評価する上で重要なのは，現在のROEではない。将来の長期にわたるROEの時系列である。たとえば，ROEは，自社株買いによって機械的に上昇させることができるが，重要なのは，その高まったROEを長期的に持続させることができるかである。企業の実体が変わらなければ，高いROEはいずれ平均回帰してしまう」。

さらに，この等式の両辺を株主資本簿価B_0で除すると以下のようになる[18]。

$$PBR=\frac{SV_0}{BV_0}=1+\frac{ROE_1-CoE}{1+CoE}+\frac{(ROE_2-CoE)BV_1/BV_0}{(1+CoE)^2}+\frac{(ROE_3-CoE)BV_2/BV_0}{(1+CoE)^3}+\cdots$$

SV：株主価値（時価総額）　BV：株主資本簿価　CoE：株主資本コスト
t：会計年度

17　展開した数式から明白であるが，残余利益モデル，エクイティ・スプレッドの前提は現在の短期的ROEではなくて，将来の長期的なROEの流列であり，決してショートターミズムではない。「伊藤レポートのROE8％ガイドライン」の趣旨も，ここにある。

残余利益モデル（RIM）からもわかるように，株価純資産倍率（PBR）は長期的なエクイティ・スプレッド（ROE－CoE）に影響される傾向がある。つまり，正のエクイティ・スプレッド（ROE>CoE）を織り込むと市場付加価値（MVA）が創出され，PBRは1倍以上になる（価値創造企業）傾向がある。逆に負のエクイティ・スプレッド（ROE<CoE）を意識すればMVAはマイナスになり，PBRは1倍未満（価値破壊企業）となる蓋然性が高まる。基本的にPBRが1倍以上になるかどうかは，エクイティ・スプレッドが正か負かに依拠しているのである。したがって，エクイティ・スプレッドは価値創造の代理変数とされる。

図表5－6にクリーンサープラス関係と定常状態を前提とした残余利益モデル（RIM）の数学的根拠と価値関連性の概念フレームワークを示す[19]。これを見ると，企業収益の持続的成長率（g）が資本コスト（r）を上回る（r<g）ことがない限り（高成長企業でない限り），エクイティ・スプレッドがマイナスになれば，PBRが1倍割れ，つまり時価総額が株主資本を下回る価値破壊の状況になることが，より明白になる。また，株主資本簿価は「財務資本関連」，正のエクイティ・スプレッドが創出する市場付加価値は「非財務資本関連」であるとしているが，企業理念や人材の価値などの非財務情報を重視する企業サイドの視点ともエクイティ・スプレッドは同期化が可能であると考えられる（後段の「PBRモデル」で詳説）。

18　石川教授は以下の要旨も主張している（西川編・石川（2016））。「株価純資産倍率（PBR）が1を割り込んでいることを根拠として，自社の株式が割安に評価されていると主張する経営者がいるが，その考えも間違いである。将来の期待ROEがCoEを平均的に上回っていれば，PBRが1を超えることがわかる。逆に，将来ROEがCoEを平均的に下回っていれば，PBRは1を割り込む。[PBR＜1]は，割安を意味しない。市場から，長期平均的にCoE＝rを下回るROEしか達成できない価値破壊企業と見られているだけである。短期的にROEが高くても，その後の企業成長が期待できなければ，「PBR1倍割れ」は十分に起こり得るのである。RIMは，ROEの重要性とともに，そのベンチマークである株主資本コスト（CoE）の重要性も訴えているのである」。エクイティ・スプレッドについても，ROEと株主資本コスト（CoE）を比較する点を批判する向きもあるが，それも残余利益モデルの不理解となる。

19　株主価値評価の代表的モデルである配当割引モデル（DDM：株主価値は将来受け取る配当の流列を株主資本コストで現在価値に割り引いた金額の総和とする理論）にクリーンサープラス関係（期末株主資本簿価＝期首株主資本簿価＋当期利益－当期配当）および残余利益と当期利益の関係（残余利益＝当期利益－期首株主資本簿価×株主資本コスト）を適用して数学的に求めることができる（Ohlson（2001），西川編・石川（2016））。

図表 5－6　残余利益モデル（RIM）とエクイティ・スプレッドの数学的根拠と価値関連性の概念フレームワーク（CoE＝r）

当期純利益 NI，株主資本 BV，配当 D，株主資本コスト CoE，残余利益 RI，企業価値 SV，t＝0は現在，1は1年後，成長率 g とする。

1年後の残余利益率を次のように定義する。

$$RI_1 = NI_1 - BV_0 \times CoE \qquad (1)$$

(1)式を展開する（当期純利益の定義）。

$$NI_1 = BV_0 \times CoE + RI_1 \qquad (2)$$

1年後の株主資本を次のように定義する（クリーンサープラス関係）。

$$BV_1 = BV_0 + NI_1 - D_1 \qquad (3)$$

(3)式を展開する（配当の定義）。

$$D_1 = BV_0 + NI_1 - BV_1 \qquad (4)$$

(4)式に(2)式を代入し，整理する。

$$D_1 = BV_0 + BV_0 \times CoE + RI_1 - BV_1 = (1+CoE) \times BV_0 + RI_1 - BV_1 \qquad (5)$$

割引配当モデルを，次のように定義する。

$$SV_0 = \frac{D_1}{(1+CoE)^1} + \frac{D_2}{(1+CoE)^2} + \cdots \qquad (6)$$

(6)式に(5)式を代入し，整理する。

$$SV_0 = \frac{(1+CoE)BV_0 + RI_1 - BV_1}{(1+CoE)^1} + \frac{(1+CoE)BV_1 + RI_2 - BV_2}{(1+CoE)^2} + \cdots$$

$$= \frac{(1+CoE)BV_0}{(1+CoE)^1} + \frac{RI_1}{(1+CoE)^1} - \frac{BV_1}{(1+CoE)^1} + \frac{(1+CoE)BV_1}{(1+CoE)^2} + \frac{RI_2}{(1+CoE)^2} - \frac{BV_2}{(1+CoE)^2} + \cdots$$

$$= BV_0 + \frac{RI_1}{(1+CoE)^1} - \frac{BV_1}{(1+CoE)^1} + \frac{BV_1}{(1+CoE)^1} + \frac{RI_2}{(1+CoE)^2} - \frac{BV_2}{(1+CoE)^2} + \cdots = BV_0 + \frac{RI_1}{(1+CoE)^1} + \frac{RI_2}{(1+CoE)^2} + \cdots$$

さらに，両辺を BV_0 で割ると（$RI_1 = NI_1 - BV_0 \times CoE$ の関係から），

$$\frac{SV_0}{BV_0} = PBR = 1 + \frac{(ROE_1 - CoE)}{(1+CoE)} + \frac{(ROE_2 - CoE)BV_1/BV_0}{(1+CoE)^2} + \frac{(ROE_3 - CoE)BV_2/BV_0}{(1+CoE)^3} + \cdots$$

数式を簡素化して，クリーンサープラス関係に定常状態を仮定する。

$$PBR = 1 + \frac{\text{エクイティ・スプレッド}}{CoE - g}$$

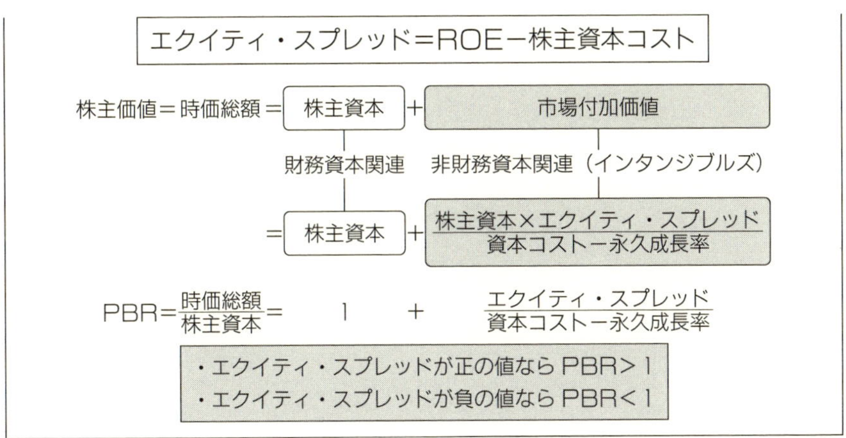

（出所）　筆者作成。

定量的な実証データを見ても，10年の時間軸で，予想ROEが8％未満ではPBR 1倍以下（あるいはその前後）で付加価値評価が低迷するケースが多く，予想ROEが8％を超えるとPBRは1倍以上に向上して，その後右肩上がりに価値創造が高まる傾向があることが確認できる（**図表5－7**）。

図表5－7　PBRと予想ROEの相関図：「8％は魔法の数字」の実証データ

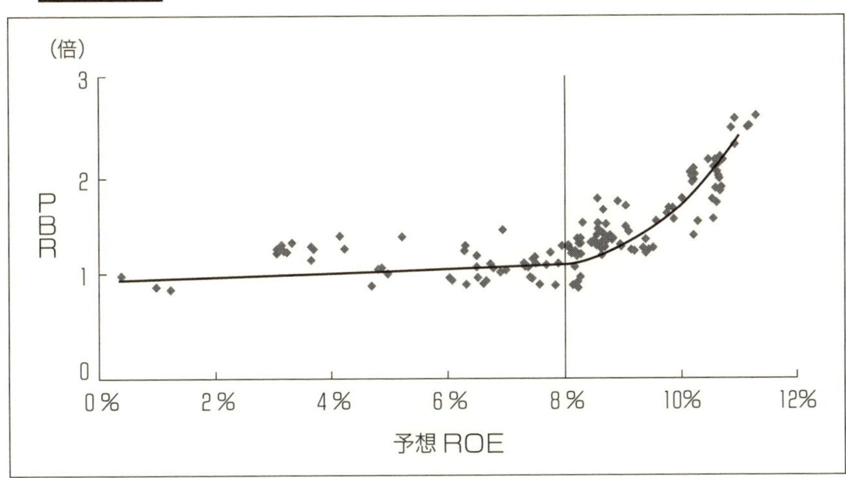

（注）　日経平均ベースの予想ROEとPBR（2005年1月～2018年8月の毎月末）。

（出所）　柳・広木・井出（2019）。

定性的な投資家サーベイのコンセンサスに加え，定量的な実証データのエビデンスからも８％のROEが価値創造の分水嶺になっており，日本の株式市場においては「８％は魔法の数字」と言われる所以である。

さらに，西川編・石川（2016）で大阪市立大学の石川博行教授は「イーストンモデル」による回帰分析で株主資本コスト（CoE＝r）の実証を行っている。残余利益が一定成長（g）すると仮定し，株主価値の代理変数で株価を用いると，１期先のROE予想を被説明変数，現時点のPBRを説明変数とする回帰モデルが得られる（Easton et al.（2002））。このモデルを推定すれば，市場が含意しているインプライド期待成長率（g＝切片）とインプライド資本コスト（r＝切片＋傾き）が同時に推定できる。1981年-1998年の米国企業のｒとｇは，それぞれ，13.4％と10.1％であった（Easton et al.（2002））。

日本企業について石川教授が行った実証分析の結果は以下のとおりである（**図表５－８**）。1997年-2015年の所定の条件を満たす３月期決算企業，延べ45,419企業年に対して，年次決算発表で公表された経営者の次期純利益予想データを用いて，Easton et al.（2002）と同様の分析を行った。全企業を，PBR１倍以上の価値創造企業（延べ21,477企業年）とPBR１倍未満の価値破壊企業（延べ23,942企業年）に分類して分析を行った結果，ｒとｇの直近５年平均は，価値創造企業[20]が8.8％と6.4％，価値破壊企業は8.0％と0.8％であった。こうした統計学的に有意な実証分析からも「株主資本コスト８％」の頑強性は担保されている[21]。

このように，エクイティ・スプレッドは残余利益モデルの理論でもマーケットの実証データでも株主価値との関係があり，世界の投資家はエクイティ・スプレッドおよび，その主要コンポーネントであるROEを最も重視する。そして「８％は魔法の数字」なのである。

20　西川編・石川（2016）で石川教授は「PBR１倍割れは株価が割安なのではなく，価値破壊である」と明言している。つまり，エクイティ・スプレッドがマイナス，管理会計上は赤字企業であることを意味する。石川氏の実証研究ではPBR１倍を境に「価値創造企業」と「価値破壊企業」の２つに上場企業を分類している。

21　大規模な世界の投資家サーベイ結果が投資家の期待収益率としての株主資本コスト８％を継続的に示唆していること，日本企業の過去10年間のROEとPBRの実証データが株主資本コスト８％を示していること，イートンモデルによる回帰分析が株主資本コスト８％を実証していることから，「伊藤レポートのROE８％」ガイドラインには十分な証拠がある。８％に根拠がないとする情緒的批判はこうしたエビデンスの不理解によるものである（もちろん，株主資本コストは個社別に異なるものであり，ここでは日本企業全般のレベルを指している）。

図表5－8　Easton et al.（2002）の回帰モデルが実証する「株主資本コスト8％」

価値創造企業（21,477企業年）：直近5年平均 r＝8.8％，g＝6.4％

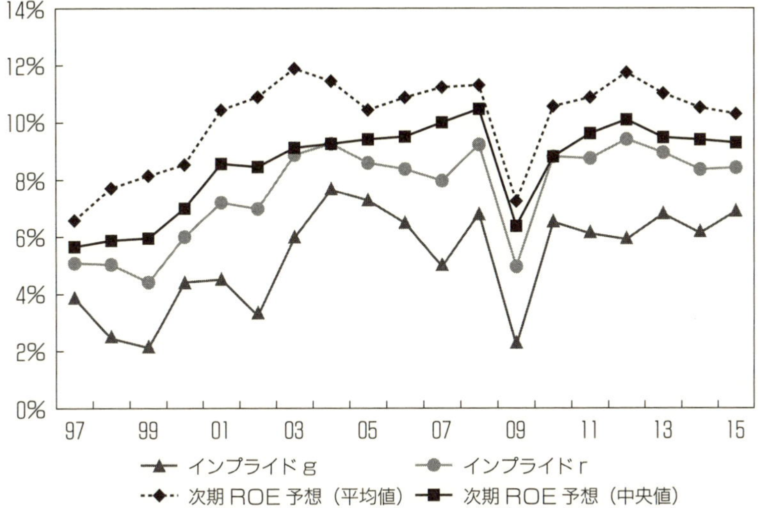

（出所）　西川編（2016）第5章（石川）140ページの図表5－5より筆者作成。

価値破壊企業（23,942企業年）：直近5年平均 r＝8.0％，g＝0.8％

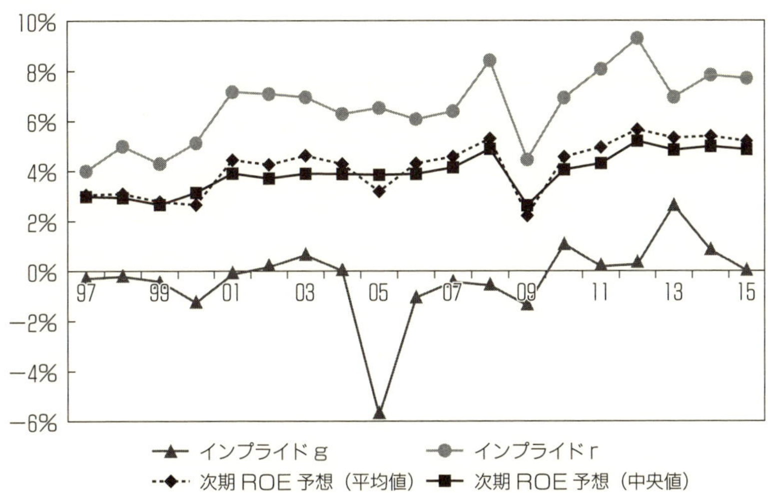

（出所）　西川編（2016）第5章（石川）141ページの図表5－6より筆者作成。

残余利益モデル（エクイティ・スプレッド）の株主価値との相関における優位性は，いくつかの先行研究でも証明されている。Francis et al.（2000）は，1989-1993年の米国企業のデータを用いて，残余利益はフリーキャッシュフロー（FCF）や配当よりも株価説明力が高いことを実証している。決定係数は，残余利益0.73，FCF0.40，配当0.54であった。残余利益モデルが割引キャッシュフローモデル（DCF）や配当割引モデル（DDM）に勝ることを示唆している。また，Stark and Thomas（1998）は，1990-1994年の英国企業データを用いて，残余利益が会計上の利益よりも株価をより有意に説明できることを示唆している。そして，藤井・山本（1999）は，1983-1998年の日本の製造業のデータを分析して，残余利益はFCFよりも株価説明力が高いことを証明している。決定係数は，残余利益0.4-0.8，FCF0.2-0.6であった。

第5節　エクイティ・スプレッドとパフォーマンスに係る定量分析

ここまで理論的背景を中心に説明してきたが，実務において，エクイティ・スプレッドは実際のマーケットにおける株価パフォーマンスとの関係でも優位性を発揮する。柳・目野・吉野（2015）の実証分析では，株価パフォーマンスはエクイティ・スプレッドと正の相関関係にあることが示唆された。エクイティ・スプレッドの高い会社をロング（買い）してエクイティ・スプレッドの低い会社をショート（売り）するポートフォリオ戦略はベンチマークに対して統計的有意差をもってアウトパフォームしたことが示された。「資本コストを上回るROE」が価値の源泉であり，「エクイティ・スプレッドは企業価値と関連性があるので，エクイティ・スプレッドを利用したポートフォリオ戦略は超過リターンを生む」という仮説が実証されている。以下に実証研究の要旨を紹介する。

【分析方法】[22]

エクイティ・スプレッド[23]の銘柄選択効果を確認するため，5分位，10分位[24]ポートフォリオによる分析を行った（ロングサイドで魅力的なのは第5分位，第10

22　分析対象期間は，2012年4月から2015年3月の3年間とし，分析対象企業は東証一部上場企業を投資ユニバースとする。

分位で，ショートサイドで魅力的なのは第1分位と定義)。

① 前月末時点のエクイティ・スプレッドの水準に応じてユニバース（東証一部）を5分位（あるいは10分位）し，分位ごとに同一金額でポートフォリオを構築して，当月リターン（単純平均）を観察

② 各分位ポートフォリオの当月リターンは対TOPIXの超過ベース（ポートフォリオの平均リターン－TOPIX平均リターン）

③ ポートフォリオのリバランスは月次ベース

④ ロングショートの効果を確認するスプレッドリターンは，第5分位－第1分位（あるいは第10分位－第1分位）で算出

⑤ 期間は過去1年（2014年4月-2015年3月）と，過去3年（2012年4月-2015年3月）

このような手法で，当該2期間における，第5分位（あるいは第10分位）と第1分位のスプレッドリターンの平均値を算出した（エクイティ・スプレッドの効果が安定しているかを見るには，リスク当たりの期待リターンという観点も重要であり，平均値÷標準偏差も算出）。平均値の検定については，第5分位（あるいは第10分位），第1分位，スプレッドリターンの平均値の統計的な有意性を確認した（リターンはTOPIX平均の超過ベースなので，ゼロ（TOPIX平均）から有意に乖離しているか否かを検証）。検定は両側5％で有意判定（プラス側とマイナス側で2.5%）を行ってp値[25]を観察した。

分析結果を**図表5－9**に掲載する。

結論として，5分位分析と10分位分析のいずれにおいても，過去1年および過去3年の株価パフォーマンスはエクイティ・スプレッドと正の相関関係にあ

---

23 エクイティ・スプレッドの算出に用いる来期ROEは「来期予想税引き利益÷自己資本」とした。来期予想税引き利益は東洋経済より取得可能なデータ，自己資本は直近発表の本決算データを使用（連結優先)。CoEは「マーケット・リスクプレミアム×β＋10年国債利回り」とした。マーケット・リスクプレミアムは市場平均の資本コストを8％と想定し「8％－10年国債利回り」とした。また，βは36カ月の月次サンプルにより算出した。

24 5分位（10分位）分析とは，対象となる数値（本件ではエクイティ・スプレッド）を低いほうから順番に並べ，それを合計サンプル数の上で5(10)等分して5(10)個のグループを作って分析する手法を指す。数値（エクイティ・スプレッド）の低いグループから順次，第1分位，第2分位……第5(10)分位階級とした。

25 p値とは，「もしある事象が偶然に起こり得る時，観察された値と同等か，より極端な結果が得られる確率」を指す。一般にp=0.05を基準とするが，これは「実際には偶然に過ぎないのに，誤って『意味がある』と判断している」可能性が5％以下という意味である。

図表5－9　エクイティ・スプレッドのパフォーマンス比較結果

1．P1（第1分位），P5（第5分位），P5-P1のスプレッドリターン

（注）両側検定

	P1 (Low)				P5 (High)				High-Low スプレッドリターン			
	平均値	(p値)	標準偏差	平均値÷標準偏差	平均値	(p値)	標準偏差	平均値÷標準偏差	平均値	(p値)	標準偏差	平均値÷標準偏差
過去1年 (2014.4-2015.3)	−3.8%	0.20	2.8%	−1.36	5.7%	0.03	2.3%	2.52	9.5%	0.05	4.2%	2.23
過去3年 (2012.4-2015.3)	−1.3%	0.77	7.4%	−0.17	4.9%	0.14	5.6%	0.87	6.1%	0.38	12.0%	0.51

2．P1（第1分位），P10（第10分位），P10-P1のスプレッドリターン

（注）両側検定

	P1 (Low)				P10 (High)				High-Low スプレッドリターン			
	平均値	(p値)	標準偏差	平均値÷標準偏差	平均値	(p値)	標準偏差	平均値÷標準偏差	平均値	(p値)	標準偏差	平均値÷標準偏差
過去1年 (2014.4-2015.3)	−5.9%	0.13	3.6%	−0.87	5.1%	0.17	3.5%	1.46	11.0%	0.02	4.0%	2.73
過去3年 (2012.4-2015.3)	−2.3%	0.71	10.7%	−0.19	7.8%	0.07	7.4%	1.06	10.2%	0.26	15.3%	0.66

（出所）柳・目野・吉野（2015）より筆者作成。

ることが示唆された。エクイティ・スプレッドの高い会社をロングして，低い会社をショートするポートフォリオ戦略は有効に機能する蓋然性が高い。

重要なポイントとして，分析サンプルが少ない点は解釈の上で留意が必要なものの，過去1年の分析ではエクイティ・スプレッドのパフォーマンスはROEを上回り[26]，p値も5分位と10分位それぞれで0.05以下と統計的有意な結果になっている。

アベノミクスの奏功もあり2013年度から日本企業の平均ROEが向上して，ようやく正のエクイティ・スプレッドを計上し始めて正常化したので，過去3年よりも1年の実証結果が有意であったとも考えられる。あるいは，当時のガバナンス改革を受けて，市場がエクイティ・スプレッドを織り込み始めた時期とも言えるかもしれない。

いずれにしても，「資本コストを上回るROE」が価値の源泉であり，エクイ

26　Stark & Thomas（1998）は，残余利益（エクイティ・スプレッド）が会計上の利益（ROE）より株価の説明力が高いことを実証している。

ティ・スプレッドを利用したポートフォリオ戦略は超過リターンを生むという仮説は実証されたといえるだろう。これは株式投資家の視座からの分析ではあるが，受託者としてのCFOも銘記しておくべきだろう。

一義的に企業の経営陣，特に財務のトップであるCFOは，コーポレートガバナンス（企業統治）の観点から，企業価値向上のための受託者責任を負っている。それはコーポレートスチュワードシップ(経営の受託者としての資本政策や財務戦略)ともいうべきものであろう。そして，本章で明らかになったように，企業価値の代理指標としてエクイティ・スプレッドの有用性が理論的にも実証的にも示唆されている。

日本企業も世界の投資家と同じ船に乗り，中長期的な企業価値向上を目指す「エクイティ・スプレッドの時代」を迎えつつあるのである。新時代のCFOは企業価値の代理変数としてのエクイティ・スプレッドの重要性をしっかりと理解しておくべきであろう。

第6節　ケース研究：リキャップCBの留意点

本章で取り上げた「悪いROE」にいわゆる「リキャップCB」の一部が該当する可能性があるため，筆者は東京証券取引所の上場制度整備懇談会委員として，本件につき問題提起をしてプレゼンテーションを行った。その後の長い議論や検討を経て，2017年3月，東証は上場企業へ向けて注意喚起の報告書を公開した（「資本政策に関する株主・投資家との対話のために～リキャップCBを題材として～」2017年3月17日 株式会社東京証券取引所：東証 2017)。

以下，参考のためにリキャップCBの留意点について解説したい。

2014年以降，わが国の上場会社によるリキャップCBの実施例が増加した。リキャップCBとは，転換社債型新株予約権付社債（CB）の発行で資金を調達すると同時に自己株式取得を行うことで，負債を増やしつつ資本を減らし，資本再構成（リキャピタライゼーション）を行う資本政策である。

リキャップCBを実施すると，ROE(株主資本利益率)の分母が小さくなるので，計算上は，ROEの値が大きくなる効果がある。リキャップCBが増加した背景には，コーポレートガバナンス・コード，伊藤レポートの「ROE8％ガイドライン」などを受けた上場会社の資本生産性（ROE等）や株主還元に対する意識の高まりがあるとの指摘もあるが，既存株主である国内外の機関投資家等からは，リキャップCBは必ずしも企業価値の向上に寄与せず，既存株主の立場からは歓迎できないという批判的な意見もある。

図表５−10に具体例でそのスキームを説明する。

この**図表５−10**で言えば，この架空の東証一部上場企業Ａ社は2014年の伊藤レポートの「ROE８％ガイドライン」を誤解して極端に受け止め，短期志向でも何としてもROE８％を達成しなければならないと考えており，主幹事証券からの提案で，CB20億円を発行して，20億円の自社株買いを実施した。

その結果，ROEは即座に７％から10％へと上昇して，伊藤レポートの「ROE８％ガイドライン」を達成した。しかも証券会社との契約では，金利も手数料もゼロで一切費用はかからない魅力的な取引であった。Ａ社のCFOであるＸ氏は大変満足して，株価も今後上昇基調になるだろうし，既存の大株主である米国投資家Ｂ社からも賞賛されると思っていた。

ところが，ニューヨークから来日した既存の大株主Ｂ社のアナリストＹ氏

図表５−10　リキャップCBのスキーム図（例）（単位：億円）

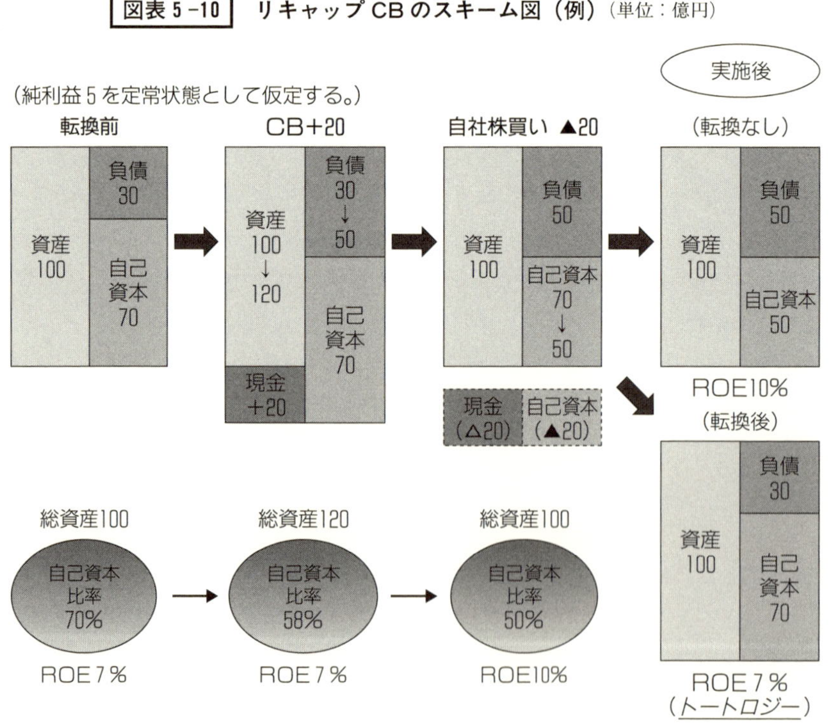

（出所）　筆者作成。

はCFOのX氏を批判した。なぜか。いくつかの論点があった。

１つはCBが株式転換されると株主資本が再び70億円に膨らみ，ROEは７％とマイナスのエクイティ・スプレッドに再び戻ってしまい，同じであると言う。ダイルーションが起こり，トートロジーで意味がないと不満を明かした。

さらに，ブラック・ショールズモデルでコールオプションを計算すると手数料ゼロ・金利ゼロでも割が合わない価値破壊であるという。また，現在A社は自己資本比率が70%と高く，ネットキャッシュを有する実質無借金会社であるので，手許現金あるいは普通社債で自社株買いをすべきだったといって，Y氏は憤懣やるかたない様子であった。

このようなストーリーが一部の企業では実際にあったようであり，何社かの欧米の機関投資家からは中立である筆者に対して（東証の諮問委員として）苦情があったのも事実である。では，もう少しプライシング体系なども含めて**図表5－11**を見てみよう。

先ほどの架空のA社の話の続きであるが，通常の社債を発行すればA社は金利0.3%を支払うところ，本件CBでは金利はゼロである。また，証券会社への支払手数料は普通社債では0.2%以下ではあるが，本件は２%になる。しかし，CBは人気があり102の価格で発行できるので，手数料２%はこれで相殺で

図表５－11　CBプライシング（例）

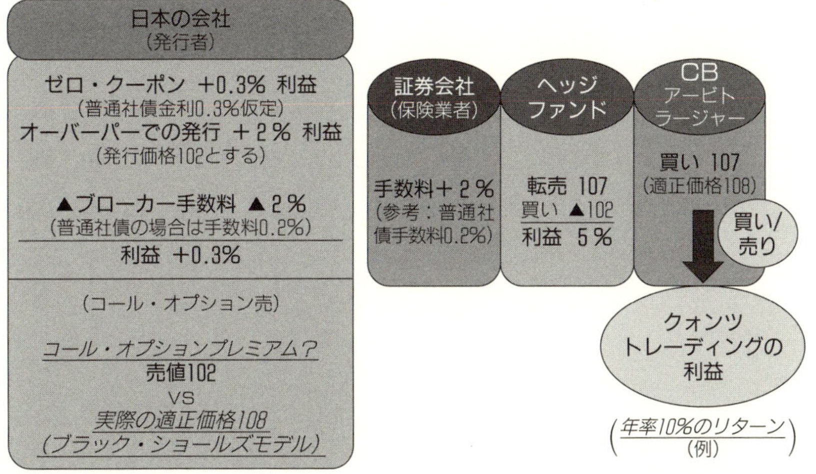

（出所）　筆者作成。

きるため，実質的に無料だという。A 社の CFO である X 氏は満足していた。

しかし，CB には，満期になれば支払った分の全額が償還される社債（負債）としての性質の他に，株価が値上がりすれば株に転換して差額が得られるというオプションが付いた新株発行としての性質もあるため，この株を買う権利（コールオプション）に対してプレミアムが発生する。

米国投資家 B 社のアナリストの Y 氏がブラック-ショールズモデルでコールオプションを計算すると，108が適正価格であると言う。そして，資本市場では，証券会社は普通社債では手数料が0.2%以下（あるいは低金利の銀行融資に取引を奪われる）のところ手数料 2 %の利益を得る上，こうした CB はヘッジファンドに大人気なので営業努力なしに即日販売できる[27]。

ヘッジファンドは，これを102で購入してオーバーナイトで，たとえば107の価格で転売できるので，一晩で 5 %の利益を得る。そして購入者の CB アービトラージャー[28]は108の価値のある商品を107で仕入れた上に，その後高度な数理計算で細かい売買を繰り返してさらなる高いリターンが得られるという。

資本市場の参加者はまさに Win-Win だというが，だれが loser なのか。被害者はそれを知らないうちに価値破壊を被った B 社のような長期の既存株主であり，CFO である X 氏は受託者責任を果たしていないと大株主の Y 氏は厳しく叱責した。

これは極端な架空の事例に過ぎないが，一部の企業に不満を持った海外投資家も多く，実際にリキャップ CB 実施後の株価パフォーマンスは実は芳しくない（**図表 5-12**）。ニッセイ基礎研究所の井出真吾チーフ株式ストラテジストは，「2015年は市場がプラスに評価するケースもあったのに対し，16年は横ばいまたは下落した銘柄がほとんどだ」と指摘する。

リキャップ CB の導入件数は，2011年には 2 件にとどまっていたが，伊藤レ

---

27 信用力が高く，ゼロクーポンの機会費用の少ない日本の優良企業の CB は，売買開始から数時間で売り切れるほど人気がある場合もある。当時，証券会社や海外ヘッジファンドはほぼリスクを取ることなく，「濡れ手に粟」で CB を売買できるため，それも当然である。基本的に近年証券会社は，日頃の海外ヘッジファンドの注文なしでは商売が成り立たない。複数の市場関係者によれば「現場はヘッジファンドの CB 争奪戦。ヘッジファンドは，自社に CB を回さないのなら証券会社との取引を縮小すると圧力をかけることもあった」そうである。

28 CB だけを世界中から集めて CB と現物株の価格変動を利用して儲けている機関投資家。CB アービトラージャーは CB を購入したら，クオンツモデルで売買を複雑に組み合わせて小刻みに運用し，大体年間で10%程度の利益を目論むという。割安で買った CB の「玉」があれば有利にトレードできる。

図表5-12　リキャップCB発行企業の市場評価は低迷

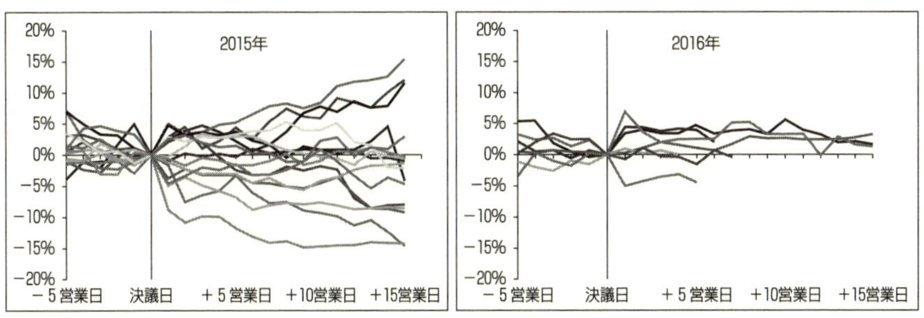

（注）　決議日を基準として各企業の株価騰落率を東証業種別株価指数の騰落率と比較。
（出所）　ニッセイ基礎研究所レポート（2016.06.14）より筆者作成。

ポートの「ROE 8％ガイドライン」の公表された2014年には15件，2015年には16件と急増し，株価指数のJPX400に採用されたいという企業も多く，2011〜2016年6月までのROEブームの約5年間で，46社もの企業が導入している。

『週刊エコノミスト』2016年8月30日号の記事「ROEブームで企業が食い物に　リキャップCB急増の裏側」（編集部：荒木宏香）によれば，伊藤レポートの「ROE 8％ガイドライン」直後の主なリキャップCB発行事例（一部）には以下の案件がある。

（2014年）		**（2015年）**	
塩野義製薬	200億円	T&D HD	300億円
日本ハム	300億円	山口FG	300億円
常陽銀行	300億円	ユニ・チャーム	500億円
ケーズHD	300億円		
東レ	1,000億円	**（2016年）**	
ヤマダ電機	1,000億円	関西ペイント	1,000億円

筆者はあくまで中立の立場であり，個社別の事情もあるだろうから，リキャップCBの個々の案件の是非についてはコメントする立場にはない。必ずしも全ての案件が批判されているわけでもないかもしれない。しかしながら，特に自己資本比率が高く，キャッシュリッチな企業は，上記のような既存株主に対す

る説明責任は重いだろう。

本来，企業の資金調達は，ペッキングオーダー理論に従い，最初に現金，次に銀行融資や普通社債，最後に転換社債や新株発行と，希薄化リスクあるいは資本コストの低い順から行うのが普通だ。ましてや，現在のマイナス金利下では，最もコストが高い株式を動かして財務に余裕のある企業が資金調達を行う理由は見当たらない[29]。

既存株主のリキャップCBに対する疑問・不満やその背景が，上場会社から明確に理解されていないため，上場会社から投資家への説明が不足しがちになっているのではないかとの指摘は多い。

そこで，東証では2017年3月に注意喚起（東証（2017））を行ったのである[30]。出典は筆者の東証上場制度整備懇談会でのプレゼンテーションの要旨であるが，東証の通知から主なCFOの説明責任のアジェンダを以下に示す。

■リキャップCBに係る企業と投資家の建設的な対話のためのアジェンダ

留意点1．自社株買いのための資金調達手段としての適切性

（想定される質問の例）

- ✓ 手許現金を用いないのはなぜか。
- ✓ 銀行借入れ，普通社債など，他の調達手段を用いないのはなぜか。

留意点2．資本政策の基本方針との整合性

（想定される質問の例）

- ✓ 収益力・資本効率等に関する目標としてどういった指標を提示しているか。その実現のために何を実行するのか。リキャップCBはその中で

29　米国では，リキャップCBを実施する企業は，信用力が脆弱で調達金利の高いベンチャー企業が多い。

30　もちろん，全てのリキャプCBが「悪いROE」とは限らない。個別の事情で正当化できるケースも多いだろう。したがって，東証もリキャップCBの「規制」を行わずに，投資家に対して十分な説明責任を果たしてほしいと「要請」または「注意」だけをしているのである。

どのように位置づけられるのか。
- ✓ リキャップCBにより資本再構成を企図している場合，目標としている資本構成（負債資本比率等）はどのようなものか。
- ✓ 将来，株価が上昇してCBの転換が進んだ場合には資本再構成の効果が元に戻る可能性があることについてどのように考えているか。

留意点３．CBと自社株買いを組み合わせることの個別事情の有無

（想定される質問の例）

- ✓ 例えば，CB発行時の株価への影響を緩和するための自社株買い，または自社株買いを迅速に行うためのCB発行，といった狙いがあるのか。

留意点４．CBの条件決定の適切性

（想定される質問の例）

- ✓ 上場会社がCBを利息なし（ゼロクーポン）で発行するメリットとCBに付与されたオプションの価値は釣り合っているか。

留意点５．CBのアップ率のメッセージ性

（想定される質問の例）

- ✓ 希薄化を抑制するために転換価額を高く設定しているということは，経営陣としては，株価がそこまでは上がらないと考えているのか。

留意点６．自社株買いの合理性

（想定される質問の例）

- ✓ 自社株買いを行うことについて，成長投資と株主還元についての自社の資本政策に沿って説明できるか。
- ✓ 現在の自社の株価に照らして，このタイミングで自社株買いを行うことが正当化できるか。

（出所） 東証（2017）より。

これは１つのケース研究に過ぎないが，CFO はその受託者責任である「全てのステークホルダーに配慮した持続的企業価値の向上」を念頭に，伊藤レポートの「ROE８％ガイドライン」を濫用（誤解）して「悪い ROE」を追求することなく，個別事情の説明責任を果たしていくことが求められる。そのためには高度な財務リテラシーとインテグリティが必要条件になる。CFO が正しい理解の下，価値創造の代理変数である長期的な ROE やエクイティ・スプレッドを訴求して持続的な企業価値を最大化していくことを願ってやまない。

第6章 企業価値創造する投資採択基準（VCIC）

第4章で提案したCFOポリシーとしての財務戦略マップの第2の柱は企業価値を創造する投資採択基準である。これをエーザイのCFOポリシーではVCIC（Value-Creative Investment Criteria）と呼んでいる。

財務戦略マップ2

持続的成長を目指す事業会社としては，根本的には，本業の本源的価値を高めるための設備・IT投資，研究開発，戦略的事業投資等を積極的に行うことが前提条件である。一方で，財務規律を重視しながら価値創造を担保する高度な投資採択基準が要求される。この観点から，資本コストを意識したNPVやIRRが重視されるべきだが，真に株主の負託に応えて企業価値を高めるには，ハードルレートはリスク調整後の割引率をプロジェクトのリスクに応じて適用することも求められるだろう。多くの日本企業の投資採択基準には改善の余地がある。

第1節 資本支出予算における投資採択基準における日米比較：資本コストの意識が問われている

CFOは企業価値を高める投資を可能な限り採択して，積極的に将来のための投資を行う。つまり，管理会計の資本支出予算が重要である。もちろん，価値創造的な投資案件がなく，余剰資金を抱える場合は配当で株主に返還すべきである（残余配当方針）し，追加投資を期首予算で見込んでいなかったとしても価値創造案件が期中で発生すれば，先送りすることなく，柔軟に採択すべきである（柳（2011））。

しかしながら経営資源は有限であり，採択できる投資も限られてくるので，優先順位をつけて，一定の基準で投資採択基準を定めることになる。企業の持続的成長のためには必須の資本支出予算であるが，そこでは「企業価値を高める」投資採択基準が重要になる。外国人投資家からは，日本企業は「高値づかみ」の価値破壊的投資を行うことがあると批判されている。プロジェクトの採択にあたっては，「資本コストを上回る利潤（正のエクイティ・スプレッド）」を上げて企業価値を増加させることが必須である。

そのためにはCFOが設定する「資本コストを意識した投資採択基準」が重要である。企業価値向上のための資本支出予算では，資本コストを加味したNPV，IRRをベースとした投資採択基準を設定することが多い。NPVとIRRのルールについては**図表6－1**をご覧いただきたい。

著名投資家のウォーレン・バフェットは「企業が内部留保を許されるのは，その1ドルを1ドル以上にできる時だけだ」という趣旨を述べている（Cun-

図表6－1　NPVとIRR

正味現在価値法（NPV：Net Present Value）とはプロジェクトの投資から生み出される将来キャッシュフローを割引率を使って現在価値に割り引く，同じく，投資額についても割引率を現在価値に割り引く，そして，現在価値に換算した将来キャッシュフローから現在価値に換算した投資額を差し引いて，その計算結果である純額（NPV）の大きさで投資の判断を行う方法を指す。

内部収益率法（IRR：Internal Rate of Return）とはNPV＝0となる割引率を指す。IRRが資本コストよりも高い場合は投資案件を採択して，低い場合は棄却する。

NPVルール

1．*NPVがプラスなら，そのプロジェクトを採用する*
2．*NPVがマイナスなら，そのプロジェクトは棄却する*
3．*NPVがゼロなら，そのプロジェクトを実行しても企業価値は不変*

IRRルール

1．*IRRが割引率より高いなら，そのプロジェクトを採用する*
2．*IRRが割引率より低いなら，そのプロジェクトは棄却する*
3．*IRR＝割引率なら，そのプロジェクトを実行しても企業価値は不変*

（出所）筆者作成。

ningham(2008))が，NPVがプラスあるいはIRRが資本コストを上回る投資に使うときだけ企業は資金を留保できるという意味であろう。

しかしながら，わが国企業の管理会計の投資採択基準においては，SPP(回収期間法)に比べて，資本コストの意識を前提とするNPV，IRRの普及率は低い（**図表６－２**）[1]。

投資採択基準の日米比較（芹田・花枝（2015））を見てみると，資本コストを意識してNPVやIRRを米国企業の約75%が採用しているが，日本企業のNPVやIRRの採択率は約25%と低く，彼我の差は大きい。日本企業は資本コストの意識が薄く，回収期間と会計上の利益を重視しているようである。「資本コスト＝投資家の期待収益率」の原則で考えると，日本企業のCFOは受託者責任を果たしているのか，昨今のクロスボーダーM&Aにおける日本企業の「のれん代の減損計上」の歴史に鑑みて懸念が残る。

2018年６月改訂のコーポレートガバナンス・コード（東証（2018））の趣旨を下記のとおりCFOは銘記すべきである。

図表６－２　**投資採択基準の日米比較**

＊米国はIRRとNPVであるが，日本は回収期間と会計利益。

	日本企業	米国企業
回収期間	56.0%	56.7%
会計上の収益率	43.9%	20.3%
内部収益率（IRR）	26.5%	75.6%
正味現在価値（NPV）	25.4%	74.9%
財務担当者MBA比率（参考）	4%	40%

（出所）　芹田・花枝（2015）より筆者作成。

1　回収期間法（SPP：Simple Payback Period）とは，投資金額が何年で回収されるかを基準に投資判断を行う手法だが，資本コストの意識を含んでいない。正味現在価値法（NPV：Net Present Value）とは，プロジェクトの投資から生み出される将来キャッシュフローを割引率で現在価値に引き直して投資額と比較する，資本コストを意識した投資採択基準である。さらに，内部収益率法（IRR：Internal Rate of Return）もNPV＝0となる割引率（IRR）が資本コストよりも高い場合は投資案件を採択して，低い場合は棄却するので，資本コストの視点を織り込んでいる。一般に投資家はNPVとIRRを重視する。

【原則５－２．経営戦略や経営計画の策定・公表】

経営戦略や経営計画の策定・公表に当たっては，自社の資本コストを的確に把握した上で，収益計画や資本政策の基本的な方針を示すとともに，収益力・資本効率等に関する目標を提示し，その実現のために，事業ポートフォリオの見直しや，設備投資・研究開発投資・人材投資等を含む経営資源の配分等に関し具体的に何を実行するのかについて，株主にわかりやすい言葉・論理で明確に説明を行うべきである。

また，根源的な問題として，芹田・花枝(2015)から大まかに理解すると，米国の財務担当者のMBA比率が40％であるのに対して，日本企業の財務部門ではMBA比率が４％に過ぎないことは興味深い。やはり，財務リテラシー向上，金融教育の充実が必要ではないか。そしてCFOはエヴァンジェリスト(伝導者）として人材の育成を担うべきであろう。

図表６－３　投資採択基準に見る日本企業と国内投資家のギャップ

認識ギャップ大【企業＞投資家】	「売上・利益の増加額」「事業投資資金の回収期間」
認識ギャップ大【企業＜投資家】	「投下資本利益率（ROIC)」「内部収益率（IRR)」

a．売上・利益の増加額　　b．事業投資資金の回収期間
c．投下資本利益率（ROIC）　　d．内部収益率（IRR）
e．正味現在価値（NPV）　　f．その他

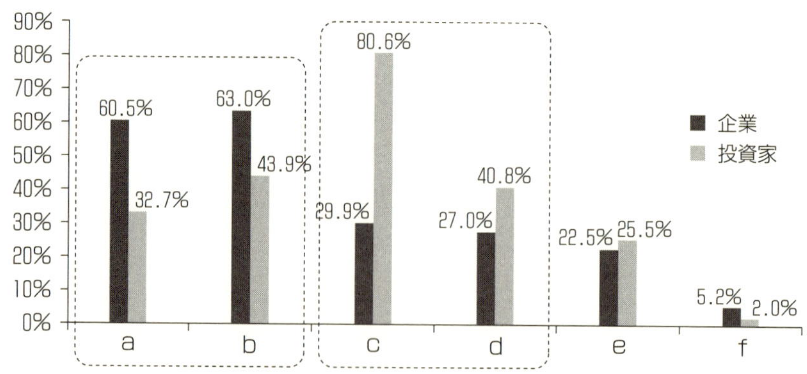

※複数選択から３つまで選択可へ変更
※企業にのみの選択肢である「f．判断基準は特に設定していない」を削除し，「g．その他」をf.に繰り上げた。
(回答数【企業】：2018年度：519)
(回答数【投資家】：2018年度：98)

（出所）生保協会（2019）より筆者作成。

さらに，生保協会（2019）の日本の企業と投資家へのアンケート調査を見ても，日本企業と国内投資家にはギャップがある。**図表6－3**を参照されたい。国内投資家は投下資本利益率（ROIC）や内部収益率（IRR）を投資採択基準にしてほしいと考えているが，日本企業は資本コストの意識が薄く，投資回収期間や売上・利益絶対額を重視している。そして外国人投資家はグローバルスタンダードなのでNPVとIRRである。改訂コーポレートガバナンス・コードの精神からも，今まさにCFOの真の資本コストの意識が問われているのである。

第2節　CFOポリシーとしての価値創造の投資採択基準（VCIC）

世界の投資家はエクイティ・スプレッドに代表されるように，会計上の利益ではなくて「資本コストを上回るリターン」を価値創造の前提と考えている。したがって，CFOが検討するM&Aや製品買収などの資本的支出においては，回収期間法ではなくて資本コストを勘案した投資採択基準であるNPVとIRRが重要になってくる。

筆者が財務理論から企画立案して，社内承認を得て世界中で実践するCFOポリシーから「企業価値評価向上のための投資採択基準＝VCIC（Value-Creative Investment Criteria）」のプリンシプルを，以下に具体例として紹介していきたい（実数は非開示につきダミー）。

【資本支出予算における投資採択基準の基本原則VCIC】

1．NPVがプラスであること
2．IRRが資本コストを上回ること（目標IRRスプレッド2％以上）
3．NPVとIRRではNPVを優先する
4．複数案件はPI（Profitability Index）による比較が有効
5．さらに中止や変更の余地があれば，リアルオプションも組み入れる

NPV（Net Present Value：正味現在価値）＝Σ（n年度のプロジェクトのフリーキャッシュフローFCF）/（1＋割引率）^{n}－投下資本の現在価値

IRR（Internal Rate of Return：内部収益率）＝NPVがゼロになるような割引率

PI（Profitability Index）＝プロジェクトのFCFの現在価値÷投下資本の現在価値

このようにVCICでは，資本支出予算についてNPVとIRRがゴールド・スタンダードになっている。キャッシュフローの見積もりはオペレーションのプロたる事業部が作成し，それをCFOチームが検証するとして，ファイナンシャルな理論で実務担当者が割引率を適切に設定することが重要である。わずかな割引率の変化で投資の意思決定の判断が変わってしまうからである。

最近，日本企業でもNPVとIRRという資本コストベースの投資採択基準を利用する会社が増えてきてはいるが，ハードルレートが5％，8％や10％など一律であることが多い。一般のコーポレート・ファイナンスの教科書や公認会計士試験もNPVの定義はあるが，割引率の記載は「割引率を10％とすると」などと一般化しており，CFOの実務ではそのまま適用できない。実際に海外M&A含めて，プロジェクトのリスクは個別に相当異なるだろう。

VCICでは，「コーポレートのハードルレート8％」とダブルスタンダードにはなるが，個別の投資採択基準で適用する割引率（ハードルレート）は，日本企業の株主資本コストで仮定した全社ベースの8％で一律ではなく個別のリスク調整後ハードルレートというスタンスを取る[2]。

プロジェクトごとの投資採択基準では，「保守主義の原則」で，各投資プロジェクトのリスク，投資国，投資主体(本体か子会社か)，公開会社か非公開会社か等によって調整するハードルレートの基準を設定するほうが，株主・投資家にリスクのあるプロジェクトへの投資を説明する際にも支持が得られるだろう。リスク調整後割引率（ハードルレート）[3]をプロジェクトごとに個別に適用することが企業価値評価向上に資するのである。また，IFRS(国際会計基準)採用企業が増え，のれんの定期償却がない中，アップフロントで減損リスクを低減する仕組みがCFOの受託者責任として必要である。

こうしたリスク・リターンを勘案した投資採択基準のイメージを筆者の提案として下記に例示してみる。エーザイのCFOポリシーの基本になっている。NPVとIRRをベースにしながら，そのハードルレートについてはリスク見合いで数百種類を使い分けるのである。

2　エーザイのCFOポリシーでは世界の投資家の株主資本コストのコンセンサスである8％は資本的支出の投資採択基準の割引率の下限（フロアレート）として管理している。

3　基本的にCAPMに依拠してプロジェクトごとのリスク調整後株主資本コスト（CoE）を適用する。通常の判定時には負債コストは考えないものとする。ただし，特別にひも付きで借入金が必要な投資を行う場合には，別途その時点の金利相場を勘案して加重平均資本コスト（WACC）を設定する場合もあり得る。節税効果も別途勘案する。

【より高度な価値創造の投資採択基準】

◆株主価値を創造する投資の採択
◆NPV プラスの投資を採択
◆IRR が資本コストを上回る投資を採択
◆NPV を優先する
◆複数案件比較では PI も利用
◆選択肢（Go or No Go）がある場合はリアルオプションを利用
◆*案件ごとのリスクを勘案したハードルレートを適用*
◆株主，投資家は他の選択肢もあることを銘記
◆財務会計上黒字が基準でなく，管理会計上の機会コストを考慮
◆NPV の意識があっても一律のハードルレートでは不十分
◆プロジェクトごとに β 値を変える
◆地域ごとにリスクフリーレートを変える
◆リスクプレミアムは原則として一定
◆子会社（非公開会社）リスクプレミアムを勘案する

【具体的な投資採択基準の設定】

＜必須基準＞
NPV プラスであること
◆累積 DCF（割引キャッシュフロー）－投資総額の現在価値 ＞ 0

＜付随基準＞
①　IRR ＞ハードルレート＋２％[4]
②　投下資金回収期間　５年以内（原則）＝参考情報
＊必須基準をクリアすることを絶対条件としつつ，付随条件の達成度を総合的に判断しながら，投資可否を決定する。

ポイント
◆適切なキャッシュフロー（利益）を予測できるか
◆妥当なハードルレートを設定できるか（CAPM の応用）
・キャッシュフロー，利益計画は事業部等の提案値を管理会計部署等が厳しくチェックする（本業の基本）。
・ハードルレートを設定するに当たっては，事業・プロジェクト固有のリスク（β 値）の前提がポイント。

4　ヒアリングや先行研究から投資家が一般的に期待する収益スプレッドを想定。

・リスクフリーレートは各国の国債利回りの近年の平均値[5]，リスクプレミアムは本書の分析やFernandez and Campo（2010）から6％を使用する。
・β値は本来，個々の投資案件により異なっている。しかし，個々の案件毎に設定していては，実務が煩雑で負担が多い上，かえって恣意性を高め，判断基準としての利便性を落とすことになりかねないため，ベータは以下の3類型をモデルとして設定する（例）[6]。
・レベル3　ハイリスク・カテゴリー
投機的プロジェクト，ベンチャープロジェクト
β値2.0を使用（高リスク銘柄の市場平均）
・レベル2　ミドルリスク・カテゴリー
新規リスクプロジェクト
β値1.5を使用（中リスク銘柄の市場平均）
・レベル1　ローリスク・カテゴリー
現在販売中の製品の拡大・設備投資，子会社設立
β値1.0を使用
（当該上場企業自体のハードルレートでよい）
◆子会社における独自投資を判断する場合は，通常の各類型のβ値に追加で非公開会社リスクプレミアムの上乗せ（30%）をして判定する（“Private”と定義）

この筆者のCFOポリシーからVCICの骨子を開示したエーザイの統合報告2019のスライドを**図表6－4**に掲載する。

こうした基本方針に基づく世界の投資案件に対する投資採択基準のハードルレートのイメージをテーブルで**図表6－5**に掲載した。数字はダミーだが，実際にエーザイでは投資採択基準のNPVやIRR計算において約200種類のハードルレートを使用しており，CFOがその基準で最終審査を行い，そのレートから逸脱した案件は否決する。また，四半期ごとのグローバルCFO会議や個別セミナーを不定期に世界中で開催して全社へVCICを徹底的に浸透させているの

5　リスクフリーレートについては，通常の投資プロジェクトのタームを10年以内と想定して，投資国ごとの10年国債利回りを使用する。なお，為替リスクは金利平価（Interest parity）の考え方に基づき，金利差と相殺されるものと仮定して考慮しない。

6　リスク3類型に対しては，同等リスクの世界のヘルスケアセクターの上場企業群から得られるベータ値の平均市場データをベースに，3つにグルーピングして各々固有のベータ値を設定する。

図表6－4　エーザイのVCICの開示事例

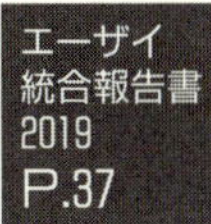

●投資採択基準：VCIC（Value-Creative Investment Criteria）

企業が成長するためには，投資の優先順位や選択が重要となります。そのため，エーザイでは，戦略投資に対する投資採択基準を定め，価値創造を担保しています。その際には，リスク調整後ハードルレートを用いた正味現在価値（NPV）と内部利益率（IRR）スプレッドをKPIとしています。原則としてNPVプラスの案件のみを採択することを当然ながら，IRRにも一定のスプレッドを設けて価値創造を担保します。なお，ハードルレートについては，投資プロジェクト，投資国，流動性などのリスク要因を加味して，およそ200種類のハードルレートを設定し，それぞれの投資案件に応じて，リスク調整後ハードルレートを採用しています。

2018年6月に改訂された「コーポレートガバナンス・コード」において，自社の資本コストの的確な把握をもとにした経営資源の配分が求められていますが，エーザイでは2013年からVCICを導入し，価値創造の担保を行っています。

リスク調整後ハードルレートの設定方法

リスク調整後ハードルレート＝リスクフリーレート＋β×リスクプレミアム（＋流動性プレミアム）

－リスクフリーレート：各国別10年国債の過去10年平均利回り

－β（ベータ）：投資カテゴリーに応じて設定（リスク特性）

（出所）　エーザイ統合報告書2019。

である。

たとえば，日本国内で工場を建設するときの採算計算に用いるハードルレートはフロアの8.0％である。また，米国で子会社（非公開会社）が新製品を発売するときのNPV計算のハードルレートは10.3％である。英国で上場しているベンチャー企業を買収する際にはDCF計算の割引率は14.2％である。あるいは，子会社を通じて中国で非公開のジェネリック企業を買収するなら17.3％をハードルにすることになる。インドで上場していないバイオベンチャーを買収する場合のハードルレートは21.6％になる。このように8％から22％まで200種類の割引率を計算して，CFOはNPVやIRRの査定を行うのである。

図表 6－5　**CFO ポリシーによる資本**

2019年３月末現在

Country	RFR＊1	Risk Premium	Category I（Low Risk）		
			beta	Hurdle＊2	Private＊3
日本	0.58%	6.0%	1.0	8.0%	9.8%
米国	2.50%	6.0%	1.0	8.5%	10.3%
カナダ	2.22%	6.0%	1.0	8.2%	10.0%
メキシコ	6.42%	6.0%	1.0	12.4%	14.2%
ブラジル	11.60%	6.0%	1.0	17.6%	19.4%
英国	2.19%	6.0%	1.0	8.2%	10.0%
ドイツ	1.39%	6.0%	1.0	8.0%	9.8%
フランス	1.86%	6.0%	1.0	8.0%	9.8%
オランダ	1.62%	6.0%	1.0	8.0%	9.8%
スペイン	3.21%	6.0%	1.0	9.2%	11.0%
イタリア	3.36%	6.0%	1.0	9.4%	11.2%
スイス	0.59%	6.0%	1.0	8.0%	9.8%
スウェーデン	1.58%	6.0%	1.0	8.0%	9.8%
ポルトガル	4.87%	6.0%	1.0	10.9%	12.7%
ベルギー	2.06%	6.0%	1.0	8.1%	9.9%
オーストリア	1.76%	6.0%	1.0	8.0%	9.8%
オーストラリア	3.59%	6.0%	1.0	9.6%	11.4%
ロシア	8.47%	6.0%	1.0	14.5%	16.3%
シンガポール	2.16%	6.0%	1.0	8.2%	10.0%
中国	3.53%	6.0%	1.0	9.5%	11.3%
香港	1.78%	6.0%	1.0	8.0%	9.8%
インドネシア	7.62%	6.0%	1.0	13.6%	15.4%
マレーシア	3.90%	6.0%	1.0	9.9%	11.7%
タイ	3.10%	6.0%	1.0	9.1%	10.9%
台湾	1.34%	6.0%	1.0	8.0%	9.8%
韓国	3.31%	6.0%	1.0	9.3%	11.1%
フィリピン	5.21%	6.0%	1.0	11.2%	13.0%
インド	7.78%	6.0%	1.0	13.8%	15.6%

注＊1　リスクフリーレートは2019年３月末の各国10年国債利回りの10年平均を適用した。
注＊2　ハードルレートには８％（日本企業全体の株主資本コスト）のフロア（下限）を定めた。
注＊3　日米欧の先進国証券取引所に上場していない会社買収，子会社が行う買収はリスクプレミ

（出所）柳（2019a）より筆者作成。

コスト経営で200種類の割引率を使いこなす

Category II (Middle Risk)			Category III (High Risk)		
beta	Hurdle*2	Private*3	beta	Hurdle*2	Private*3
1.5	9.6%	11.4%	2.0	12.6%	14.4%
1.5	11.5%	13.3%	2.0	14.5%	16.3%
1.5	11.2%	13.0%	2.0	14.2%	16.0%
1.5	15.4%	17.2%	2.0	18.4%	20.2%
1.5	20.6%	22.4%	2.0	23.6%	25.4%
1.5	11.2%	13.0%	2.0	14.2%	16.0%
1.5	10.4%	12.2%	2.0	13.4%	15.2%
1.5	10.9%	12.7%	2.0	13.9%	15.7%
1.5	10.6%	12.4%	2.0	13.6%	15.4%
1.5	12.2%	14.0%	2.0	15.2%	17.0%
1.5	12.4%	14.2%	2.0	15.4%	17.2%
1.5	9.6%	11.4%	2.0	12.6%	14.4%
1.5	10.6%	12.4%	2.0	13.6%	15.4%
1.5	13.9%	15.7%	2.0	16.9%	18.7%
1.5	11.1%	12.9%	2.0	14.1%	15.9%
1.5	10.8%	12.6%	2.0	13.8%	15.6%
1.5	12.6%	14.4%	2.0	15.6%	17.4%
1.5	17.5%	19.3%	2.0	20.5%	22.3%
1.5	11.2%	13.0%	2.0	14.2%	16.0%
1.5	12.5%	14.3%	2.0	15.5%	17.3%
1.5	10.8%	12.6%	2.0	13.8%	15.6%
1.5	16.6%	18.4%	2.0	19.6%	21.4%
1.5	12.9%	14.7%	2.0	15.9%	17.7%
1.5	12.1%	13.9%	2.0	15.1%	16.9%
1.5	10.3%	12.1%	2.0	13.3%	15.1%
1.5	12.3%	14.1%	2.0	15.3%	17.1%
1.5	14.2%	16.0%	2.0	17.2%	19.0%
1.5	16.8%	18.6%	2.0	19.8%	21.6%

アムを30%上乗せした。

もちろん，より精緻にすることもできるが，あまりに複雑なモデルでは実務が煩雑になり，適用不可能，あるいは関係者に混乱をきたすので，利便性と正確性はトレードオフ関係になる。改訂コーポレートガバナンス・コードにおいて，自社の資本コストの的確な把握を基にした経営資源の配分が求められているが，エーザイでは筆者が財務担当役員に就任して本件を提案した2013年からVCICを導入し，無形資産の減損リスクを低減し，継続的に価値創造の担保を図ってきている。

第3節　M&AにおけるCFOの受託者責任

企業が他社を戦略的に買収するケースを考えてみよう。CFOは自社の本源的価値の算出をする必要がある。自社の本源的価値をCFOが数値で把握していなければ，その企業価値向上は曖昧なものだ。たとえばM&A戦略においては被買収企業のバリュエーションを行う必要があるが，実際のM&Aの場面では投資銀行がフェアネス・オピニオンと称して企業の公正価値（フェアバリュー）を算定して，それに基づいて，買収金額や合併の統合比率（株式交換比率）が決まることが多い。

しかし，買収企業側の経営者はアニマル・スピリッツを持ち，規模の拡大に過度に意欲的な場合が多く，一般株主の価値創造の検証よりも企業買収案件の成就そのものに執着しがちな面もある。そして，時には投資銀行サイドにも利益相反（conflict of interest）がある。通常のM&A提案の営業は基本的に無料のサービスであり，買収案件が完結してはじめて大半の成功報酬が得られるケースも多い。「何としても買収を実行する」，ここで経営者と投資銀行のバンカーの利害は図らずも一致する。CFOが高度な財務リテラシーを持って投資銀行とは一線を画して，より厳格な企業価値評価の算出をしていなければ，「金融のプロである証券会社の査定金額は正しいはずだ」という雰囲気で取締役会も通過してしまうのではないか。

つまり，かかる環境下では，真のCFOが不在であるなら，あるいはそれを代替できる卓越した財務のプロとしての社外独立取締役がいなければ，経営者と投資銀行が「どうしても自己の利益のために企業買収案件を完結する」ことに腐心するあまり，一般株主の利益を十分に保護できないリスクが懸念されるのである。こうした視点から海外投資家は日本企業の買収案件に懐疑的であり，高値摑み（overpay）による価値破壊を危惧している。買収案件のプレスリリースが企業の広報から発表されるや否や，被買収企業の株価は上がるが，買収企業側の株価は下がることも多いのはこのためである[7]。

こうした背景を踏まえて，コーポレートガバナンスとしては，取締役会での精査では，社外独立取締役が一般株主の利益を代表して価値創造を担保すべきであるし，その前にCFOが，投資家・株主の意見を伝達しながら議論に参画し，財務の専門家（Financial Expert）として，投資銀行のアドバイスに盲目的に従うことがないように独自の企業価値評価を行って意思決定に貢献すべきである。CFOは企業価値の番人であるべきなのだ。

ただし，M&Aの場合には資本支出予算における投資採択基準に加えて，追加して考えるべきポイントがある。それはシナジー（相乗効果）とプレミアムである。

通常は現在の被買収企業の株価に一定のプレミアムを加算して買収価格とすることが多い。そうでなければ，現在の被買収企業の株主は株券を買収企業に売り渡してはくれない。

現金によるTOB（株式公開買い付け）のM&Aの場合は，一般に30％程度のプレミアムが平均値とも言われている。被買収企業の株主は，株券を売ればそこでおしまいで，現金がすべてである。まさに「金の切れ目が縁の切れ目」で良いわけである。一方で，買収企業の株主の立場では当然，一定以上のプレミアムの支払いを好まないだろう。買収によってプレミアムを正当化するシナジーが得られることを買収企業は株主に説明する必要がある。

一方で，株式交換によるM&Aでは，一定の比率で被買収企業の株主は，買収企業，つまり新会社の株券と交換してもらえるので継続的に株主である。

つまり，将来の企業価値の拡大のメリットを享受できる立場である。「金の切れ目が縁の切れ目」ではなく，「夢が買える」ということになる。新会社の将来に希望がもてれば，プレミアムはほとんどないケースもある。中にはプレミアムがマイナスになるディスカウントのケースも存在する。

現金でも株式交換でも，M&Aの狙いとしてのシナジーがプレミアムや将来

7　2018年12月28日付の日本経済新聞「私見卓見：M&A，売り手の経験積むべし」で，早稲田大学大学院客員教授の服部暢達氏は「日本企業のM&Aの件数と金額が増加傾向にある中で，成功する確率は海外企業と比べて低い。たとえば，キリンホールディングスによるブラジルのビールメーカー買収は撤退に追い込まれた。日本企業のM&Aで買収価格を上回るリターンを生み出せたケースは2割程度だ。海外企業は5割程度になる」と指摘している。

の夢を正当化する。それがなければ，２つの会社が１つになる理由がない。基本的に，シナジーには前向きな売上・利益の向上につながる「レベニュー・シナジー」とリストラによる「コスト・シナジー」がある。

ここで，**図表６－６**にM&Aの経済的合理性とシナジー・プレミアムの関係から，企業買収におけるCFOの受託者責任としてのゴールデンルールを掲げてみよう。

このように，買収会社の株主も被買収会社の株主もメリットを享受できるWin-Winの関係が成り立たないと，どちらかの株主が反発して基本的にM&Aは成就しないはずである。こうした価値創造をM&Aにおいても担保することもCFOの株主への受託者責任，ガバナンスである[8]。

図表６－６　M&AにおけるCFOの受託者責任

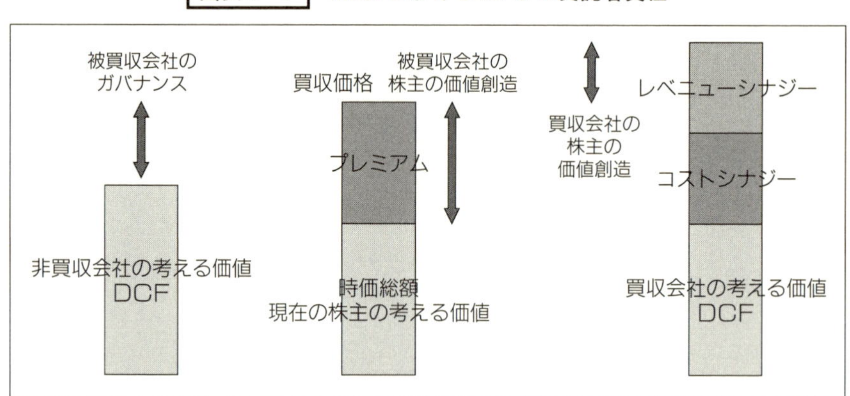

買収価格＝被買収会社の時価総額＋株価対比の表面プレミアム
　　　　＝DCFによる本源的価値＋実質のプレミアム
　　　　＝DCFによる本源的価値＋被買収会社の株主のメリットとしてシナジーの一部
　　　　　（残りのシナジーは買収会社の株主のメリット）

シナジー＝被買収会社の株主のメリット＋買収会社の株主のメリット
　　　　＝リストラによるコスト・シナジー＋売り上げ増加等のレベニュー・シナジー

（出所）　筆者作成。

8　2019年８月17日付の日本経済新聞「日本企業のM&A：対決型が新潮流」では，不動産会社ユニゾとHISの対立，デサントと伊藤忠の対立，ココカラファイン特別委員会のマツモトキヨシHD（スギHDを却下）の選択などを取り上げ，「企業統治への意識が高まり，あいまいな判断には投資家からNOの声が強く出るようになってきた」ために，「19年に入って買収価格などを巡って開かれた場で意見をぶつけあう対決型のM&Aが目立つようになっている」としている。

もう1つのM&Aの投資採択基準の論点として，EPS（1株当たり純利益）の変化[9]がある。株式の値段として，頻繁にPER（株価収益率）が市場関係者に使われていることもあり，これも無視できないポイントである。

たとえば，対価が現金によるM&Aで，被買収企業が黒字の会社であれば，EPSのアクリーションは容易であろう。問題は株式交換のM&Aの場合である。ここでのゴールデンルールは，「PERの低い会社がPERの高い会社を買うとダイルーションが起こる」ということになる。

「株式を通貨として交換する」わけだから，自分の通貨が高く評価されているほど有利であるし，逆なら不利なのは当然である。たとえば，為替相場での円・ドルレートを思い浮かべた場合，日本企業は円高なら有利なクロスボーダーM&Aができるし，円安ならその反対である。自社の通貨（株式）の価値が高いほど有利であり，経営者には株価を高めるインセンティブがM&Aの見地からも存在するのである。

次の**図表6－7**の例では，PER14倍の買収会社A社が株式交換で，PER16倍の被買収会社B社を買収するケースである。たとえば，プレミアム0％の単純な株式交換の場合，B社の株主はB社株式1株とA社株式0.237株を交換することになる。プレミアム10％ならB社株1株をA社株0.261株と交換である。これを株式交換のM&Aにおける交換比率とよぶ。

たとえば，プレミアムが0％でも，EPSは3％のダイルーションになっている。この場合，A社の現在のEPSは333円だが，このB社の合併を行うと新会社のEPSは323円になり，10円下がってしまう。

仮に10％のプレミアムを与えた場合は，A社のEPSは333円から，317円へと，16円も低下してしまう。5％のダイルーションである。

まさに「PERの低い会社がPERの高い会社を買うとダイルーションが起こる」というゴールデンルールが該当する。シナジー創出で正当化しなければ，買収会社A社の株主は納得しない。

参考にディスカウント/プレミアムを変化させてアクリーション/ダイルーションの変化も表にしている。ダイルーションを起こさないために必要なシナ

9　EPSが増加することをアクリーション（accretion），EPSが希薄化する，つまり低下することをダイルーション（dilution）とよぶ。もちろん，投資家はアクリーションを好み，ダイルーションを嫌うので，M&Aの際にはEPSがどのように変化するかをシミュレーションして，必要なシナジーなどの検討を行うことも重要になる。

図表6－7　EPSの感応度分析－PERの低い会社がPERの高い会社を買うとダイルーションが起こる

株式交換によるM&Aの鉄則：低いPERの会社が高いPERの会社を買うとEPSの希薄化が起こる

買収会社A社は被買収会社B社の株式を100%株式交換で取得するものと仮定

買収会社A社

現在の株価（円）	4,500
時価総額（百万円）	675,000
株数（千株）	150,000
EPS（円）	333
PER（倍）	14
予想純利益（百万円）	50,000

被買収会社B社

現在の株価（円）	800
時価総額（百万円）	160,000
株数（千株）	200,000
EPS（円）	50
PER（倍）	16
予想純利益（百万円）	10,000

ディスカウント/プレミアム(%)	ディスカウント 20%	ディスカウント 10%	プレミアム 0%	プレミアム 10%	プレミアム 20%
買収対価（百万円）	128,000	144,000	160,000	176,000	192,000
統合比率（B社1株につき）	0.190	0.213	0.237	0.261	0.284
A社の新株発行（千株）	28,444	32,000	35,556	39,111	42,667
買収後の合計株数（千株）	178,444	182,000	185,556	189,111	192,667
買収後の純利益（百万円）	60,000	60,000	60,000	60,000	60,000
買収後のEPS（円）	336	330	323	317	311
アクリーション/ダイルーション（%）	1	−1	−3	−5	−7
シナジー必要額（百万円）	−519	667	1,852	3,037	4,222

（出所）　筆者作成。

ジー金額も例示してある。この場合，プレミアムがゼロの経営統合のケースでも19億円弱のシナジー創出が求められる。プレミアム10%なら30億円超のシナジー創出がないとA社株主の賛同が得られないことになる。

いずれにしても，CFOの受託者責任として，CFOは自ら自社および買収先の本源的価値のバリュエーションをin-house DCFで行い，矜持を持って交渉して，ステークホルダーのための企業価値の向上を担保しなければならない。それがコーポレート・スチュワードシップである。

第4節　株式持ち合いの検証におけるCFOの受託者責任

政策投資，つまり株式持ち合いも有価証券への「投資」であるから，投資採択基準を定めて説明責任を果たすべきという投資家の声は強い。

コーポレートガバナンス・コード（金融庁・東証（2015））も以下のように定めている。

> **【原則１－４．いわゆる政策保有株式】**
> 上場会社がいわゆる政策保有株式として上場株式を保有する場合には，政策保有に関する方針を開示すべきである。また，毎年，取締役会で主要な政策保有についてそのリターンとリスクなどを踏まえた中長期的な経済合理性や将来の見通しを検証し，これを反映した保有のねらい・合理性について具体的な説明を行うべきである。
> 上場会社は，政策保有株式に係る議決権の行使について，適切な対応を確保するための基準を策定・開示すべきである。

また，2018年６月に改訂されたコーポレートガバナンス・コード（東証(2018)）では，さらに次のように定められている。

> **【原則１－４．政策保有株式】**
> 上場会社が政策保有株式として上場株式を保有する場合には，政策保有株式の縮減に関する方針・考え方など，政策保有に関する方針を開示すべきである。また，毎年，取締役会で，個別の政策保有株式について，保有目的が適切か，保有に伴う便益やリスクが資本コストに見合っているか等を具体的に精査し，保有の適否を検証するとともに，そうした検証の内容について開示すべきである。
> 上場会社は，政策保有株式に係る議決権の行使について，適切な対応を確保するための具体的な基準を策定・開示し，その基準に沿った対応を行うべきである。

柳(2010)では，世界の約８割の機関投資家が，日本企業の株式持ち合いがガバナンスや企業価値を悪化させていると危惧していることが報告されている。第１章で株式持ち合いの減少と「銀行ガバナンス」から「株主ガバナンス」への変遷を紹介したが，いまだに投資家からは株式持ち合いは経営者の保身(エントレンチメント)の構図と捉えられている。１つは，議決権の売買(しかも，多くの場合が契約書もプレスリリースもなく，相互に株式を購入)によって，事実上，一般株主の議決権行使権利が制限されてしまうという問題がある。コーポレートガバナンス・コードでも説明が求められている所以である。

また，もう１つは，拠出資金は株主の資金であり，本書が指摘する資本生産性が問われる(資本コストを上回るリターンが上げられるのか)。つまり投資採択基準が問題になる。一般に，投資家からは「有価証券投資をするなら投資家のほうがプロなので，その資金は株主に返還してほしい」という要求になる。

この問題に関しては，スチュワードシップ・コードやコーポレートガバナンス・コードでも論点となり得るエンゲージメントのアジェンダである。社外独立取締役(過半数)の導入などでガバナンスを格段に高めなければ，投資家の懸念は払拭されず，株価下落の場合には含み損の影響も問われる中，持ち合い批判は依然として根強い。

戦略的提携など，必ずしも全ての持ち合いが株主利益を害するわけではないが，「良い持ち合い」，「悪い持ち合い」の両方があるとすれば，日本企業はその内容を開示して説明すべきである。すなわち，グローバルスタンダードに従うか，固有の事情を説明するか，ということになる（“Comply or Explain” 原則)。

ところが，多くの日本企業はその株式持ち合いの合理性について十分に定量的な説明責任を果たしているとは言えない。投資家から見ればブラックボックスになっていると言えよう。CFOの果たす役割は大きいのではないだろうか[10]。

やはり，株式持ち合いのための対価である有価証券購入資金は，会社の経営陣が株主から委託された資金の一部なので，エンゲージメントの中でCFOは説明責任を果たすべきである。それによって，価値創造的な「良い持ち合い」

10　筆者はエーザイのCFOとして，株式持ち合いを縮減してきているが，いまだに一定の残高はあり，全銘柄について，株数，金額，取得時期だけではなく，１件毎の取得理由，管理会計上の経済効果の試算（株式持ち合いのシナジー効果のNPVやIRR計算）を行い，過半数が社外取締役から構成される取締役会に報告している。NPVはプラスのものもマイナスのものもあり，株式持ち合いの縮減の優先順位に反映させている。今後は，NPV試算の精度の問題や，相手先との関係から相当難題ではあるが，経済効果が資本コストを上回っているかどうかを詳細に外部に開示して議論の対象とすることが課題と認識している。

は引き続き投資家に承認される可能性があるし,「悪い持ち合い（合理的な説明のつかない持ち合い）」は議論の中で徐々に淘汰される運命にあるだろう。

柳（2010）で以前から主張してきた枠組みだが，2018年6月の改訂コーポレートガバナンス・コード（東証（2018））も勘案して，**図表6－8**に筆者がCFOポリシーで，実際に株式持ち合いのNPVを試算するフォーマットの例を示す。

株式持ち合いのNPV試算においては，分子たるキャッシュフローは本業のシナジー効果の見積もりのみを挿入する。戦略投資のCFだけを勘案し，有価証券投資としての通常の株式のキャピタルゲイン，インカムゲインの実績は含めない。また株式の投資であるので，分母に使う割引率はWACC（負債も含めた加重平均資本コスト）を用いず，株主資本コスト（原則として8％以上）を適用する。

「株式持ち合いを全面的に禁止すべき（提携効果は法的拘束力のある業務提携契約書で十分，なぜ株式を購入しなければならないのか）」といったストレートな主張もあるが，持ち合いは歴史的，文化的に定着しており，一気にすべてを禁止することは実務上難易度が高い。

また，事業会社同士の提携効果によって本当に価値創造的な株式持ち合いや，実際に経営統合につながる持ち合いもあるかもしれない。

しかし,「経営陣の保身のために議決権行使結果を歪める」,「株主の資金を有効に投資していない（エージェンシー・コストになる）」という投資家の主張も無視できない。有価証券投資のシナジー効果の経済的価値というファイナンスの

図表6－8　**CFOポリシーとしての株式持ち合いのNPV試算**

【提案する開示例】

・対象先：ABC株式会社（先方保有当社株式　00000株）
・当方保有株式数：XXXXXXX株
・取得原価：XXXXXXXXXXXXX円
・期末簿価：XXXXXXXXXXXXX円
・期末時価：XXXXXXXXXXXXX円
・保有理由：提携効果・共同仕入によるコスト削減を企図したもの。
・NPV資産（概算）：±XXXXXXX円（暫定割引率X%にて試算）
・IRR試算（概算）：XX%（当社暫定株式コストX%に対して±Xポイント）
・保有期間と実績：過去XX年間保有，毎年平均X億円の経費削減に貢献

（出所）柳（2010）より筆者作成。

側面はクリアできても，議決権を中心とするガバナンスの面が解決できないので，やはり持ち合い株式は解消，縮減が基本方針であるべきだろう。

やはり，CFOは情報開示や投資家とのエンゲージメントによって十分に説明責任を果たすことが重要であり，コーポレートガバナンスの問題に加えて，特に資本生産性の視点から，投資採択基準を利用して持ち合いによる提携効果を社内的に定量化（NPVとIRRの試算）して，できるだけ評価しておくことが，企業の会計・財務の専門家にとって望ましいだろう。今後，コーポレートガバナンス新時代において，ますますCFOのコーポレート・スチュワードシップ（企業経営者の企業価値を維持・向上する受託者責任）が問われてくる。

最適資本構成に依拠した最適配当政策

第4章で提案したCFOポリシーとしての財務戦略マップの三本柱の第3の柱は，企業価値向上に資する「最適資本構成に基づく最適配当政策」である。著名投資家のウォーレン・バフェットは「配当性向30%などの目標を掲げる企業は多いが，なぜそれが企業価値最大化になるのかを説明している企業はほとんどない」といった趣旨を述べている（Cunningham（2008））。本章では「横並びの配当性向30%の誤謬」を超えて，絶対的な解はないものの，配当政策の最適解を模索してみたい。

財務戦略マップ3

CFOポリシーでは，企業価値を高めるための投資を，価値創造を担保する高度な投資採択基準で採択して全てまかなった上で，余剰資金および内部留保の還元（残余利益配当方針：Residual Theory of Dividend）も重要である。さらに言えば，バランスシートマネジメントとして，株主資本と総資産のバランスも考慮の上で，最適資本構成に基づく最適配当政策も検討しなければならない。それは資本効率の改善に密接に結び付いてくるからである。もちろん，市場に対するシグナリング効果（配当政策がどのようなメッセージを市場に送るのか）や株主の要望に応えるケータリング効果（株主・投資家はどのような株主還元を望んでいるのか）も勘案する必要がある。石川（2010），石川（2019）が実証するように，配当の株価への影響力は強い（コロボレーション効果）。

第1節　配当パズルと日本企業の誤謬

基本的にCFOは企業価値を生む投資を可能な限り採択して積極的に将来のための投資を行った後に，配当で株主に資金を返還することを考える(残余配当方針)。この原則から考えるとキャッシュフロー計算書に記載されるFCF（フリー・キャッシュフロー）は全額株主還元に充てることが基本ともいえる。なぜなら，FCFは営業活動から創出されたキャッシュフローから資本的支出，つまり将来の成長のために必要な有形・無形の資産を取得する投資をまかなった上での「フリー」なキャッシュフロー（株主へ帰属する）であるからである。債務の返済の必要性や翌期以降にNPVプラスの投資が控えているなどの正当性がない限り，この原則が適用されるべきであろう。ウォーレン・バフェットは「企業が内部留保を許されるのは，その1ドルを1ドル以上にできる時だけだ」といった趣旨を述べている（Cunningham（2008））。

また，過去の内部留保が過剰(過小)になれば，機動的に株主還元を見直す必要もあろう。つまり，バランストシートの最適化も考えなくてはならない。Jensen(1986)が示唆するように，過剰にキャッシュを積み上げるとエージェンシー問題が発生して経営者の保身につながるという考え（FCF仮説）もある。また，成長企業は無配でも投資を優先し，成熟企業は株主還元を高めるべきというライフサイクル仮説もある。あるいは，配当政策が市場に示唆するシグナリング効果[1]や顧客たる株主の配当に対する要望に応える(ケータリング効果)側面もあろう。

一方，Miller and Modigliani（1961）のMM定理によれば，完全市場の下では配当は企業価値に影響を及ぼさないことが知られている。ただし，こうした配当無関連命題は完全市場を前提としており，実際の市場，特にわが国では配当が株価に及ぼす影響は強い（エージェンシー問題とシグナリング効果)。

石川（2010）では，2007年4月から2009年2月の日経新聞に純利益予想と配当予想の異動の少なくともどちらか一方が掲載された8,921個のサンプルから，発表10日前から30日後までのベンチマークに対する累積平均異常リターンを示している。その結果，配当発表日から30日間の超過リターンは，増益で増配の場合は＋約8％である。また，利益が横ばいでも増配すれば超過リターンは＋約

1　たとえば，増配は将来業績に関する経営者の自信を表す効果があると言われている。

４％となった。さらに，減益で減配の場合は▲約８％のところ，減益でも配当維持すれば▲約２％で済むことが観察された（数字は概算）。

その後のアップデートとして，石川(2019)でも，増益で増配の場合は＋約６％である。また，利益が横ばいでも増配すれば超過リターンは＋約３％となった。さらに，減益で減配の場合は▲約５％のところ，減益でも配当維持すれば▲約３％で済むことが「コロボレーション効果」として継続的に報告されている(数字は概算)。

日本の配当は欧米と比べても株価との相関が高く，強力なシグナリング効果が確認されている。株価の反応に照らせば，少なくとも短期的には安定配当には一定のメリットがある[2]。

このように配当にはさまざまな考え方があり，難問である。Black (1976) が「配当はパズルである」と言っている所以である。配当政策は一意ではなく，絶対的な解はないだろう。

わが国では平均配当性向が約30％レンジであること，生保協会も配当性向30％を要求してきたように国内投資家が配当性向30％を求める傾向もある（配当性向にはこだわらないという意見も多いことには留意）ことなどから，日本企業の横並び意識は強く，日本企業の配当性向は30％に分布が集中している(**図表７－１**)。

かつての日本企業は安定配当だが配当性向が低く，米国企業よりも配当に消極的との批判があったが，近年の日本企業の配当政策は進歩して，平均配当性向は約30％レベルになり，日米配当性向を比較しても年度によっては大差ない水準で推移している（**図表７－２**)。

「キーワードは配当性向30％」，「配当政策は米国に近づいた」という声もある。しかしながら，日米総還元性向の比較では彼我の差は大きく，近年米国企業は利益のほぼ100％を株主に還元している（**図表７－３**)。

別のデータで日米配当性向を詳しく見てみると，配当性向の平均値が大差なくても対照的な分布になっている。日本企業の配当性向は横並び意識から平均

2　シグナリング効果としては，諏訪部（2006）も増配とその後のEPS（１株当たりの純利益）向上，株価の超過リターンを確認している（ただし情報の非対称性があり，成長の根拠が本物か外部と投資家は見極める必要あり＝「レモン市場」理論)。一方，花枝・芹田（2009）によれば，日本企業の安定配当志向は強く，日本企業の84％が減配しないことが重要と考えている。Brav et al.（2005）は米国でも「有配企業」は安定配当志向が強いことを示唆しており，米国でも有配企業の94％が減配しないことが重要と回答している。

図表７－１　企業の配当性向は横並びで30％に集中

〈中長期的に望ましい配当性向（投資家）〉

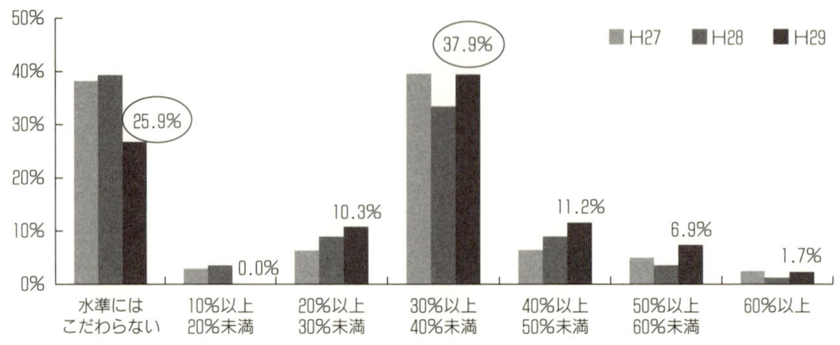

〈日本企業の配当性向の分布〉

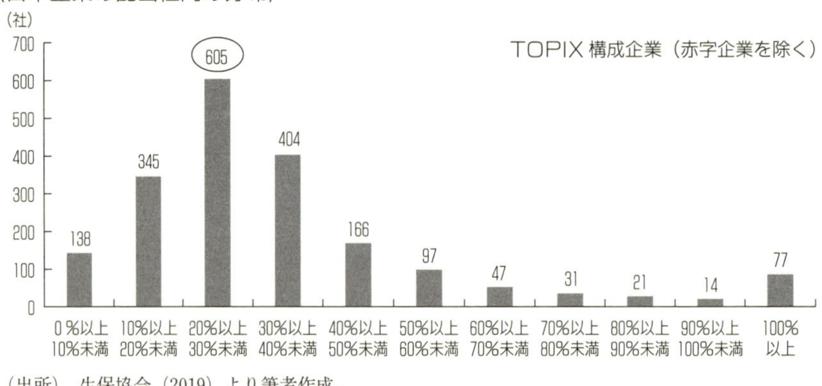

（出所）　生保協会（2019）より筆者作成。

値である30％に集中する傾向がある一方，米国ではライフサイクル仮説が機能して企業の成長ステージごとに配当性向がフラットに分散しており，一番多いのは無配企業になっている（**図表７－４**）。

さらに言えば，日米の配当性向が同じでも株主還元全体では趣が異なる。日本では配当神話が根強いが，実は米国は配当よりも自社株買いを重視する国である。したがって，配当性向ではなくて，総還元性向で比較を行う必要がある。日本の総還元性向は30％レベルに横並び意識で集中し，総還元比率は米国に対して大幅に劣位である。米国ではライフサイクル仮説でよりフラットな分布か

図表７－２　**日米配当性向の推移：日本では配当性向30％は魔法の数字**

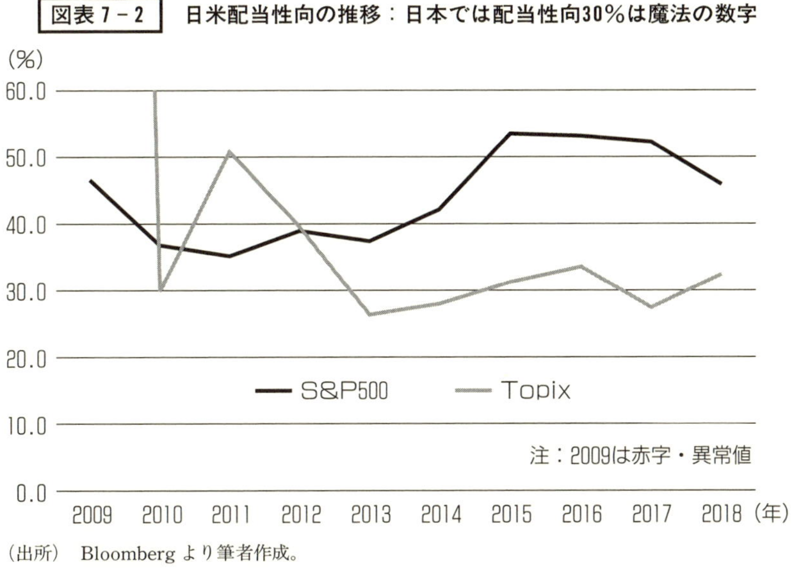

（出所）　Bloombergより筆者作成。

図表７－３　**日米総還元性向の推移：米国は自社株買い志向**

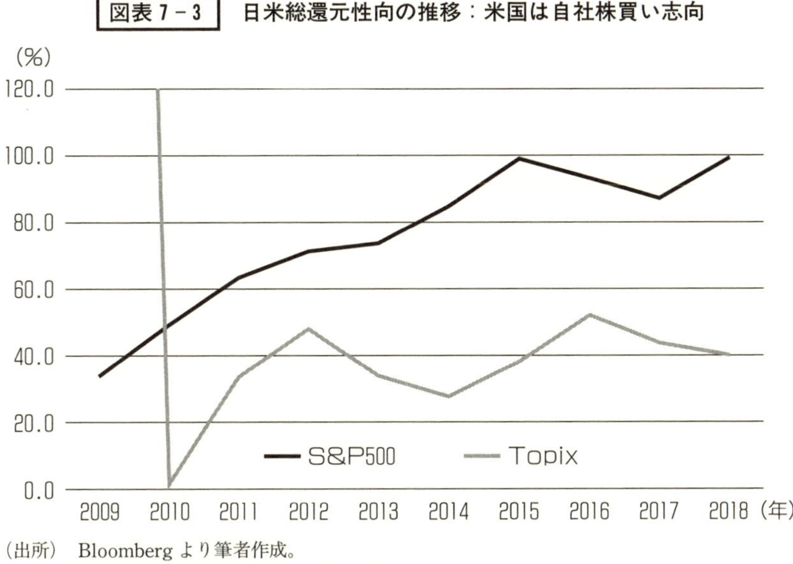

（出所）　Bloombergより筆者作成。

つ，100％以上の総還元比率の企業が極めて多い。たとえ配当性向平均で米国に追いついても，国際比較を行う外国人投資家は日本企業の総還元性向に不満を抱いている蓋然性がある（**図表７－５**）。

図表７－４　**日米配当性向の分布比較：配当性向の平均は日米ともに30%ながら分布は対照的**

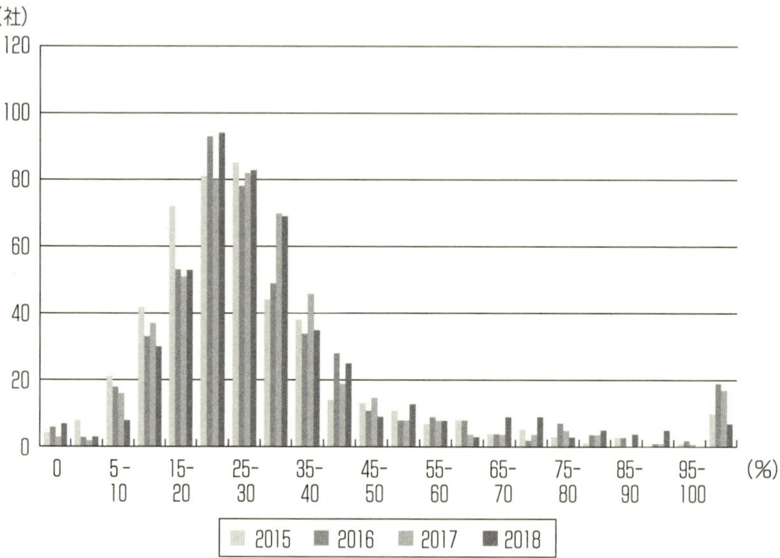

〈S&P500：無配が最多，ライフサイクル〉

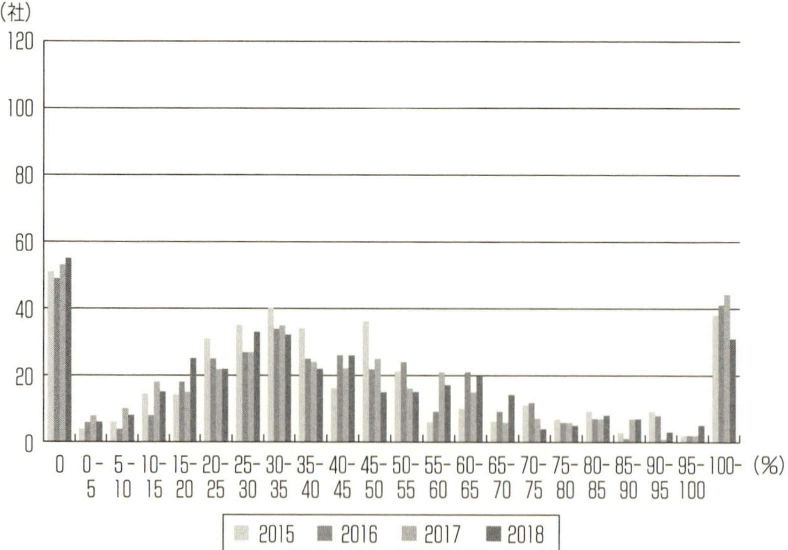

（出所）　みずほ証券の協力により筆者作成。

図表７－５　日米総還元性向の分布比較：米国企業は100％以上の株主還元が最多を占める

〈TOPIX500：自社株買い少なく30％に集中〉

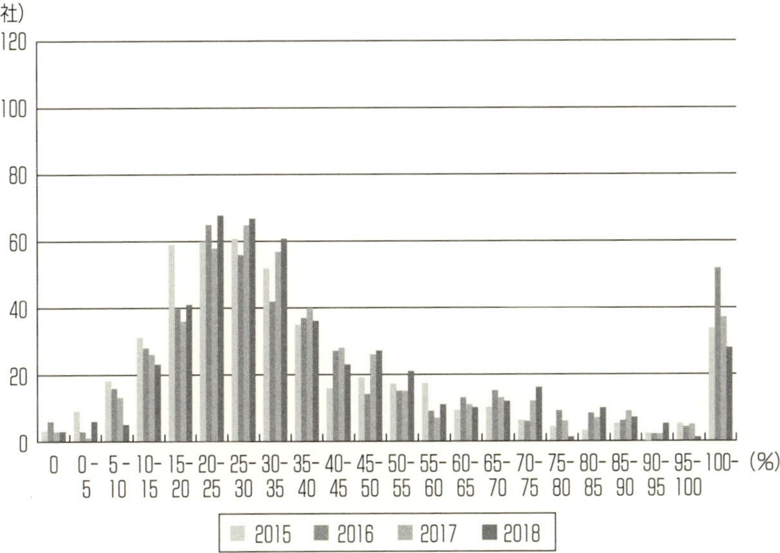

〈S&P500：100％超が最多，ライフサイクル〉

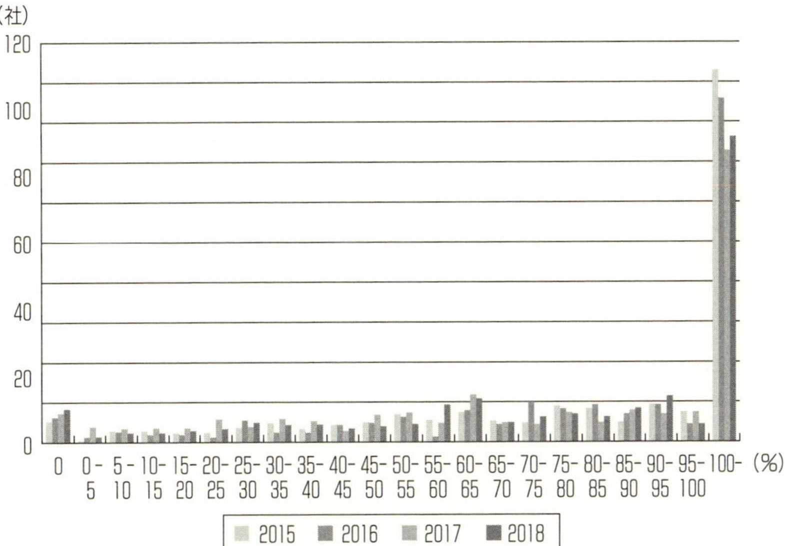

（出所）　みずほ証券の協力により筆者作成。

ここまで見てきたように,「配当性向30%は魔法の数字」と考える日本企業の配当性向は横並び意識から平均値である30%レベルに集中する傾向がある一方,成長企業は無配でも良いし,高いROEで再投資できるなら投資家は配当を求めない。また,現金を貯め込んだ成熟企業には100%以上の株主還元を求める。言い換えれば,CFOは企業ごとの最適資本構成を勘案する必要がある。配当性向10%でも高過ぎる企業もあれば,配当性向300%でも低過ぎる企業もある。ここでコーポレートスチュワードシップとも言うべきCFOの最適な配当政策の立案と投資家との深い議論が求められるのである。

第2節　決算短信分析に見る日本企業の横並び意識と投資家とのギャップ

柳(2014a)は,「日本企業は安定配当志向で横並び意識が強い」という仮説とそれに対する投資家の視座を確認するために,連結決算短信における配当政策の記述について調査して報告している[3]。

配当に関する決算短信の記述内容の特徴を分析してみると,53%の企業が「安定配当」について記述しており,「将来の投資・不測の事態に備えて現金を留保したい」と言及した企業が48%であった。およそ半数が,横並び意識で「安定配当志向」であり,「内部留保を重視する」傾向があると推定できる。

一方で投資家が重視すると思われる「資本効率」について説明している企業は8%にすぎず,「キャッシュフロー」についても7%しか触れていなかった(**図表7-6**)。

こうした日本企業の決算短信の記述とアナリスト・投資家の評価の関係性を,日本証券アナリスト協会のディスクロージャー評価の個社別スコアを用いて分析したのものが**図表7-7**である。

仮説どおりの横並び意識で「安定配当」,「内部留保」を記述した企業の平均得点は,それらを記述しない企業よりもそれぞれ低くなっている。また,「資本効率」,「キャッシュフロー」については,言及した企業の得点平均は,言及しない企業よりもそれぞれ高い。この傾向はディスクロージャー総得点において

3　調査のユニバースはTOPIX 100のうち「公益社団法人 日本証券アナリスト協会」による「証券アナリストによるディスクロージャー優良企業選定(平成22年度)」において評価の対象となった企業かつ過去3年分(2008年度~2010年度)の財務データが入手可能である(企業⇒計83社)。

図表7－6　決算短信の配当の記述内容は「安定配当」と「内部留保」

	企業数	割合
安定配当（画一的）	44社	53.0%
資本効率（ROE）	7社	8.4%
キャッシュ・フロー（FCF）	6社	7.2%
投資のための内部留保	40社	48.2%

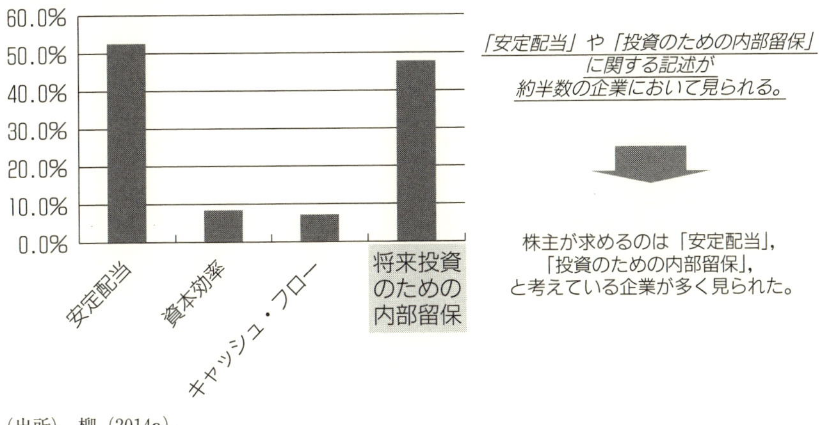

（出所）柳（2014a）。

図表7－7　決算短信における配当政策の記述と投資家評価のギャップ

決算短信の記述内容		ディスクロージャー総得点	ガバナンス得点
安定配当の記述	有	71.4点	66.8点
	無	*74.0点*	*69.6点*
内部留保の記述	有	71.8点	67.6点
	無	*73.4点*	*68.6点*
キャッシュフローの記述	有	*75.3点*	*74.5点*
	無	72.4点	67.6点
資本効率の記述	有	*75.2点*	*72.4点*
	無	72.4点	67.7点

（出所）柳（2014a）。

も，ガバナンスの得点においても同様であった。

安定配当志向・内部留保重視の企業よりも，資本効率やキャッシュフローを意識して配当政策を説明する企業のほうが，アナリスト・投資家評価が高い傾向にある。日本企業と投資家の視座にギャップ（ダイコトミー）があることが示唆された。生保協会（2019）のデータもそれを裏付ける結果となっている（**図表7－8**）。

第2章の2019年における世界の投資家サーベイから，投資家が何を配当政策で最も重要なことと考えているのであろうか（**図表2－13**参照）。

世界の投資家は株主価値最大化理論を意識して，資本効率の論点を追求し，配当政策については，「最適資本構成，バランスシートマネジメントを要求している」が，「配当性向30％は魔法の数字」に固執する横並びの日本企業とのギャッ

図表7－8　企業は安定配当を重視し，投資家は資本効率を重視する

高い水準で一致	「総還元性向・配当性向の水準」
認識ギャップ大【企業＞投資家】	「株主還元・配当の安定性」
認識ギャップ大【企業＜投資家】	「余剰資金を抱えているかどうか」 「ROE の水準」 「事業の成長ステージ」

a．投資機会の有無
b．余剰資金を抱えているかどうか
c．事業の成長ステージ
d．資本構成
e．総還元性向・配当性向の水準
f．株主還元・配当の安定性
g．株価推移
h．ROE の水準
i．その他

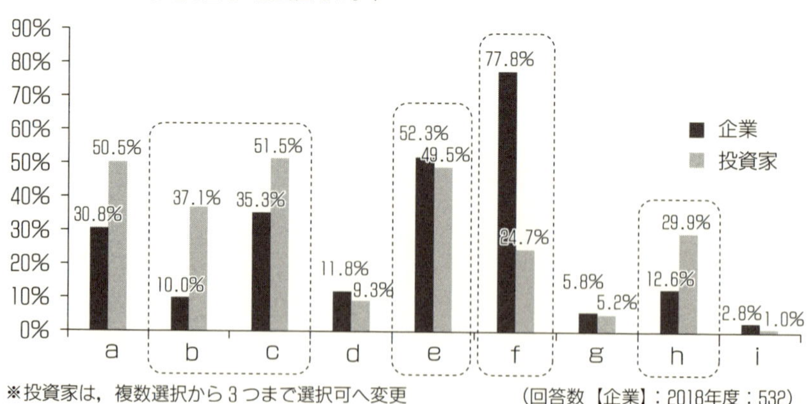

※投資家は，複数選択から3つまで選択可へ変更

（回答数【企業】：2018年度：532）
（回答数【投資家】：2018年度：97）

（出所）　生保協会（2019）より筆者作成。

図表7－9　投資家は配当政策の説明を受けていない

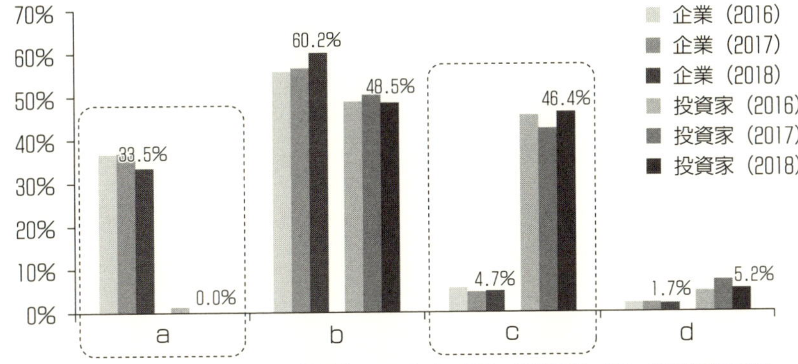

（回答数【企業】：2018年度：535，2017年度：574，2018年度：562）
（回答数【投資家】：2018年度：97，2018年度：111，2018年度：88）

（出所）　生保協会（2019）。

プは大きい。改めて，ウォーレン・バフェットの言葉（Cunningham（2008））は示唆に富むと感じる。

「配当性向30%などの目標を掲げる企業は多いが，なぜそれが企業価値最大化になるのかを説明している企業はほとんどない」。それを裏付けるように，生保協会（2019）では，企業は投資家に配当政策の説明を行っているつもり（配当性向30%）でも，投資家は配当政策の説明（最適資本構成）を受けていないと感じていることが浮き彫りになった（**図表7－9**）。

第3節　CFOポリシーとしての「最適資本構成に基づく最適配当政策」

それではCFOが最適配当政策の企画・立案するにあたって，そのベースとなる最適資本構成はどのように考えればよいのだろうか。

本章では，下記の「格付け類推法」による最適資本構成の模索と資金調達のペッキングオーダー（Brealey and Myers（2002））も勘案した最適配当政策を提言したい。

格付け類推法

・最も効率的な格付けは BBB との仮説
　→ Junk（BB 以下）でプレミアムが急上昇
　→ BBB の倒産確率は平時は低い
・Financial Slack から A が実務上の目安
　→有事は BBB の社債発行が困難
　→ A の倒産確率は極めて低い
　→実務には余裕度が必要
・KPI をコントロールする

たとえば，トレードオフ理論（負債の活用は資本コストを低減するが，過度になると倒産リスクも高まるのでバランスが重要）やペッキングオーダー理論（企業は現金，負債，株式の順で資金調達する）に基づいて最適資本構成を求めるが，実務上はクレジットを勘案した「信用格付け類推法」を簡便法として提案したい。

一義的にはトレードオフ理論から格付け BBB 同等レベルの財務の健全性指標（Net DER, Net Debt/EBITDA, Interest Coverage Ratio 等）を最適資本構成と定義する考え方である。しかし，資金調達余力にも鑑み，財務の余裕度（Financial Slack）も考えた Myers（1984）[4]による修正ペッキングオーダー仮説に基づき，１ノッチ上の格付け A レベルの指標を目標に，配当（または自社株買い）により資本構成を調整[5]することが財務戦略の選択肢になり得るだろう。**図表 7−10**にそのイメージ図を掲げる（参考例）。

また，具体例として，エーザイの統合報告書2019から最適資本構成の KPI の

4　Myers（1984）は，資本構成も配当同様に「パズル」であり，絶対的な解はないとするが，静的なトレードオフ理論に加え，動的なペッキングオーダー理論を主張している。つまり，資本コストの最小化を志向しつつも，企業は情報の非対称性と倒産リスクを勘案しており，さらに Financial Slack（将来投資のための借り入れ余力）も確保して資本構成を決定するとしている。

5　柔軟に保有現金を調整できる自社株買いのほうが適しているという指摘もある。ただし，総会決議で実行が確定する配当に対して，自社株買いでは，枠は確保できても，インサイダー情報，流動性，株価のレベル，経営陣のコミットメント等の諸事情によっては実行されない可能性がある。本章では日本企業の配当の誤謬にメスを入れるべく配当中心の記述としている。また，石川（2019）によれば，米国では，配当も自社株買いもフリーキャッシュフロー（FCF）仮説（Jensen 1986）によるエージェンシーコスト削減効果であり，代替可能で機動的に対応できる自社株買いが頻繁に行われるが，日本では，配当と自社株買いは別物で代替不可だ。つまり，日本では自社株買いはエージェンシーコスト削減効果となるが，配当はあくまでシグナリング効果が強い。

図表7-10　最適資本構成のKPIのイメージ

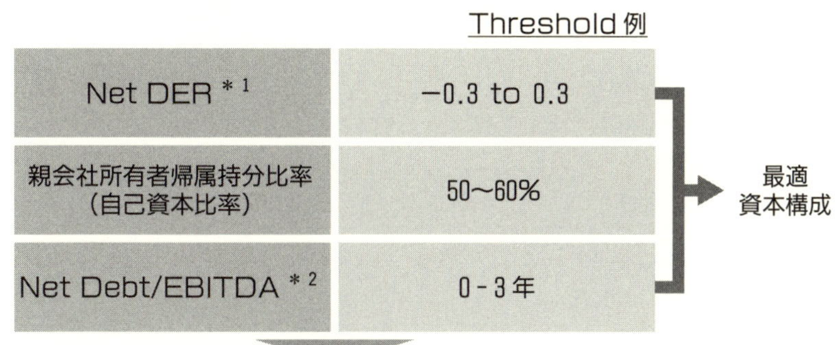

＊1：Net DER：Net Debt Equity Ratio＝(有利子負債（借入金)−現金及び現金同等物−3カ月超預金等−親会社保有投資有価証券)÷親会社の所有者に帰属する持分
＊2：Net Debt/EBITDA：Net Debt/Earnings Before Interest, Taxes, Depreciation and Amortization

（出所）筆者作成。

開示事例を**図表7-11**で再掲する。筆者の作成したエーザイのCFOポリシーでは，最適資本構成を信用格付けA（シングルA）レンジと仮定して，世界の医薬品産業の財務データと信用格付けからシミュレーションを行い，自己資本比率50−60%，Net DER（純負債資本比率）マイナス0.3−プラス0.3を最適資本構成のKPIとして採択して開示している。これはCFOのミッションと考える。

基本的に，株主還元とのバランスで配慮すべき資金調達の順序は現金，負債，株式のペッキングオーダーである（**図表7-12**）。手許現金が豊富なのに（あるいは負債余力が十分あるのに）転換社債や新株の発行を行うことは知見の高い投資家から批判される。クレジットの高い日本企業のリキャップCB（転換社債を発行して，その代わりに金で自社株買いを行う）の市場の評価が必ずしも芳しくない理由の1つはここにもある（第5章末の「悪いROE」としてのリキャップCBのケース研究参照）。

さらに，次世代CFOの最適資本構成の立案では，信用格付けのシミュレーションやペッキングオーダーの検討に加えて，将来の投資機会，保有現金の水準，シグナリング効果，安定配当，ROEターゲット，エクイティ・スプレッド

図表 7-11　エーザイの最適資本構成の KPI の開示事例

KPI	2020年度ターゲット
ROE	10%以上
エクイティ・スプレッド＊1	2％以上
DOE＊2	8％レベル
親会社所有者帰属持分比率	50〜60%
Net DER＊3	−0.3〜0.3

2025年度　ROE15%レベル

＊　配当金の決定は取締役会の承認を前提とします
＊1　エクイティ・スプレッド＝ROE−株主資本コスト，株主資本コストは保守的に8％と仮定
＊2　Dividend on Equity：親会社所有者帰属持分配当率
＊3　Net DER：Net Debt Equity Ratio＝(有利子負債（社債および借入金)−現金および現金同等物−3カ月超預金等−親会社保有投資有価証券)÷親会社の所有者に帰属する持分

（出所）　エーザイ統合報告書2019。

図表 7-12　CFO ポリシーの資金調達のペッキングオーダー

ペッキング・オーダー（資金調達手段の優先順位付け）

CDE 原則

優先度　高→低

1. *C*ash
2. *D*ebt（デット・キャパシティ算出）
3. *E*quity（最後の手段）

（出所）　筆者作成。

なども用いて総合的に決定すべきであり，それに依拠して最適な配当政策をCFOポリシーとして模索すべきであろう。

最適資本構成に基づく最適配当政策の具体的なKPIとしては，たとえば柳(2008)の推奨するDOE(株主資本配当率)[6]がある。DOEは株主から預かった株主資本に対する配当総額の比率を示すもので，バランスシートマネジメントに適していると言える。あるいは，管理会計上のDOEの利用については，DOEをROEと配当性向の積に分解して考察することが重要であり，ライフサイクル仮説を包含できる。つまり成長企業はROEが高ければ配当性向が低くてもよく，成熟企業はROEが低いなら配当性向を上げるべきであり，「DOE＝ROE×配当性向」であり，ハイブリッド指標である。

こうした「最適資本構成に基づく最適配当政策」を具現化したディスクロージャーのイメージについて，ある意味で本章の結論として，そのシェーマを**図表7-13**に示す。

この「最適資本構成に基づく最適配当政策のシェーマ」を詳しく解説すると，まず，株主は企業経営者に経営を委託しており，CFOは受託者責任，説明責任がある。しかし，企業と投資家は対立する立場にはなく，共通のゴールは全てのステークホルダーに配慮した持続的・長期的な企業価値（株主価値）の最大化である。これは経済的付加価値（EVA）やエクイティ・スプレッド，DCF価値に代理される。

その達成のためには，ビジネスモデル，新製品のイノベーション，経営戦略など経営陣の知見を結集して売上・利益を創出してFCFを長期的に最大化していくとともに，財務の健全性を確保することを前提条件に，資本コスト，

6　平成17年に企業会計基準委員会（ASBJ）は，企業会計基準第5号「貸借対照表の純資産の部の表示に関する会計基準」を発表し，3つの資本が混在する要因となった。つまり，従来は資本の部と呼ばれ，株主資本＝自己資本＝純資産であったものが，本改正にともない，純資産の部に変更され，株主資本は資本金，資本剰余金，利益剰余金，自己株式の合計になり，自己資本は株主資本に，その他有価証券評価差額金，繰り延べヘッジ損益，土地再評価差額金，為替換算調整勘定を加えたものと定義され，純資産は自己資本にさらに新株予約権と少数株主持分を加えたものとされた。これにより3つのROE(株主資本利益率，自己資本利益率，純資産利益率)，3つのDOE(株主資本配当率，自己資本配当率，純資産配当率)が存在する。当時の東証のDOEの定義は「株主資本配当率は，年間配当金を期末資本の部の合計で除したもの。株主が直接払い込んだ資金と，本来株主に帰属する利益を再投資している内部留保の合算である株主資本という「元手」に対して，株主に年間どれだけの配当金としての還元があったかをみる企業の経営効率を測定する指標。(計算式)株主資本配当率＝配当金総額/期末資本の部合計(新株式払込金を除く)×100(%)」であったが，現在は純資産配当率が東証の決算短信開示項目である。

図表 7-13　最適資本構成に基づく最適配当政策のシェーマ

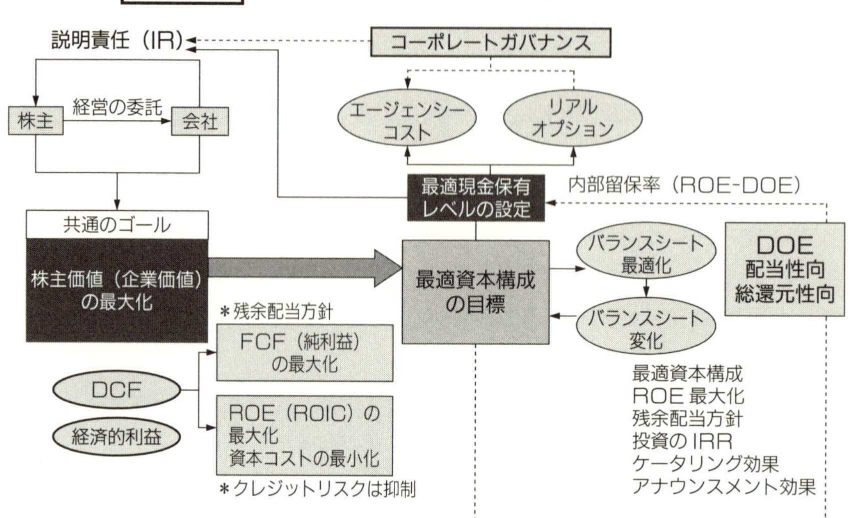

（出所）　柳（2013b），柳（2014a），柳（2015d）より筆者作成。

WACC を最小化して資本効率を高めるバランスシートマネジメントが重要になる。

ここで最適資本構成を CFO は訴求することになる。エーザイの CFO ポリシーでは，最適資本構成を信用格付け A 格と定めて，自己資本比率や Net DER の目標レンジを開示している。企業は生き物であり，ライフサイクル仮説も包含して，バランスシートが変化するたびに機動的に目標は修正してよい。その調整弁としても配当政策や自社株買い戦略の資本政策が大きな影響を及ぼす。ここから，DOE や配当性向・総還元性向を最適資本構成から目標設定することが CFO の責務である。

そして，第 2 章の世界の投資家サーベイでも配当について最重要と指摘されている「最適資本構成に基づく最適配当政策」を受けて，CFO は最適現金保有レベルを定めて投資家に説明する。エーザイの CFO ポリシーでは，運転資本の流動性補完である CCC（キャッシュ・コンバージョン・サイクル）を基本的に月商の 3 〜 4 カ月分と試算して，その部分を流動性補完の最適現金保有レベルとして，CFO が世界の投資家と議論をしている。もちろん，企業のライフサイクルによっては，リスクバッファーや戦略投資の待機資金を「定量化」して加算して投資家に説明してもよいだろう。

こうしたコーポレートガバナンス，あるいはバランスシートマネジメントに優れた企業の保有現金は「リアルオプション」になり，資本コストを上回る投資に有効に使う，あるいは株主に還元されると，プレミアム評価を得る（保有する現金100円の価値評価が100円以上になる）。しかし，バランスシートガバナンスの劣悪な企業の保有現金はエージェンシーコストとしてディスカウント評価になる（保有現金100円が100円未満に見なされる）。バランスシートマネジメントは企業価値評価の観点から重要である。

これは第3章の議論と関連してくるが，**図表2－12**の2019年投資家サーベイの結果を再掲するので参照願いたい。平均的なガバナンスの日本企業の保有現金100円はおよそ50円に見なされている。

図表2－12　**（再掲）**

質問4．VALUATIONから勘案して帳尻を合わせると，現在の日本企業の保有する現金，有価証券100円をアバウトに，いくらぐらいで価値評価すると適切だと思いますか？

A．現金，有価証券の金額が時価総額よりも大きい企業も多く，ガバナンスディスカウントや価値破壊投資のリスクが著しいので，ゼロに近い評価（100円≒0円）
B．日本企業の相当がPBR1倍割れであり，ガバナンスディスカウントや価値破壊投資のリスクを勘案して一定のディスカウント（50%以上）：（100円≒25円）
C．日本企業の相当がPBR1倍割れであり，ガバナンスディスカウントや価値破壊投資のリスクを勘案して一定のディスカウント（50%前後）：（100円≒50円）
D．日本企業の相当がPBR1倍割れであり，ガバナンスディスカウントや価値破壊投資のリスクを勘案して一定のディスカウント（50%以下）：（100円≒75円）
E．監査法人が担保する有価証券報告書の貸借対照表の現金，有価証券の価値は絶対的なので，等価で見る（100円≒100円）
F．現金，有価証券は正のNPVを生む価値創造投資に使われる（あるいは自社株買いの増配になる）ので，プレミアム評価：（100円≒125円～）
G．無回答

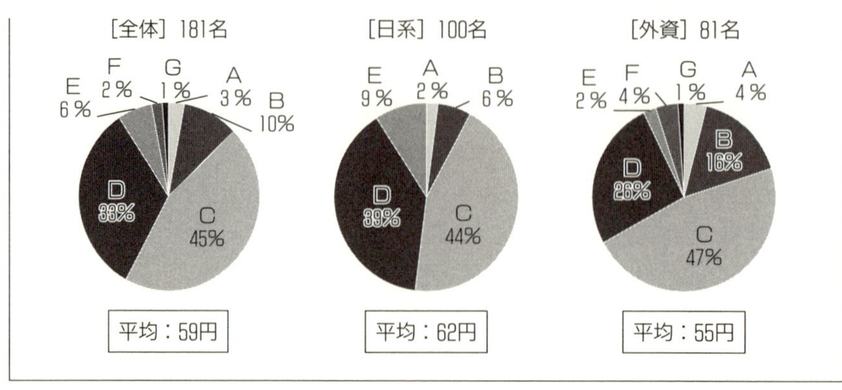

具体的には，平均値をとると，海外投資家は日本企業の保有現金100円を55円に評価しており，国内投資家は62円，全体では59円のディスカウント評価となっている。

なお，CFOのバランスシートマネジメントの視点から，最適資本構成による最適配当政策を検討する際のベースとして，企業のCFOは内部留保の水準を考えなくてはならない，伊藤レポートには下記の記載がある。

「特に内部留保とは，資本金・資本準備金を元手に事業拡大に成功した企業が株主に帰属する最終利益をその都度全額株主還元する代わりに，株主からの信任を前提（暗黙の了解を基）に翌期への追加資金として預託されたものと言える。したがって，ゴーイング・コンサーンとして企業が株主の期待に応えておらず，株主からの信任を全く得ていない場合には，内部留保を全額株主還元しなくてはならない事態になる。」[7]

これはバフェットの言葉（Cunningham（2008））とも重なる。

「企業が内部留保を許されるのは，その1ドルを1ドル以上にできる時だけだ。」

また，伊藤レポートにはエクイティ・スプレッドだけでなく，配当政策に関

7　つまり企業価値創造理論では，内部留保はエクイティファイナンスに類似する概念と投資家は捉えている（Brealey and Myers 2002）ので，内部留保ならびにそれを源泉とする現金保有には，理論上，株主資本コスト（グローバル投資家のコンセンサスは8％）がかかるのである。

しても筆者の記述が採択されているので参考までに最後に付記しておこう（近藤・柳（2013）および，柳（2013a）がそのエビデンスとして掲載されている）。

「統計的に見ると，近年日本企業の配当性向は横並びの『安定配当志向』を反映して平均値である30%レベルに集中する傾向がある。一方，米国では同じ平均配当性向30%であっても，ライフサイクル仮説のとおり企業の成長ステージごとに分散しており，2007年から2010年のデータでは一番多いのは無配企業という事実もある。企業ごとに最適配当政策を考えている様子がうかがえる。」

「また，決算短信における配当政策の記述を見ると，日本企業は配当政策において『安定配当』『将来投資のための内部留保』を記載する傾向が強いことが確認された。それに対してグローバルな機関投資家は，日本企業の配当政策において『資本効率』を最も重視しており，配当政策の開示やIRでの説明に不満とするサーベイが報告された。また，国内投資家からも企業の配当・株主還元の方針が資本コストやROEに裏付けて合理的に説明されていない点が指摘されている。」

「配当についても，最適資本構成に基づく方針を検討することが重要である。財務の健全性を損なわない範囲での資本コスト最小化やKPIを意識した配当（または自社株買い）による資本構成や現金保有水準の調整等は，企業の財務戦略の選択肢，あるいは投資家との対話の議題になり得る。その上で，将来の投資機会，流動性確保，シグナリング効果とともに，資金効率を考慮した配当政策を総合的に決定すべきである。」

財務戦略マップに掲げた最適資本構成に基づく最適配当政策は，非常に重要かつ難易度の高い新時代のCFOの課題である。

本章では主に配当政策を論じてきたが，参考までに，石川（2019）は，わが国においては「配当が自社株買いに勝る」という結果を実証している（**図表７－14**）。

自社株買いで目先のROEやEPSが向上するし，株式市場の需給の改善から短期的には株価上昇につながる蓋然性が高い。しかしながら，実態をよく見てみると，自社株買い実施企業のROEは当期のみならず次期以降も相対的に劣

図表７－14　自社株買い公表と増配公表に対する市場の期待の変化

	増配予想	減配予想	安定配当予想	自社株買い発表	増配予想	減配予想
	（自社株買いなし）			（安定配当予想）	（自社株買いあり）	
当期 r	8.29%	6.77%	6.45%	6.54%	7.74%	6.86%
前期 r	7.30%	7.43%	6.65%	6.94%	7.32%	7.49%
⊿r	+0.99pt	▲0.66pt	▲0.20pt	▲0.40pt	+0.42pt	▲0.63pt
当期 g	4.10%	2.92%	2.78%	2.18%	3.20%	2.53%
前期 g	2.93%	2.99%	2.77%	2.78%	2.78%	3.02%
⊿g	+1.17pt	▲0.07pt	+0.01pt	▲0.60pt	+0.42pt	▲0.49pt

（注１）　g と r は，同時逆算手法に基づいて推定されたインプライド期待成長率とインプライド期待リターンである。各グループは，当期有配企業だけに限定されている。
（注２）　2003-2015年の３月期決算企業。
（出所）　石川（2019）より筆者作成。

悪である。

具体的には，残余利益モデル（RIM）[8]と Easton et al.（2002）のモデルから，市場が自社株買い企業に対する成長期待と期待リターン（資本コスト）をともに低下させているということを，石川（2019）では同時に逆算して実証している。増配企業の場合は，その真逆である。

たとえば自社株買い企業（安定配当）への市場の期待リターンは6.94％から6.54％へと0.40pt 下がり，成長率予想も2.78％から2.18％へと0.60pt 減速する。一方，増配企業（自社株買い無）は期待リターンが7.30％から8.29％へと0.99pt 増加し，成長率も2.93％から4.10％へと1.17pt も上昇する。

米国では配当と自社株買いは類似しており，ともにフリーキャッシュフロー仮説で説明がつくが，日本では配当のシグナリング効果が強いことを示唆している。こうした実証研究もエビデンスにしながら，CFO は高度な株主還元政策を企画立案して，資本市場への説明責任[9]を果たすべきであろう。

8　Ohlson（2001）が代表的な論文。

9　CFO はインサイダーとして，in-house DCF により自社の理論株価を算出して，現在の株価と理論株価の乖離分析を行い，自社株買いの IRR を計算して意思決定を行うべきである。しかし，PBR１倍割れ企業に関しては，通常は（粉飾などがない限り）会計上の簿価純資産は正しいので，PBR１倍割れのキャッシュリッチ企業は自社株買いを行うべきである（もちろん，クレジットに懸念のある会社はその余裕はないだろう）。

第4節　ケース研究：TBSと中野冷機の事例

最後に第3章の「現金の価値」，本章の「株主還元政策」の議論にも関連したケースを2件紹介する。筆者はあくまで中立の立場であるが，複数の投資家からこの2件の分析を依頼されたので，公開情報から取りまとめてみた。なお，直接の当事者に詳細のインタビューを行ったわけではないので，個別特殊事情などは認識していない点は斟酌すべきである。

1　東京放送HDのケース

2018年6月の東京放送HD（以下TBS）の株主総会に向けて，英国の投資ファンドAVI（アセット・バリュー・インベスターズ）は，以下の株主提案を5月1日に行った。

【2018年5月1日　AVIの株主提案の骨子】

- 会社が提案する剰余金配当（1株30円）に加え，保有する東京エレクトロン株式306万株（625億円相当）を，東京放送HD57株当たり1株の割合（344円）で現物配当する。株主は現物配当に代えて，金銭での交付も請求できる。

（提案の理由）

- 株式ポートフォリオは巨額かつ銘柄集中しており，必要以上に金融市場の変動リスクに晒されている。
- 資産の72％が放送事業と関係のない投資有価証券，不動産，現金で構成。政策保有株式は総資産の54％を占め，大手非金融系企業の中で2番目に高い。東京エレクトロン株式が総資産の19％，政策保有株式の35％を占める。
- 東京エレクトロンという巨額の株式保有を正当化する根拠がない（ビジネス上のつながりは，54年前の会社設立時の資本参加と，東京エレクトロンによるTBS所有建物の占有）。
- コーポレートガバナンス・コード原則が定める政策保有株式に関する方針に反する（取締役会の17名中13名が社内取締役。社外取締役4名中3名は，毎日新聞，電通，MBSメディアホールディングスの役員で，すべて株式の持ち合い関係や取引関係にあり，株主利益を考えて監督できているか疑問）。
- 本提案は本業の成長や安定性を阻害するような規模ではない（放送業界は変

革期にあり，新たな機会の獲得や社会的な使命を果たすためにもある程度一定の資本を保有する必要性は認識。本提案では，資本効率，リスク管理，コーポレートガバナンスを改善する最初のステップとして，東京エレクトロンの株式保有を40％減らすことを要請）。

これに対して，TBS は５月10日即座に AVI の株主提案に対する反対声明を公表した。

【2018年５月10日　TBS による反対表明の骨子】

（反対の理由）

- 保有する東京エレクトロン株式の簿価は極めて低額であり，価格変動によるリスクは事実上ない。
- 従来から企業価値向上のための各種投資の原資として，東京エレクトロン株式を有効に活用してきており，今後も同様の方針。
  - －直近20年間で保有株式数は半減（例：赤坂５丁目 TBS 開発計画の資金捻出）。
  - －グループ中期経営計画2020で，CVC ファンド拡大，新規事業や M&A 推進に500億円の戦略的投資を掲げる。
- 東京エレクトロンから受領する配当金は当社業績に寄与。
  - －2018/３期の配当金は38.7億円。

５月18日に，AVI は TBS の反対声明へ以下のような反論をしている。

【2018年５月18日　TBS の主張に対する AVI の反論】

（反論内容）

- 東京エレクトロン株式を現時点で保有し続けるか処分すべきかの判断は，過去の取得価格の多寡とは関係ない（「サンクコストは現在の投資判断とは無関係である」という基本概念を無視している）
- 大量の政策保有株式を正当化できていない（本業に係らない金融資産の比率の高さは異常。資産構成で見れば，TBS はいわば副業として放送事業を行っている4,500億円を運用する証券投資信託であり，運用資金のうち3,000億円を古くからの関係性以外に客観的な投資基準をもたずに５社に集中投資している）。

- 株主提案に沿って配当した後も3,500億円以上の有価証券を保有するため，戦略投資500億円を十分にまかなえる。

こうした意見交換を経て2018年６月の株主総会を迎えたが，世界の２大議決権行使助言会社でもISSはAVIの株主提案に賛成，グラスルイスは反対と意見は分かれた。主な機関投資家の意見も２つに分断されていた。しかしながら，有価証券投資が課題ということは無条件で会社側の意見を支持する持ち合い株主が多数を占めることを意味する。**図表７－15**にあるように，TBSの株主構成においては持ち合い株主，あるいは安定株主で過半数程度は占められていたと推測されるため，初めからAVIに勝ち目はなかった。それでもAVIは過剰現金・

図表７－15　TBSの株主構成

（千株，％）

	2017/3		2018/3		2018/9	
	株式数	割合	株式数	割合	株式数	割合
日本トラスティ・サービス信託銀行（信託口）	14,055	8.1	13,154	10.9	12,996	7.4
日本マスタートラスト信託銀行（電通口）	9,311	5.3	9,311	5.3	9,311	5.3
日本マスタートラスト信託銀行（信託口）	9,593	5.5	9,674	2.2	9,297	5.3
MBSメディアホールディングス（旧毎日放送）	8,848	5.1	8,848	5.1	8,848	5.1
三井住友銀行	5,745	3.3	5,745	3.3	5,745	3.3
三井不動産	5,714	3.3	5,714	3.3	5,713	3.3
NTTドコモ	5,713	3.3	5,713	3.3	5,713	3.3
パナソニック	5,643	3.2	5,643	3.2	5,643	3.2
日本生命保険	5,006	2.9	5,006	2.9	5,013	2.9
三井物産	7,691	4.4	5,746	3.3	4,288	2.5
JP Morgan Chase		0.0	4,553	2.6		
ビックカメラ	4,190	2.4	4,190	2.4	4,190	2.4

（注）　網掛けは持ち合い株式あるいは安定株主と思われる。その他事業法人の持分は51.7％を占める。

（出所）　公開情報から筆者作成。

有価証券保有にメスを入れて，メッセージを送りたかったのであろう。

こうした背景から，世界の機関投資家やオピニオンリーダーの意見は分かれたが，結果としてTBSの株主総会ではAVIの株主提案への賛成率は11%にとどまり，否決された（**図表7-16**）。

ここでTBSのROEを検証してみよう。優良企業としてEPS（1株当たり純利益）は着実な増加傾向を示しているが，過剰資本，過剰現金・有価証券保有のために，自己資本比率は70%レベルと高く，ROEは3%程度で近年推移している（**図表7-17**）。

すなわち，TBSでは例えば「ROE 3%－CoE 8%＝エクイティ・スプレッド

図表7-16　投資家の反応と株主総会決議の結果

	議決権行使助言会社	主な機関投資家の投票
株主提案に賛成	ISS TBSに税金などの追加負担を生じさせるかもしれないが，これまで犠牲を強いられてきた株主に報いる意味で政策保有株を再配分したほうがよいかもしれない	ニッセイアセットマネジメント（判断基準に基づき賛成） 日興アセットマネジメント 三井住友アセットマネジメント 東京海上アセットマネジメント ゴールドマンサックス・アセットマネジメント
株主提案に反対	グラスルイス TBSの企業統治構造や資本の活用という点で多くの正当な問題提起をしているが，今回の提案は財務に重大な影響を及ぼす可能性がある	フィデリティ投信（企業価値向上に寄与しない/一般株主との利益相反の可能性） 三菱UFJ信託銀行（実務上困難なスキームであることから反対） 大和証券投資信託委託（配当の仕組み等を勘案し反対） 野村アセットマネジメント アセットマネジメントOne ブラックロックジャパン 明治安田アセットマネジメント ステートストリートグローバルアドバイザーズ 三井住友信託銀行 みずほ信託銀行 りそな銀行

株主総会決議では賛成率は11.26%にとどまり，株主提案は否決

（出所）　公開情報から筆者作成。

図表７-17　**自己資本比率と ROE の推移**

・EPS は毎年着実に伸びている（CAGR10.4%）が，ROE は３%台前半で低迷

・キャッシュリッチなのに配当性向が30%と市場平均並みであることに加え，株価上昇により有価証券評価差額金が大幅に増加し，ROE の分母が増えたことが要因

・総資産のうち政策株の占める割合が，2018年３月末で50%を超えており，資本効率に課題

（2018年３月末の主な保有株式）

東京エレクトロン	1,546億円
リクルート HD	631億円
電通	241億円
東宝	133億円
東映	115億円

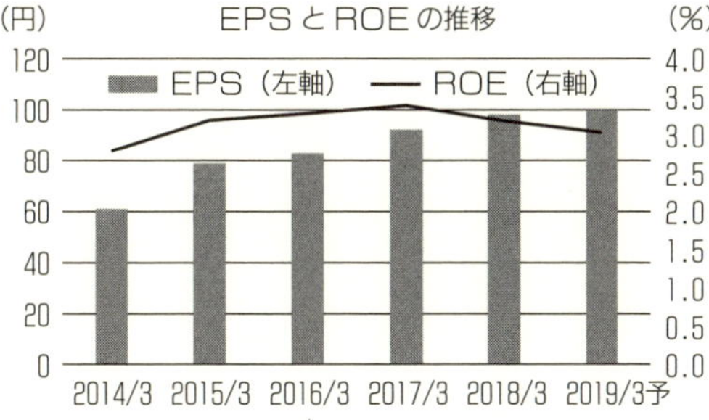

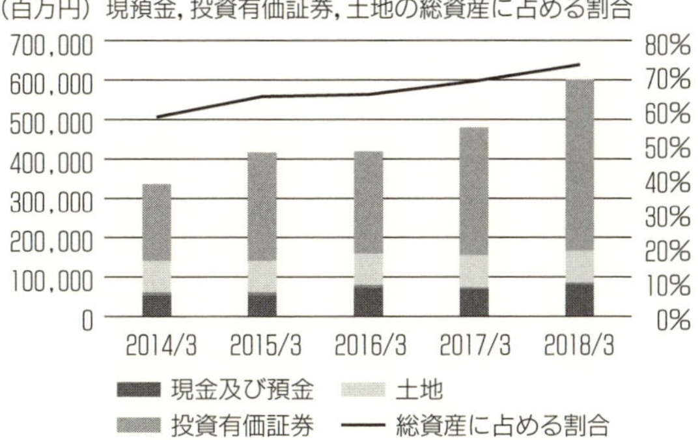

（出所）　公開情報から筆者作成。

▲５％」の理論上の価値破壊状態が継続しているとも解され，残余利益モデルの通り，PBR は１倍割れが続いている。著名大企業ではあるが，TBS は継続的に「広義の現金のほうが時価総額よりも大きい会社」でもある（**図表７-18**）。

こうしたファイナンス理論に基づき，海外投資家は警鐘を鳴らしたのであろう。本書の第３章，本章の「現金の価値」「最適資本構成に依拠した配当政策」のロジックからも，本件は参考になる事例であった。

しかし，こうした AVI の行動や2018年６月に改訂されたコーポレートガバナンス・コードが奏功したのか，その後 TBS と AVI は歩み寄りを見せて，2019年の株主総会では株主提案はなかった。

図表 7-18　現金・有価証券が時価総額を上回る

2014年3月末		2018年3月末	
・当期純利益	96億円	・当期純利益	172億円
・株主資本 （有価証券評価差額・為替換算調整を含む）	729億円	・株主資本 （自己資本比率は70%超で推移）	2,371億円
・現預金	553億円	・現預金	819億円（723億円）
・投資有価証券	1,957億円	・投資有価証券	4,364億円（4,115億円）
・有利子負債/少数株主持分	956億円	・有利子負債/少数株主持分	371億円（177億円）
・株価	1,193円	・株価	2,257円
・時価総額 （自己株を除いて算出）	1,930億円	・時価総額	3,942億円 （3,022億円）
・企業価値	364億円	・企業価値	▲872億円
・PBR	0.5倍	・PBR	0.7倍 （0.5倍）
・PER	20.0倍	・PER	22.9倍

（注）（　）内は2019年5月15日。

（出所）公開情報から筆者作成。

【TBS のその後の行動】

- TBS のコーポレートガバナンス報告書の記載変更（2018年11月26日）。
  「保有の意義が認められないと判断した政策保有株式については売却してまいります。毎年，取締役会で個別の政策保有株式について，保有目的・関係性の状況・経済合理性等を総合的に勘案し，継続保有の適否を検証いたします。なお，経済合理性については，保有に伴う便益やリスクを当社の資本コストを基準に検証いたします。」
- 政策保有株式の売却と増配（2019年3月4日）。
  －保有資産を戦略的投資に活用するため，2019年2月18日から3月4日に持ち合い株式1銘柄を売却（売却益約101億円）。
  －配当性向30％を目標としており，一時的な売却益ながら，期末配当金を

１株当たり１円増額。

－自社株買い10億円を発表（2019年５月14日）。

（参考：2019年３月期決算では自己資本比率73％，ROE4.3％）

2　中野冷機のケース

中野冷機[10]はセブン-イレブンなどへ冷機を納める中小の優良企業であるが，かつてはTBS同様に「広義の現金のほうが時価総額よりも大きい会社」であった。TBSとは規模が全く異なるが，株主提案などを経ずに水面下で投資家と歩み寄り，自主的な改革を推進して，今では「時価総額が広義の現金より大きい」会社になっている。PBRも１倍以上で価値創造会社へと変遷してきた。詳細の内部事情は認識していないが，対照的な事例として公開情報から分析してみよう。

中野冷機の企業価値を2016年末と2018年末で比較してみると，その劇的な改善に驚かされる（**図表７−19**）。

2016年12月末では，現金のほうが時価総額よりも大きく，PBRは0.7倍とTBS同様に理論上は価値破壊の状態であったが，2018年12月末には，時価総額が現金を大きく上回り，PBRも1.4倍へと倍増している。企業価値創造会社へと華麗なる転身を遂げたのである。この間に何があったのだろうか。ちなみにTBSに株主提案を行ったAVIも中野冷機の株主である。

中野冷機は2018年２月にIRリリースを行い，企業価値向上に向けた取り組みを宣言している。

10　【中野冷機の概要】
会社名：中野冷機株式会社
事業内容：冷凍・冷蔵ショーケース，冷凍機，業務用冷蔵庫の設計・製造・販売・工事
沿革：1917年創業，1946年設立，1986年店頭登録，2004年ジャスダック上場＝東証JASDAQ（証券コード6411）
取締役会：取締役10名，うち社外取締役１名
経営陣：代表取締役社長　森田英治（1979年入社，2016年３月より現職）
従業員数：507名
主要取引先：セブン-イレブンジャパン（売上の４割程度），国内売上比率は９割超
業績：売上高283億円，営業利益22億円，当期純利益16億円（2018/12期）

図表７−19　中野冷機の企業価値革命

項目	2016年12月末	2018年12月末
・当期純利益	19億円	16億円
・株主資本（有価証券評価差額・為替換算調整を含む）	259億円	257億円
・現預金	281億円	261億円
・有利子負債/少数株主持分	17億円	17億円
・株価	2,920円	6,840円
・時価総額（自己株を除いて算出）	177億円	347億円
・企業価値	▲87億円	102億円
・PBR	0.7倍	1.4倍
・PER	9.2倍	21.9倍

（出所）　公開情報から筆者作成。

【2018年２月９日IRリリース　「企業価値向上に向けたお知らせ」,「配当方針の変更及び剰余金の配当に関するお知らせ」】

－　創業100周年を迎え，本年を「第二の創業」と位置づけ，企業価値向上に向けた取り組みを実施

－　株主に対する利益還元に関する方針が経営上の重要課題のひとつであると再認識

１．コーポレートガバナンスの充実

①　コーポレートガバナンスの充実：株主との対話が重要な課題

②　配当方針変更：連結配当性向目標30%，2017/12期の配当100円，連結配当性向29.2%（従来：12円/株を堅持，収益に応じて増配）

③　アドバイザリーボードの設置：取締役会の諮問機関として外部有識者を招聘

④　社外取締役の増員：2018年12月の株主総会で２名に（従来：１名）

⑤　任意の指名・報酬委員会の設置

⑥　自己株式の適切な保有水準の追求

⑦　取締役報酬について業績連動報酬の採用
⑧　中長期経営計画の策定
2．より透明性の高い経営の追求
①　ROE 向上：ROE８％目標（2017/12期7.4％）
②　IR 開示の充実：事業セグメント情報の開示，機関投資家・アナリスト向け説明会の開催
3．人材育成の強化

さらに，2018年６月には，中野冷機はアドバイザリーボードの設置を公表している。アドバイザーには TBS への株主提案で AVI の代理人を務めた弁護士のスティーブン・ギブンズ氏や元野村證券金融研究所所長の高木伸行氏といった資本市場のプロが名前を連ねている（**図表７−20**）。

そして，2018年12月には，中野冷機から，さらに踏み込んだ企業価値向上策が発表されている。

図表７−20　資本市場のプロを登用した中野冷機のアドバイザリーボード

2018年６月15日 IR リリース　「アドバイザリー・ボード設置に関するお知らせ」
ー将来の経営戦略及び今後の経営課題等について，独立した外部の視点から幅広い意見及び提言を受けるため，内外資本市場や企業経営に精通した経験豊富な外部有識者を招聘

メンバー	主な兼職等	選任理由
Stephen Givens	米ニューヨーク州弁護士 外国法事務弁護士（ギブンズ外国法事務弁護士事務所）	外国投資家の株主提案，上場企業の株主対応，コーポレートガバナンス等のアドバイス経験
佐藤　明夫	弁護士（佐藤総合法律事務所） ポーラオルビス HD 社外監査役　等	M&A，IPO，コーポレートガバナンス等，企業法務のアドバイス経験
高木　伸行	元野村證券金融経済研究所長 C&F ロジ HD 社外監査役　等	証券会社のアナリスト業務等の投資家の視点
和田　芳幸	公認会計士（和田会計事務所長） LIXIL ビバ社外取締役　等	大手監査法人パートナーから現在まで上場企業経営全般の助言
大河　通夫	元味の素㈱広報部長 当社社外取締役	上場食品メーカーでの経験と見識

（出所）　公開情報から筆者作成。

【2018年12月26日 IR リリース 「企業価値向上に向けた取り組みの状況について」，「中長期経営計画の策定について」，「資本政策等に関するお知らせ」，「配当方針の変更及び配当予想の変更に関するお知らせ」】

- 中長期経営計画（N-ExT2023）：70億円相当の事業投資，ROE 8 %以上
- 自己株式の適切な保有水準：自己株式（発行済株式総数の43.4%）を全株消却
- 配当方針変更[11]：今後 3 年間，連結配当性向100%，1 株当たり配当金額の下限300円（1 株当たり配当：2016/12期45円，2017/12期100円，2018/12期320円）
- 自己株式取得[12]：業績・資本の状況，成長投資，市場環境を総合的に考慮して，機動的に実施
- 社外取締役の増員：社外取締役を 2 名増員し，3 名体制とする
- IR 開示の充実：3 つの事業分野ごとの情報開示，説明会を年 2 回開催

同時にアドバイザリーボードからの答申書が公開されている。ここからも外部の有識者が中野冷機にポジティブな影響を及ぼしたことは明らかであろう。

【2018年12月26日 IR リリース 「アドバイザリーボード答申書受領のお知らせ」―資本政策の策定，社外取締役の増員，現預金の使途について答申】

1．自己株式の消却
　－自己株式が発行済株式総数の43.4%を占めるが，少なくとも95%以上を消却する
2．配当方針
　－少なくとも連結配当性向年間100%とともに，年間 1 株あたり配当額の下限として具体的な金額を目標設定する
3．自己株式取得の方針
　－利益配当に加え株主に対する利益還元の可能性を高めるため，機動的な自己株取得を実施
4．社外取締役の増員

11　配当性向100%に違和感を持つ向きもあるかもしれないが，現金過多のキャッシュリッチで，自己資本比率が60%超と高いため，これ以上内部留保や現金を積み増す必要はない。したがって，当面配当性向100%の方針は本章の「最適資本構成に基づく最適配当政策」の財務理論上から，基本的に正しいと言える。

12　キャッシュリッチで自己資本比率も高く，PBR 1 倍割れの前提では自社株買いは有効な財務の選択肢である。会計上の簿価純資産より時価総額が小さいなら，CFO サイドから見て，明らかに株価は割安であり，自社株買いは正当化されると考えられる。

－今期の定時株主総会において，１名以上の社外取締役を増員すること（なお，将来的には更なる増員を目指すことが前提）等のコーポレートガバナンスの強化を目的とした施策を講じる

読者の参考のために，以下に本件に関する主なマスコミ報道を掲載する。

■2018/２/18　日経ヴェリタス

中野冷機の急変ぶりが投資家を驚かせている。IRに後ろ向きで，資本効率への意識も低かった同社が，コーポレートガバナンスや市場との対話に乗り出したからだ。ROE８％を目標に掲げ，年間配当は２倍に引き上げた。今後は投資家向け説明会も開催し，森田社長が自らの言葉で話す。アドバイザリーボードを設置して企業統治に詳しい外部識者を招き，現預金や金庫株の扱いも検討する。最適な資本構成や資本コストの議論も深める方針だ。渡辺基二取締役は「投資家との対話のなかで，不十分だった点を認識してきた。透明性を高めていきたい」と話す。

■2018/６/27　日本経済新聞

改革に動き出したのは２月。増配を決め，３月には初の決算説明会を開いた。今月15日にはアドバイザリーボードを設置。物言う株主への助言経験が豊富なスティーブン・ギブンズ弁護士や，野村證券出身で調査畑が長い高木伸行氏らが名を連ねる。中野冷機は資産の７割弱を現預金が占める。使い道が課題になっていたが，海外株主との対話が改革に乗り出す契機になった。TBSホールディングスに株主提案している英アセット・バリュー・インベスターズ（AVI）も株主だ。

■2018/12/26　日本経済新聞

中野冷機はこれまで配当方針として配当性向30％を掲げていた。これを一転し，今期から３年の限定として100％とする方針。「投資家と面談する中で，内部留保や現金が多いとの意見があり，還元強化を決めた」と渡辺基二取締役は語る。今回の資本政策の見直しはアドバイザリーボードの提言を参考にして取締役会で議論して決議した。

（参考：2019年３月期決算では自己資本比率63％，ROE6.3％）

中野冷機は資本市場と企業が建設的なエンゲージメントを繰り返して，画期

的な企業価値創造を果たした事例として興味深い。そして，本書で議論してきた「ガバナンスと現金･有価証券の価値評価」「最適資本構成に依拠した最適配当政策」などの理論を裏付ける実践のエビデンスとなろう。

第8章 CFOの非財務戦略としての「PBRモデル」の提言

基本的に，企業価値は現在の財務価値（見える価値）と持続的な財務価値の基盤となる非財務価値(見えない価値)から構成されており，会社はすべてのステークホルダーのために存在する「社会の公器」である[1]。CFOは持続的・長期的な企業価値創造の受託者責任を負っており，CFOポリシーでは，前章までの「財務戦略」に加えて，潜在的なESG（環境・社会・統治）[2]の価値を顕在化する「非財務戦略」を構築すべきである。

本章では，企業理念や研究開発の価値，人的資本に代表される「非財務価値」と，資本効率（その代表的指標としてのエクイティ・スプレッド）に依拠する「財務的価値」の共生モデルを提示する。言い換えれば，それは「論語（倫理的価値，非財務資本）と算盤（資本効率，財務資本）」の同期化モデル，あるいは「CSR（Corporate Social Responsibility＝企業の社会的責任）と企業価値」の両立から高付加価値経営の概念フレームワークを示唆するものである[3]。こうした考え方

1　一義的な，あるいは法的な株式会社の所有者は株主であるが，全てのステークホルダーのために会社は存在することを前提として本章ではESGに代表される「非財務価値」とROEを代理変数とする「財務的価値」の同期化モデルを考察する。それは長期の時間軸では共存共栄できるものである。ちなみに，伊藤・関谷（2016）は「企業はいろいろな活動を行って企業価値を創造している。その結果として財務業績が向上する。財務業績や戦略について投資家とコミュニケーションを取ることで，投資家の信頼を得ることができる。また，従業員が満足できるような組織体制や報酬制度を構築することも重要である。経営者のビジョンを実現するために，イノベーションを通じて，効果的かつ効率的な企業経営を行う必要もある。さらに，地域社会との共生を考えて，環境責任や社会貢献を行う必要もある。このような企業活動を通じて，ステークホルダー志向で企業価値を創造するのが企業の目的である。要するに，企業の活動は有形資産とインタンジブルズを結び付けて企業価値を創造すると考えられる」という趣旨を述べている。

2　ESGは環境（Environment），社会（Social），ガバナンス（Governance）の英語の頭文字を合わせた言葉。ESGに関する要素はさまざまであるが，たとえば「E」は地球温暖化対策，「S」は女性従業員の活躍，「G」は取締役の構成などが挙げられる。日本特有の近江商人で知られる「三方良し」の概念とも整合的だろう。

は，Porter（2011）の説くCSV（Creating Shared Value）による社会的価値と経済的価値の両立と整合的である。本章では，CFOの非財務戦略として「非財務資本とエクイティ・スプレッドの同期化モデル」，または「PBRモデル」につき，筆者独自の概念フレームワークとそのエビデンスを提示する。

この考え方は，「価値の最大化」と「ステークホルダー理論」を包含し，全てのステークホルダーをWin-Winで満たしたうえで，長期的な企業価値を最大化する“Enlightened Value Maximization Theory”（Jensen（2002））の考え方とも整合する。

第1節　拡大する非財務資本の価値とESG投資の急増

Lev and Gu（2016）は，“The End of Accounting”という衝撃的なタイトルの書籍で，会計学者を驚かせたが，「1950年代には市場の企業価値評価（時価総額）のうち約90％を損益計算書の利益と貸借対照表の株主資本で説明ができたが，2013年には会計数値の説明能力が50％レベルにまで低下している」としている[4]。同じ趣旨で，多数の実証研究が，近年は会計上の価値よりもインタンジブルズの価値のほうが大きいことを証明している。IMAの機関紙“Strategic Finance”の2017年5月号も“The Power of Intangibles”（Cokins and Shepherd（2017））という特集記事を組み，1975年には米国S&P500企業の市場価値に占める有形資産と無形資産の割合が8：2であったのが，2015年では2：8に逆転しているというデータを掲載している（**図表8－1**）。こうした文献からも，今や

3　本書では，定性的なCSR，ESG，インタンジブルズ（オンバランス・オフバランスの無形資産），SDGs（国連の提唱する持続的な開発目標），自己創設のれん，などの言葉を使用するが，厳密にはそれぞれの定義（狭義）は当然異なる。しかしながら，議論の概念上または便宜上，それらの重複または相違する個々の概念を厳格に定義したり区別したりはせずに，総称（広義）して，さらにビジネスモデルやイノベーション，企業理念も含めて，見えない価値として「非財務資本（知的資本，人的資本，社会・関係資本，製造資本，自然資本）＝国際統合報告書評議会（IIRC）の定義」としている。そして，基本的に非財務資本は時間をかけて財務資本に転換される蓋然性が高いことを前提として議論している。市場が認識すれば非財務資本は現在の市場付加価値（PBR 1倍超の部分）になる。

4　さらに，Lev and Gu（2016）は，投資家の投資判断においても，アナリストの業績予想やSEC（米国証券取引委員会）にファイルされた非財務情報に対して，財務諸表の有用性が大きく劣後すること，利益やROEを過去の会計数値から予想する場合の誤差が倍増していること，損益計算書上の純利益に占める特別損益の割合が2割近くにまで上昇していることなどが示され，会計数値が企業価値を説明する能力が著しく低下していることがわかる。また，企業価値の源泉としてインタンジブルズをあげて，会計基準の欠陥として研究開発費などの無形資産への投資を費用計上してしまうことを指摘している。

図表8－1　**企業価値の8割は見えない価値（非財務資本）**

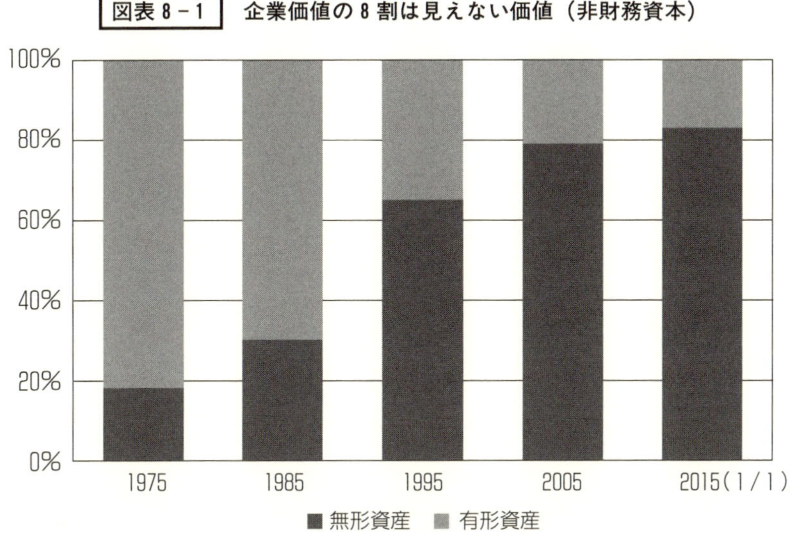

（出所）　Cokins and Shepherd（2017）より筆者作成。

企業価値の約8割は見えない価値，非財務資本の価値になっていると推察される。世界的に非財務価値革命，あるいはESGブームが巻き起こっている。

加えて，非財務情報，インタンジブルズと財務業績，企業価値の関係性を調査した実証研究は世界に多数存在するが，Friede, Busch and Bassen（2015）が過去数十年に及ぶ世界の2,000本以上の実証研究の結果をまとめているが，約半数がESGと企業業績には正の関係があるとしている（**図表8－2**）。近年の傾向として，ESGと企業価値は正の相関を持つ蓋然性があるだろう。

一方，ESGに配慮した持続可能な投資を推進する国際組織，世界持続的投資連合（GSIA：Global Sustainable Investment Alliance）の2018年の統計では，世界のESG投資残高は，3,300兆円を大きく超えて急増しており，世界の全運用資産の約35%に相当するという。日本は欧州，米国に残高は劣後するものの，2015年の年金積立金管理運用独立行政法人（GPIF）の国連責任投資原則（PRI）署名後はESG投資残高が拡大しており，その成長率はグローバルでトップである（**図表8－3**）。

図表 8－2　ESG と企業業績の関係に関する過去の研究結果

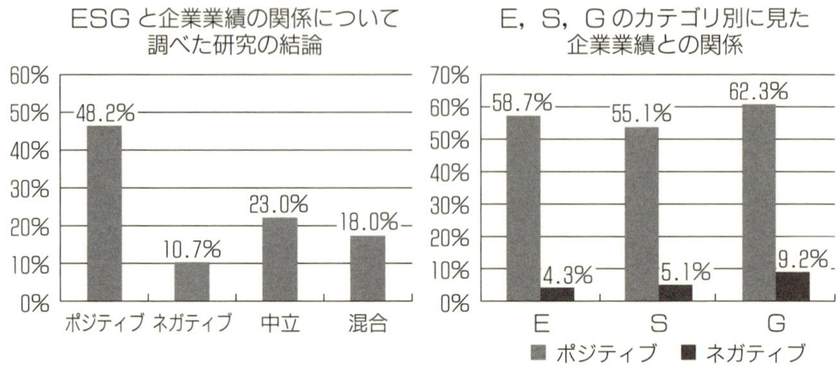

（出所）　Friede, Busch and Bassen（2015）より筆者作成。

図表 8－3　世界中で急増する ESG 投資

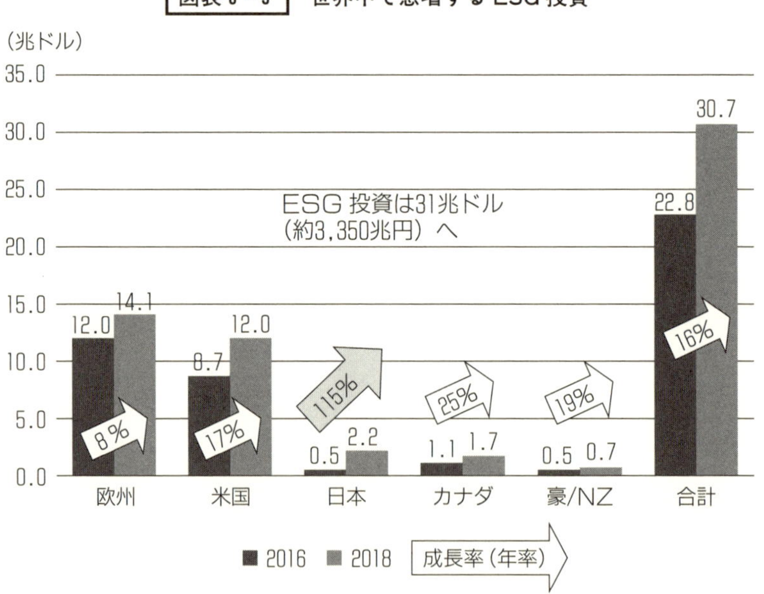

（出所）　GSIA の資料より筆者作成。

こうしたESG投資のリターンはどうであろうか。2010年9月以降の分析によれば，欧州ではMSCI[5]のESG指数が安定的に地域指数をアウトパフォームし，日本も近年はトレンドとしては地域指数をアウトパフォームする傾向が継続している。やはりESGの意識が浸透している欧州のESG指数パフォーマンスの良さは際立っている。

一方で，この期間では，北米は安定的にアンダーパフォームが続いている。日本は過去アンダーパフォームする時期もあったが，2013年央からはアウトパフォームする傾向が見られる。構成比が大きい北米のパフォーマンスが良くないため，World指数ベースではESG指数はアンダーパフォームする傾向になっている（**図表8－4**）。日本企業のESGが投資家の評価を得ていくことで，今後も安定的に日本企業のESGが株価に反映されていくであろう。言い換えれば，非財務資本（ESG）から財務資本（株価）への転換が加速すると思われる。

実際に，日本企業においても，**図表8－5**にあるように，CSR（ESG）に前向きな企業（CSR採用銘柄）[6]は，経済付加価値や資本効率が高く，株価はベンチマークをアウトパフォームする傾向がある。

かかる環境下，日本企業サイドにおいても財務情報と非財務情報を結び付けて報告する統合報告書（Integrated Report）の採択企業が増加しており，KPMGジャパンの調査では，2018年の統合報告書発行企業数は414社となっている。自主的な統合報告書開示企業数では世界最多であり，気候関連財務情報開示タスクフォース（TCFD）賛同企業数も2019年6月末で161社（こちらも世界最多）となり，わが国においてもESGブームの様相を呈してきている。

今後の日本企業のCFOが求める「高付加価値経営」には，財務戦略に加え，非財務戦略が重要になってくる。市場の付加価値部分（PBR1倍超の部分）に関連する高邁な企業理念，本源的な研究開発の価値，忠実で優秀な人財などの「非財務資本（目に見えない価値）」において，わが国企業はより大きな潜在価値を有しているはずである。本章の後段で提案する「非財務資本とエクイティ・スプレッドの同期化モデル」または「筆者のPBRモデル」による「高付加価値経営

5　世界的な株式指標算出会社で，ESGの評価でも有名である。

6　東洋経済新報社のアンケート回答企業で，CSR格付けが存在する上場企業のうち，4領域で1つでもA格の評価のある企業群から，公害・贈賄・女性登用でネガティブなファクターのある企業を除いた銘柄を「CSR（ESG）に前向きな企業」と定義した。

図表 8－4　MSCI ESG 指数のパフォーマンス

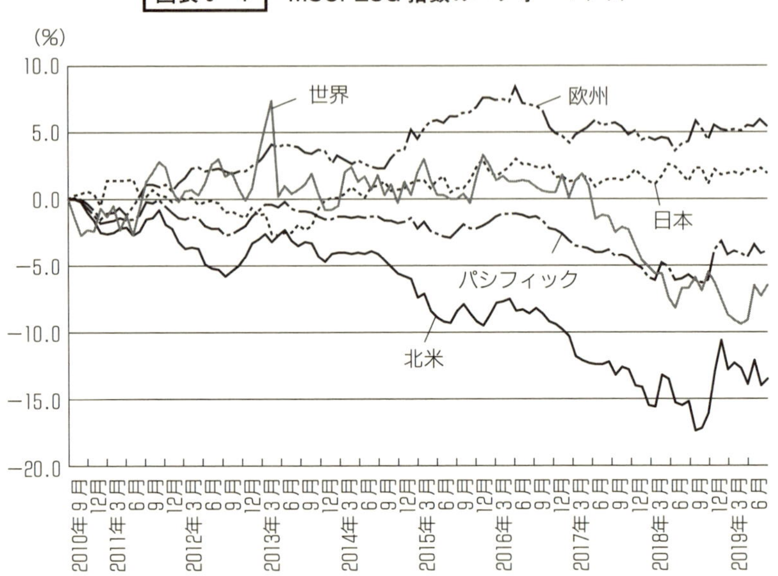

	世界		北米		日本		欧州		パシフィック	
	親指数	ESG 指数	親指数	ESG 指数	親指数	ESG 指数	親指数	ESG 指数	親指数	ESG 指数
リターン	7.25%	6.99%	10.67%	9.96%	3.93%	4.09%	1.88%	2.39%	1.45%	0.78%
リスク	12.3%	12.1%	11.8%	11.6%	13.1%	13.1%	15.6%	15.2%	16.9%	17.5%
リターン/リスク	0.59	0.58	0.90	0.86	0.30	0.31	0.12	0.16	0.09	0.04
超過リターン	−0.26%		−0.71%		0.16%		0.51%		−0.68%	
超過リスク	1.06%		1.48%		1.49%		1.61%		4.12%	
情報比	−0.24		−0.48		0.11		0.32		−0.16	

（注）日本の ESG 指数と親指数，日本を除くパシフィックの ESG 指数は Price Return。それ以外は Total Return。

（出所）Bloomberg より筆者作成。

の概念フレームワーク」により，非財務資本を将来の財務資本へ転換することが望まれる。

まず，根源的に，PBR は会計上の純資産の何倍の時価総額が創出されているかを示す指標である。PBR が 1 倍超の部分が「市場付加価値」（PBR 1 倍は株主

図表 8－5　CSR に前向きな企業の指標比較

〈CSR フィルターを通した銘柄数〉

	条件項目	2012年	2013年	2014年	2015年	2016年
原始ユニバース	CSR 格付けデータが存在する上場銘柄	1,059	1,071	1,157	1,257	1,284
採用銘柄	A 格が 1 つでも取得できた企業	975	967	929	939	949
除外銘柄	公害ファクター	208	179	165	157	164
	贈賄ファクター	0	0	0	0	0
	女性ファクター	322	308	272	273	292
採用銘柄	CSR に前向きな企業	445	480	492	509	493

（注）①CSR 格付において A 格が 4 領域において 1 つでも取得できた企業を残す。
②企業公害ファクター：違反が 1 件でもあれば，除外する。
③贈賄ファクター：1 件でもあれば除外する。
④女性ファクター：女性比率・平均年間給与・管理職女性比率・役員女性比率において，10 ランクで評価し，ランク 2 以下を除外する。

〈CSR に前向きな企業の株価リターン〉

評価日付（前年の CSR アンケートに基づき，CSR フィルターを使用し前年12月末にて採用企業を決定）		EVA（百万円）	ROIC	自己資本比率	デフォルト確立	評価日付から経過リターン			
						20日	40日	60日	120日
2012/1/4	CSR 非採用	18,865	6.04%	39.53%	0.17%	2.80%	11.55%	15.80%	1.76%
	CSR 採用	48,456	7.95%	50.99%	0.01%	1.24%	9.87%	15.17%	2.75%
	TOPIX					2.62%	11.97%	16.25%	1.58%
2013/1/4	CSR 非採用	20,002	5.90%	37.93%	0.23%	7.78%	11.91%	16.43%	31.90%
	CSR 採用	31,448	6.64%	50.73%	0.00%	8.11%	12.85%	15.65%	31.53%
	TOPIX					7.57%	11.31%	14.78%	30.93%
2014/1/6	CSR 非採用	39,635	5.45%	37.71%	0.07%	−11.70%	−6.29%	−5.05%	−0.40%
	CSR 採用	80,161	8.06%	54.59%	0.00%	−10.11%	−3.22%	−2.79%	3.25%
	TOPIX					−11.83%	−6.10%	−4.92%	−0.11%
2015/1/5	CSR 非採用	87,714	6.71%	39.65%	0.04%	−0.94%	7.64%	8.61%	16.40%
	CSR 採用	76,533	7.77%	55.30%	0.00%	0.81%	9.39%	12.74%	18.55%
	TOPIX					−0.62%	8.31%	10.02%	17.52%
2016/1/4	CSR 非採用	80,239	6.86%	40.37%	0.05%	−4.88%	−11.79%	−10.20%	−17.13%
	CSR 採用	83,997	7.98%	56.15%	0.00%	1.56%	−3.58%	−3.44%	−8.20%
	TOPIX					−3.81%	−10.57%	−9.85%	−16.39%
平均	CSR 非採用	56,764	6.27%	39.15%	0.09%	−2.71%	0.32%	2.42%	3.97%
	CSR 採用	68,301	7.73%	54.08%	0.00%	−0.03%	4.09%	6.18%	8.52%
	TOPIX					−1.21%	2.98%	5.26%	6.71%

（注）EVA は Stewart（1991）による。

（出所）金融データソリューションズのデータから筆者作成。

資本簿価)で，PBR 1 倍超は会計上の簿価を超えて市場による付加価値が創造できていることを表す。

逆に PBR が 1 倍割れするということは，市場付加価値がマイナスの価値破壊の状態であり，企業の時価総額が会計上の価値（簿価）を下回る，つまり解散価値に満たないことになる。もちろん，市場には「ノイズ」が多く，情報の非対称性（説明責任の履行で一定程度の緩和は可能）も常時存在するために株価は間違うものであり，短期的な株価や PBR を気にする必要はないが，長期にわたる不特定多数の市場参加者の評価，つまり市場付加価値は上場企業の本源的な価値に一定の相関を与えるものであろう。そして後述するように，長期の市場付加価値の評価には，タイムラグや情報の非対称性があるものの，目に見えない「無形資産（インタンジブルズ）」の価値，つまり研究開発の価値や，人財の重要性などの非財務資本の価値も遅延浸透効果も含めて織り込まれている蓋然性が高い。市場付加価値である PBR 1 倍超の部分は ESG の価値と関連しており，国際統合報告書評議会（IIRC）の定める 5 つの非財務資本（知的資本，製造資本，人的資本，社会・関係資本，自然資本）の価値とも基本的に整合的である（IIRC (2013)，Yanagi（2018a），Yanagi（2018b））[7]。

かかる理論的背景を念頭に，改めて過去10年の PBR の国際比較を見てみると，わが国上場企業には厳しい「不都合な真実」が提示されている（**図表 3 -12**（再掲）を参照）。

こうしてみてみると，残念ながら，わが国企業の付加価値創造は潜在的な ESG の価値にもかかわらず，英米に大きく劣後して見える。近年の日本株はアベノミクスによる株価上昇もあったが，リーマンショック後は概ね PBR は 1 倍前後で推移しており，全体としても日本は，ほとんど価値創造がない国（半数近くが価値破壊企業と見なされている）である。要因としては，時間軸の差異（非財務資本が財務資本に転換されるには時間がかかる＝遅延浸透効果）は別としても，

7　企業買収では，経営統合時の会計では相手方のバランスシート上の資産・負債を記帳するが，通常プレミアムの支払いが発生し，支払額が被買収企業の純資産を上回る。この差額は，「のれん代」としてブッキングされる。買収がない平時でも市場が企業価値評価をしており，PBR グラフの通り，企業価値は会計上の簿価純資産に PBR 1 倍以上の市場付加価値を加えたものである。つまり，この市場付加価値の部分は会計基準では M&A 時を除く平時には計上が許されない「自己創設のれん」であり，見えない価値，インタンジブルズの価値，ESG の価値または IIRC の 5 つの非財務資本とも言えるだろう。言い換えれば，CFO の使命は説明責任も含めて「自己創設のれんを創造すること（＝PBR を 1 倍以上にすること）」とも考えられる。

図表3-12　ESGの価値も包含したPBRの国際比較（再掲）

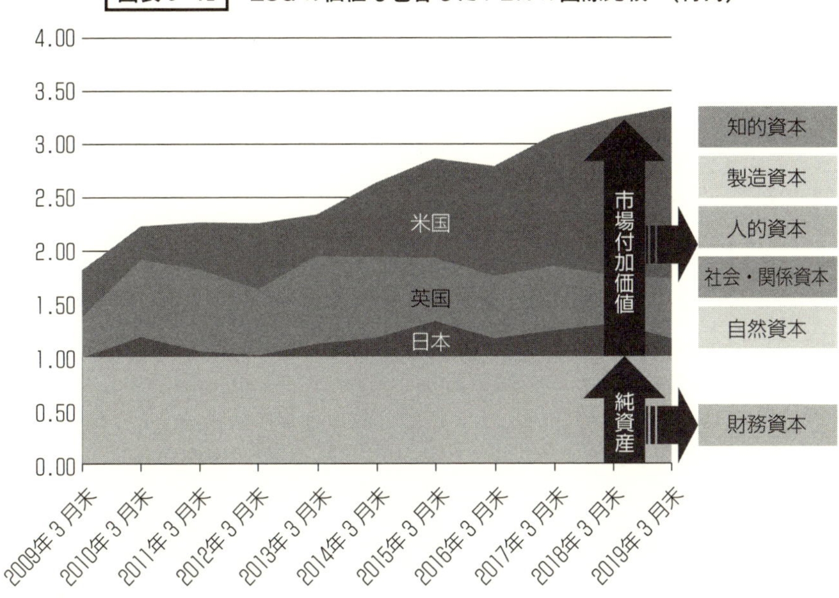

（出所）　Bloombergより筆者作成。

市場付加価値には情報の非対称性も関係している。

日本企業のCFOは，「見えない価値を見える化」するために，以下の4つの条件をクリアする必要がある。

1．ESGと企業価値をつなぐモデル，概念フレームワークを策定して開示する（本章で詳説）。
2．ESGと企業価値の正の相関を示唆する実証研究の証拠を積み上げる（次章で詳説）。
3．統合報告書等で企業の社会貢献が長期的な経済価値に貢献する具体的事例を開示する（本章でケース紹介）。
4．世界の投資家とのESGエンゲージメントを徹底的に訴求する[8]。

8　エーザイでは筆者のCFOポリシーに則り，チームでおおよそ年間800件の投資家面談を行っているが，現在はESGに係るエンゲージメントが3割程度までシェアを高めてきている。ESGのエンゲージメントでは「ESGパッケージ」と呼ばれるESGのみを解説した50ページ近いスライドから成るパワーポイント集を用意して，1～2時間にわたり，非財務資本のみをESG投資家と徹底的に議論している。

具体的に本章および次章で，これらの内容を解説していく。

ちなみに，ニッセイアセットマネジメントはアナリストのESG格付けとPBRの正の相関関係の傾向を公表している（**図表8－6**）。

図表8－6　アナリストのESG評価とPBRの正の相関関係

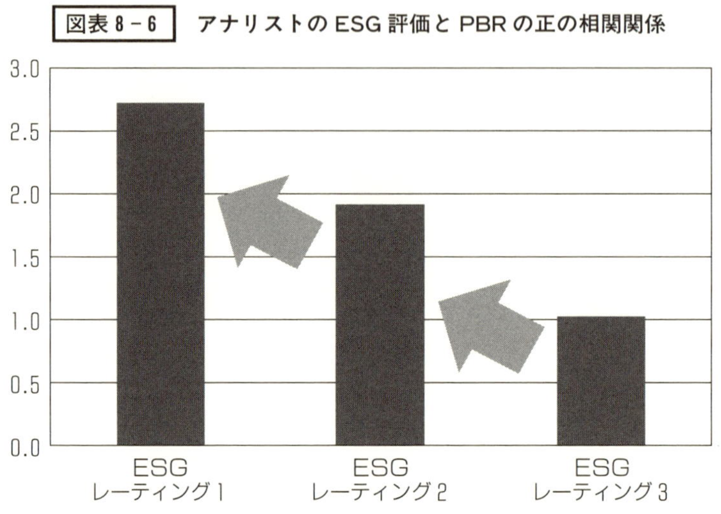

（出所）　ニッセイアセットマネジメントの資料より筆者作成。

第2節　研究開発の価値（知的資本）にフォーカスした「Intrinsic Valueモデル」の追求

【柳（2009）のIntrinsic Valueモデル】

市場付加価値（MVA）＝PBR 1倍超の部分＝非財務資本関連（インタンジブルズ）＝「組織の価値」＋「人の価値」＋「顧客の価値」＋「ESG・CSRの価値（資本コスト低減効果）」

企業と投資家のエンゲージメント（対話）では，財務情報や資本効率（ROE）の議論に投資家のフォーカスが集まるが，企業側としては，企業理念やESGなどの非財務情報も含めた長期的な視点も持続的な成長と企業価値向上，つまり「付加価値経営」には極めて重要である。特に筆者は製薬企業のCFOとして研究開発の価値（知的資本）のモデル化を訴求してきた[9]。研究開発費は，あたかもサンクコストかのように会計上費用計上され，営業利益を減ずるものであるが，患者様のベネフィットとして社会に貢献して将来の企業価値を高めるはずである。この趣旨はLev and Gu（2016）の考え方と整合する。こうした非財務価値を訴求するために，柳（2009）はIIRCのフレームワーク（IIRC（2013））[10]公表前の2009年から財務資本と非財務資本の価値関連性についてのモデルをIntrinsic Value（企業の本源的価値）モデル（**図表8－7**）として提唱してきた。そこでは,「ROE経営を超えた高付加価値経営」として，市場付加価値(MVA)＝「組織の価値」,「人の価値」,「顧客の価値」,「ESG/CSRの価値(資本コスト低減

図表8－7　Intrinsic Value **モデル**（市場付加価値＝組織の価値＋人の価値＋顧客の価値＋CSR・ESG（サステナビリティ）の価値）

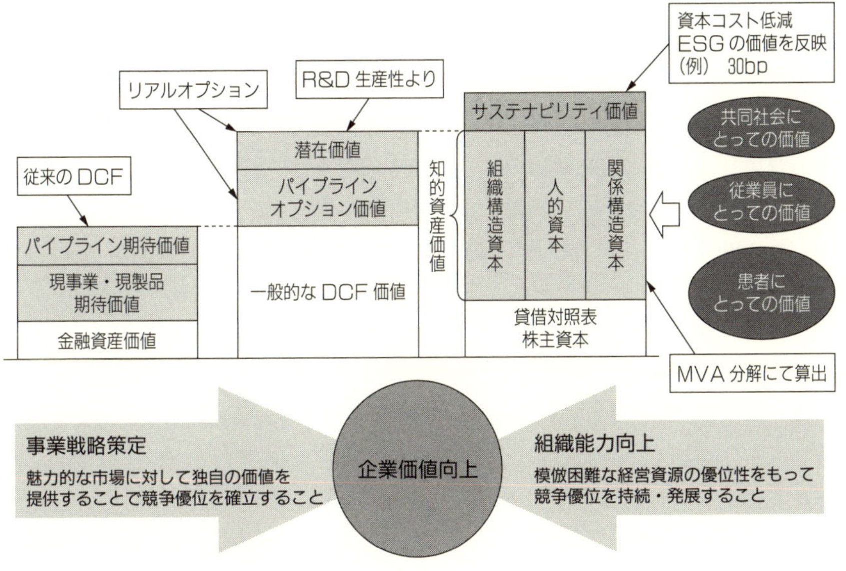

（出所）柳（2009）より筆者作成。

9　エーザイCFOポリシーで筆者は，製薬企業の「真の利益」は研究開発費控除前利益として，これを「Pharma EBIT」として啓蒙，開示してきた。これはLev and Gu（2016）の提案とも一致している。

10　IIRCが2013年に統合報告のフレームワークを公表して注目された。統合報告書は従来のアニュアルレポートと環境社会報告書（CSR報告書）を統合する場合も多いが，単なる両者の合本ではなく，財務資本，製造資本，知的資本，人的資本，社会・関係資本，自然資本の6つの資本とビジネスモデルを用いて,「統合思考」で財務情報と非財務情報を有機的に結び付けながら,「インプット」,「アウトプット」,「アウトカム」の関係を示して持続的な企業価値向上を説明する情報開示のツールである（IIRC（2013））。

効果)」と定義している。

Intrinsic Value モデルでは，企業の本源的価値は，従来の企業価値を財務的に示す代表的な企業価値評価モデルである DCF (Discounted Cash Flow：キャッシュフローの割引現在価値）に研究開発（採択の go/no go の選択価値がある）のリアルオプション価値と研究開発の潜在価値（PI モデル）を加算して算出される。

そして，非財務価値を重視する CFO の高付加価値経営では，それは会計上の株主資本簿価に市場付加価値（MVA）とサステナビリティ（ESG/CSR）の価値を加味したものと解釈される。市場付加価値は「組織の価値」，「人の価値」，「顧客の価値」から構成され，「見えない価値」が重要かつ DCF 価値（＋リアルオプション価値）と整合的（非財務価値が将来のキャッシュフローに影響する）と考える。潜在的には「ESG/CSR の価値」が資本コスト低減のルートで企業価値増分に関連している。

加えて，研究開発（知的資本，研究員の能力も勘案すれば人的資本を含む）と定量的な付加価値の同期化については，柳 (2009) 以来，筆者は，短期的には，会計上費用計上され営業利益にマイナスの要因となり，特定のプロジェクトの商品価値も可視化していない段階の「基礎研究の価値」をリアルオプションと PI (Profitability Index) を使って，たとえば今日の研究費用１ドルが明日は1.1ドルの価値があるというモデルを主張してきた。以下にその概要を示す。

基礎研究の潜在価値の試算については，**図表 8 − 8** に簡単なモデルを紹介し，ロジックをまとめている。現在継続中のプロジェクトやパイプラインについての研究開発費は将来の DCF 価値（＋リアルオプション価値）に費用対効果で織り込めるが，商品をいまだ可視化できない潜在的な基礎研究の価値は短期的には会計上費用計上されるだけである。基礎研究（知的資本）は無価値なのだろうか。しかし，赤字のバイオベンチャーに高い市場付加価値（MVA）が付与され，PBR が10倍以上の場合も少なくない。これは将来の長期的なエクイティ・スプレッド向上を織り込んでバリュエーションがなされているわけである。

基礎研究には価値があるはずである。これを企業の過去の実績からリアルオプションとしての価値を定量化して，モデルにより本源的価値を推計してみたい。

たとえば**図表 8 − 8** の例では，わが国大手製薬企業の典型的なパターン（複数年度の同業他社平均）の過去の研究開発の成功事例から，１商品が上市された場合の事業価値を1,300億円と仮定して，創薬にかかる資本コストは世界のバイオ

図表８－８　**リアルオプションと PI による潜在的な研究価値（知的資本）の定量化モデル**

〈潜在価値計算結果〉

事業価値（単純 PV）	174.5
R&D 投資の現在価値	524.0
単純 NPV	−349.6
単純 PI	0.33

オプション付 NPV	12.3	100%
単純 NPV	−349.6	−2,844%
純オプション価値	361.9	2,944%

事業価値（OP 行使確率調整後）	151.5
R&D 投資の現在価値（OP 行使確率調整後）	139.2
オプション付 NPV	12.3
オプション付 PI	1.09

〈PI＝1.09を前提に10年間1,000億円を研究投資した現在価値〉

（単位：億円）

年度	1	2	3	4	5	6	7	8	9	10
基礎研究投資	1,000	1,000	1,000	1,000	1,000	1,000	1,000	1,000	1,000	1,000
PI1.09による価値増分	90	90	90	90	90	90	90	90	90	90
10年間価値増分の現在価値総和	¥604									

（出所）　筆者作成。

ベンチャーの平均値から25％を使用。また，業界平均から創薬に３年，臨床試験に６年かかる前提とした。一方，業界平均から新商品を市場に送り出すまでに研究開発費は500億円強かかるものとする。厳しい業界平均の成功確率を調整して平均的な現在価値を考えると，これらの前提条件から試算される本件の事業価値は174億円になる。一方，単純合計の研究開発費想定金額の現在価値は524億円になる。したがって，単純な正味現在価値（NPV：Net Present Value）は350億円ものマイナスであり，この場合，企業は基礎研究（知的資本）を回避したほうが良いという結論になってしまう。単純な現在価値の費用対効果比較のPIは0.33になり，今日の1ドルが33セントの価値しかない計算である。

しかしながら，研究開発は「go/no go」の選択肢があり，「オプション価値」が存在するはずである。バイオベンチャーの株価の平均ボラティリティ200%を加味したリアルオプション価値362億円を計算して，企業価値評価に織り込むと，本件のオプション付きNPVは12億円のプラスになり，費用投入は正当化される。言い換えれば，投資効果の現在価値を投資の現在価値で除したPIは1.09になるので，今日の1ドルの研究開発投資が実は1.09ドルの価値があるということになるのである（米国ナスダック市場に事例が多いが，上場したばかりの赤字のバイオベンチャーに，相当の時価総額があるのは，こうしたリアルオプションの価値を市場が意識的・無意識的に織り込んでいるからである）。

このPIを一般的な知的資本の価値創造ドライバーと仮定して，毎年のプロジェクトへのひも付きではない新規の研究予算を使って，知的資本投資の潜在価値を定量化することが可能になる。たとえば，PI 1.09を前提に10年間1,000億円を潜在的な研究に投資した場合の正味現在価値（NPV）は600億円強に至る。単純化されたモデルではあるが，非財務資本（知的資本・人的資本）の財務資本への転換による付加価値創造が概算で成立していることを示唆している。こうした概念フレームワークが具現化されて，ROE向上の遅延効果，さらに長期的には市場の理解を得て株価のパフォーマンスにつながる蓋然性がある。

第3節　エーザイCFOポリシーの「IIRC-PBRモデル」

【エーザイCFOポリシーのIIRC-PBRモデル】

株主価値＝長期的な時価総額＝株主資本簿価（BV）＋市場付加価値（MVA）
株主資本簿価（BV）＝PBR 1倍以内の部分＝「財務資本」
市場付加価値（MVA）＝PBR 1倍超の部分＝非財務資本関連（インタンジブルズ）＝「知的資本」＋「人的資本」＋「製造資本」＋「社会・関係資本」＋「自然資本」（＝遅延して将来の「財務資本」に転換されるもの）

管理会計のバランストスコアカードを勘案した統合報告（伊藤（2014））を意識した製薬会社エーザイの統合報告書2019では，CFOポリシーに依拠して，IIRC（2013）の定義する財務的価値としての「財務資本」，非財務価値としての「知的資本」，「人的資本」，「製造資本」，「社会・関係資本」，「自然資本」の6つの資本[11]とPBRの関係性モデル（IIRC-PBRモデル）を紹介している。

当該統合報告書2019は，「株主価値＝長期的な時価総額＝株主資本簿価（BV）＋市場付加価値（MVA）」の前提で，株主資本簿価（PBR１倍以内の部分）を「財務資本」，そして市場付加価値（PBR１倍を超える部分）を「知的資本」，「人的資本」，「製造資本」，「社会・関係資本」，「自然資本」といった非財務資本と関連付けることにより，IIRCの６つの資本の価値関連性を説明している（**図表８－９**）。

図表８－９　**エーザイCFOポリシーのIIRC-PBRモデル**（市場付加価値＝「知的資本」＋「人的資本」＋「製造資本」＋「社会・関係資本」＋「自然資本」）

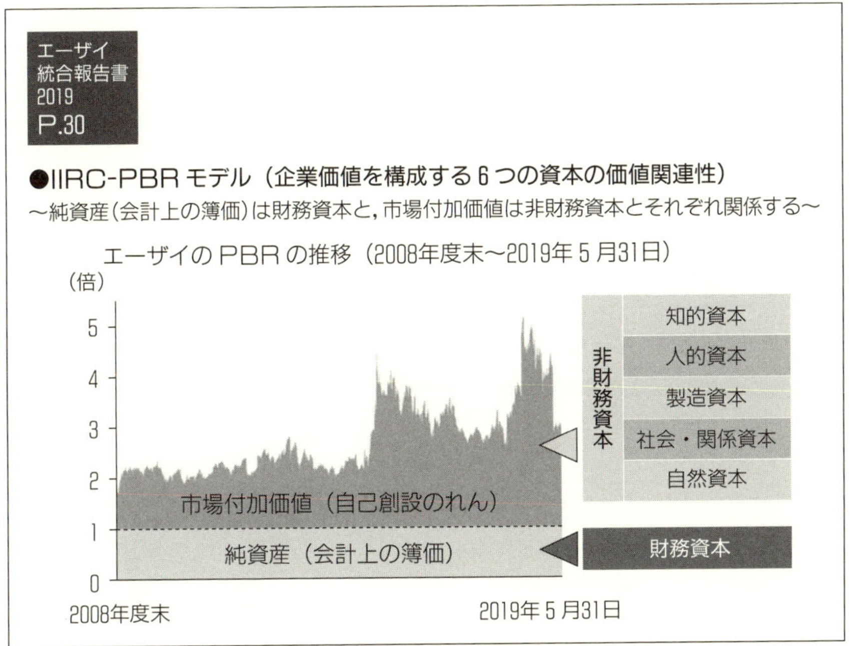

（出所）　エーザイ統合報告書2019。

11　IIRC（2013）の定義する６つの資本の概略は以下のとおり。知的資本（特許や知的財産などの無形資産，ビジネスモデルも含めたイノベーション），人的資本（人財の能力や経験，イノベーションへの意欲），製造資本（製品の生産またはサービス提供に利用される設備），社会・関係資本（社会やさまざまなステークホルダーとの信頼関係，それを構築する仕組み），自然資本（企業活動を支え，企業活動により影響を受ける環境資源とプロセス），財務資本（企業活動を支える財務的基盤，狭義では会計上の純資産）。

IMA の“The Power of Intangibles”の特集は，時価総額のうち約 2 割が「物的および財務的資産」の価値，約 8 割が「無形要因」の価値に関連していることを示唆している。この指摘に従えば，情報の非対称性の克服を前提条件として，平均的に PBR 5 倍程度までの付加価値創造が潜在的には展望できることになる。PBR の高い企業は長期のエクイティ・スプレッドが大きいともいえるが，一方で非財務資本の価値を十分に市場が織り込んでいるとも解釈できる。

第 4 節 「非財務資本とエクイティ・スプレッドの同期化モデル」（PBR モデル）の提言

「Intrinsic Value」モデル（柳（2009）），「IIRC-PBR モデル」（柳（2015d））に加えて，ここに「残余利益モデル（RIM）＝オールソンモデル」（Ohlson（2001））が市場付加価値は長期的な流列のエクイティ・スプレッドの割引現在価値の総和に収斂するという関係（PBR 1 倍超の部分はエクイティ・スプレッドの関数）を証明していること（**図表 8 -10**）を統合して，本書の CFO の非財務戦略の結論とも言える概念フレームワークを本節で提案したい。

図表 8 -10　PBR 1 倍超の部分はエクイティ・スプレッドの関数

エクイティ・スプレッド＝ROE−株主資本コスト

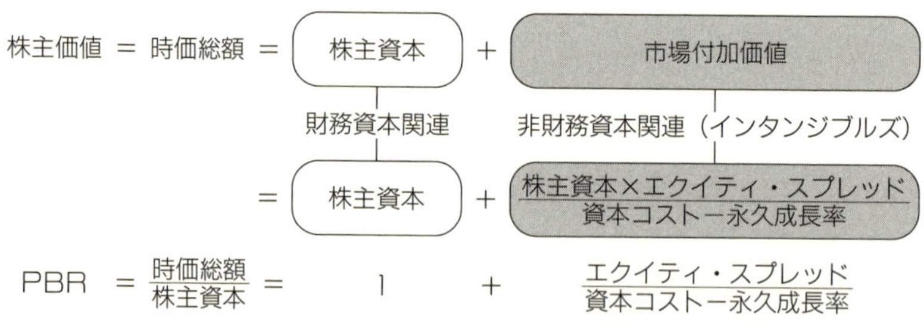

・エクイティ・スプレッドが正の値なら PBR> 1
・エクイティ・スプレッドが負の値なら PBR< 1

（出所）筆者作成。

ここで，Intrinsic Value モデル，エーザイの IIRC-PBR モデル，残余利益モデルの 3 つの価値関連性をまとめてみよう[12]。

【柳（2009）の Intrinsic Value モデル】

市場付加価値（MVA）＝PBR 1 倍超の部分＝非財務資本関連（インタンジブルズ）＝「組織の価値」＋「人の価値」＋「顧客の価値」＋「ESG・CSR の価値（資本コスト低減効果）」

【エーザイ CFO ポリシーの IIRC-PBR モデル】

株主価値＝長期的な時価総額＝株主資本簿価（BV）＋市場付加価値（MVA）
株主資本簿価（BV）＝PBR 1 倍以内の部分＝「財務資本」
市場付加価値（MVA）＝PBR 1 倍超の部分＝非財務資本関連（インタンジブルズ）＝「知的資本」＋「人的資本」＋「製造資本」＋「社会・関係資本」＋「自然資本」（＝遅延して将来の「財務資本」に転換されるもの）

【残余利益モデル（RIM）】

市場付加価値（MVA）＝PBR 1 倍超の部分＝エクイティ・スプレッド（ROE－株主資本コスト）の金額流列の現在価値の総和

この関係式から，CFO の非財務戦略の結論の意味を込めて，Yanagi and Michels-Kim（2018），Yanagi（2018a），Yanagi（2018b），柳編（2017）の趣旨から，**図表 8 -11**に「非財務資本とエクイティ・スプレッドの同期化モデル」（以下，筆者の PBR モデル）を ESG と企業価値を同期化する概念フレームワークとして提案[13]する（海外投資家は親しみを込めて ‘柳モデル’ とも呼ぶ）。

12　時価総額には市場のノイズや情報の非対称性が常に存在するために現実には等式は成り立たないが，長期的な時価総額には一定の示唆がある。また，非財務資本（将来財務資本に転換される）と市場付加価値も現実には一致しないものの，正の関係性があることを示唆する概念フレームワークである。

13　筆者の「非財務資本とエクイティ・スプレッドの同期化モデル」（PBR モデル）は，国内はもとより，海外の投資家や研究者に幅広く支持されている。たとえば，Yanagi and Michels-Kim（2018）が IMA（米国管理会計士協会）の Strategic Finance に掲載され，その趣旨を支持する書評も事後掲載された。また，Yanagi（2018a）が IIRC（国際統合報告評議会）のサイトに採用され，IIRC のカンファレンスでも登壇して「筆者の PBR モデル」，「IIRC-PBR モデル」を発表した。さらに英文単著の Yanagi（2018b）について欧米の投資家や研究者から反響があり，ハーバード大学，ケンブリッジ大学，ニューヨーク大学の MBA コース等でも，筆者の PBR モデルを講演した。

図表 8 -11　非財務資本とエクイティ・スプレッドの同期化モデル（PBR モデル）

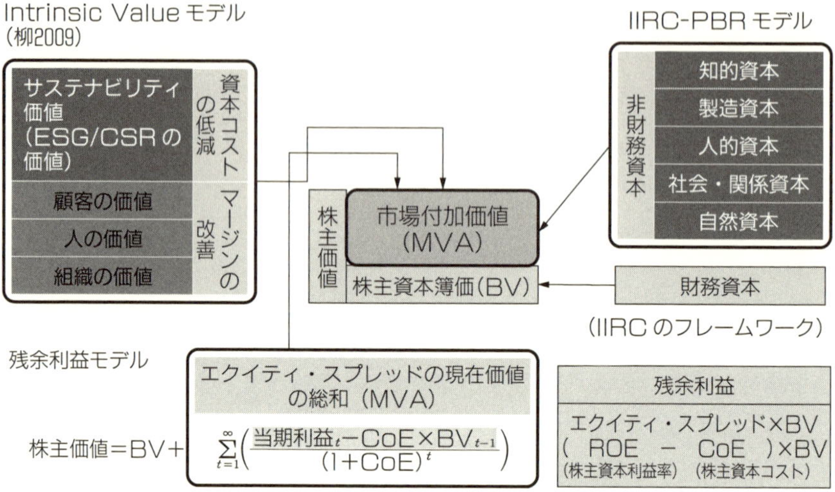

Intrinsic Value モデル
（柳2009）

サステナビリティ価値（ESG/CSR の価値）
顧客の価値
人の価値
組織の価値
資本コストの低減
マージンの改善

IIRC-PBR モデル

非財務資本
知的資本
製造資本
人的資本
社会・関係資本
自然資本

株主価値
市場付加価値（MVA）
株主資本簿価（BV）
財務資本
（IIRC のフレームワーク）

残余利益モデル

エクイティ・スプレッドの現在価値の総和（MVA）

$$株主価値=BV+\sum_{t=1}^{\infty}\left(\frac{当期利益_t-CoE\times BV_{t-1}}{(1+CoE)^t}\right)$$

残余利益
エクイティ・スプレッド×BV
（ROE － CoE ）×BV
（株主資本利益率）（株主資本コスト）

（出所） Yanagi and Michels-Kim（2018），Yanagi（2018a，b），柳（2015d），柳編（2017）より筆者作成。

参考までに，筆者の PBR モデルの実際の開示事例として，エーザイの統合報告書2019を**図表 8 -12**に掲載する[14]。

筆者の考案した概念フレームワークである「PBR モデル」を見ると，これらの等式により「市場付加価値（MVA）」を通じて残余利益の現在価値の総和としてのエクイティ・スプレッドと非財務資本が相互補完的であることがわかる。つまり，エクイティ・スプレッド（資本コストを上回る ROE）による価値創造は，ESG をはじめとする非財務資本の価値と市場付加価値創造を経由し，遅延して長期的には整合性がある。いわば『論語と算盤』の関係が成り立つのではないか。これを単なる ROE 経営を超えた（もちろん長期的に平均 ROE 8 %以上を確保する前提での），コーポレートガバナンス・コード新時代の CFO の受託者責任としての「高付加価値経営」の姿として本書では提案したい。

14　エーザイの統合報告における「非財務資本とエクイティ・スプレッドの同期化モデル」は専修大学の伊藤和憲教授他により2016年 7 月の『産業経理』で紹介されている（伊藤・西原（2016））。また，この同期化モデルについては2016年12月の ICGN/IIRC のロンドンカンファレンスでエーザイ CFO として筆者がプレゼンテーションを行っている。ただし，このモデルの成立要件はあくまでも「長期の時間軸」であり，ショートターミズムはその均衡を破壊することは銘記されたい。

図表8－12　エーザイのPBRモデルの開示事例

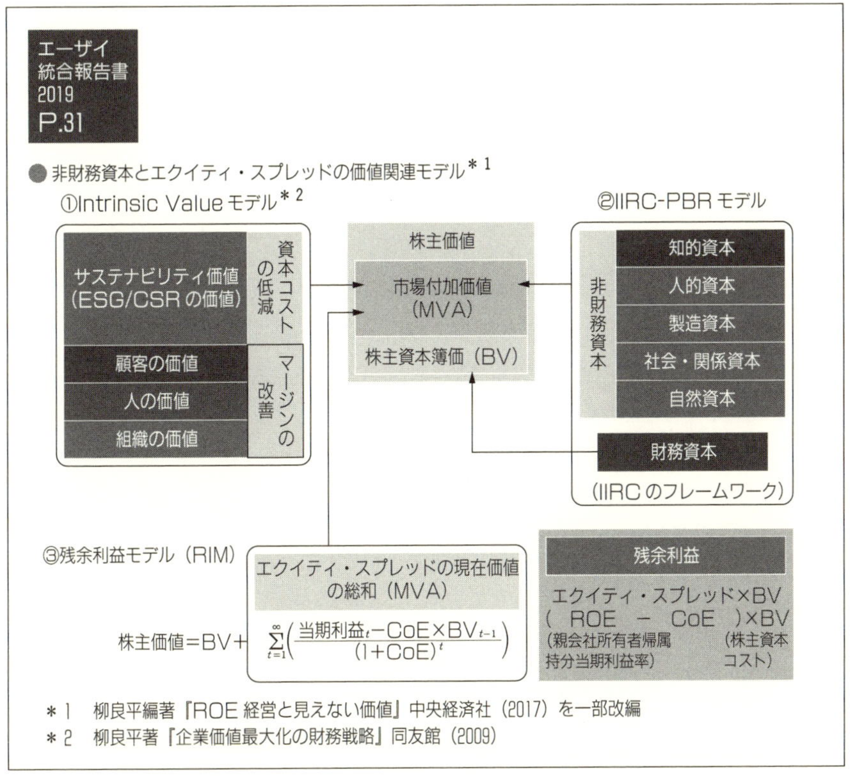

（出所）　エーザイ統合報告書2019。

伊藤レポートでは，「国内外の資金供給者から集められる『金融資本』，経営・事業を担う人財である『人的資本』，イノベーション創出能力の源泉となる『知的資本』，サプライチェーンや社会規範等の『社会・関係資本』，環境等の『自然資本』等，さまざまな資本を有効活用しなければならない。つまり広い意味での『資本効率（Capital Efficiency）』を高めることは日本の存立に関わる重要課題である」としている。

経営理念や人財の価値，社会貢献などの非財務情報を重視する企業側の視点(ESG経営)は，資本効率(ROE)を求める長期の投資家とは市場付加価値(MVA)を経由して同期化でき，共に協働が可能であろう。「非財務資本と長期的なエクイティ・スプレッドの同期化モデル(PBRモデル)」の開示事例は，Jensen (2002)

の Enlightened Value Maximization Theory，あるいは Porter（2011）の唱える CSV（Creating Shared Value），つまり社会的価値と経済的価値の両立とも整合的である。

「新時代の高付加価値経営モデル（筆者の PBR モデル）」では，CFO がすべてのステークホルダーに配慮して，社会的価値と経済的価値を両立させながら財務資本と非財務資本の価値関連性を訴求し，持続的かつ中長期的な企業価値最大化を図り，コーポレートスチュワードシップ[15]の観点から受託者責任と説明

図表 8 -13　世界の投資家は PBR モデルを支持している

質問　日本企業のESG（非財務資本）および統合報告によるその開示についてはどうお考えですか？

A．無条件でESGに注力して積極開示すべきである
B．資本効率（ROE）より優先してESGを開示して説明してほしい（ESG>ROE）
C．資本効率（ROE）とESGを両立して価値関連性を示してほしい（ESG&ROE）
D．日本は周回遅れなのでまずは資本効率（ROE）を優先して記述すべき（ESG<ROE）
E．ESGの開示は不要

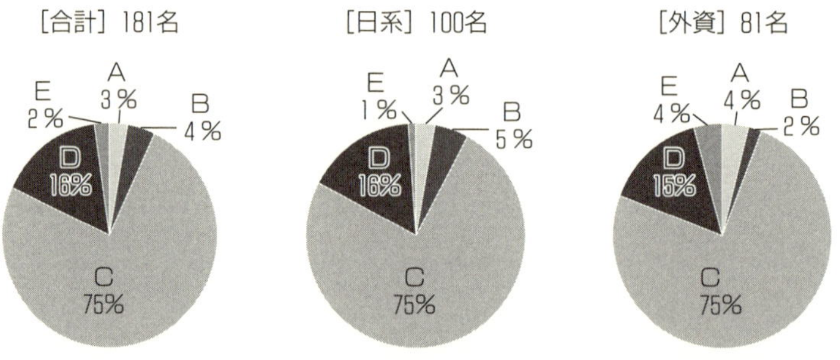

15 「コーポレートスチュワードシップ」を再定義すれば，経営者（特に CFO）は「スチュワードシップ理論」に基づいて，株主・投資家の負託に応えるべく「自発的に」企業価値を最大化するモチベーションを持つ。「コーポレートガバナンス」は上位概念としての企業統治であり，社外取締役の導入や取締役会の構成が中心であるが，「コーポレートスチュワードシップ」は自主的に企業価値の最大化を目指した具体的な「財務戦略・資本政策」，「非財務戦略」であり「CFO ポリシー」とも解釈することもできる。

（図表8－13の続き）

質問　日本企業のESG（非財務資本）の価値とバリュエーション（PBR）の長期的関係についてはどうお考えですか？

A．ESGの価値は，資本コスト低減や将来業績の増分・安定化などを通じて，本来ならすべてPBR（1倍以上の部分）に織り込まれるべきだと考える

B．ESGの価値の相当部分は，資本コスト低減や将来業績の増分・安定化などを通じて本来はPBR（1倍以上の部分）に織り込まれるべきだと考える

C．ESGの価値を多少はPBRに織り込むべきだと考える

D．ESGの価値は別物なので，資本コスト低減や将来業績の増分・安定化なども関係はなく，PBRや株価に織り込まれるべきではないと考える

E．ESGの価値評価には関心がない・重要とは思わない

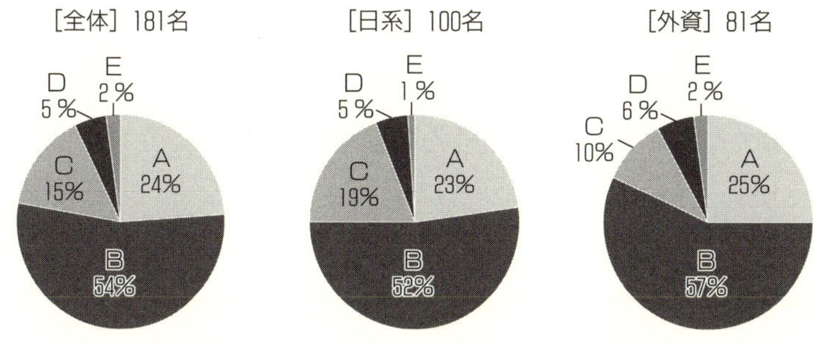

責任を果たすことが重要である。

そして，世界の投資家は間接的にこのPBRモデルを支持していると言える。その定性的なエビデンスとして，筆者が行った第2章の2019年グローバル投資家サーベイ結果を**図表8－13**に再掲する。

世界の投資家のうち75%が「ESGとROEの価値関連性を説明してほしい」[16]

16　日本でもESGが一大ブームだが，「日本企業の一部はESGを低いROEやPBRの言い訳，隠れ蓑にしてはいないか」という海外投資家の批判もある。実際，日本企業の一部は低ROEの理由として「近江商人の三方良し」を引用することもあるが，2018年12月東証主催の「企業価値向上経営セミナー」で筆者と共に登壇したフィデリティ投信の三瓶裕喜氏は「古文書を調査したところ，一貫して近江商人のROEは高かった（低マージンながら高回転率）」と警鐘を鳴らしている。近江商人は「三方良し＝ESG」とROEを両立させていたとも言えよう（東証編/柳・三瓶（2018））。

と回答している。「PBR モデル」を投資家は要望しているのである。

また，世界の投資家の24%が「ESG の価値を100%PBR に織り込む」として，さらに54%が「ESG の価値の相当部分を PBR に織り込む」としている。この投資家サーベイの結果は，ESG が PBR につながる蓋然性を示唆しており，間接的に筆者の「PBR モデル」が資本市場参加者である長期投資家の大半から支持されていると解釈できよう。

第5節　PBR モデルを示唆する定性的なエビデンス

それでは，CFO はどうすれば(たとえ部分的であったとしても)，定性的な非財務情報を財務的価値に結び付けることができるのだろうか。つまり，「非財務資本とエクイティ・スプレッドの同期化モデル（PBR モデル）」を具体的に実践できるのであろうか。完全な解は存在しないが，具体的な企業と投資家のエンゲージメントを積み上げることが重要であろう。「高付加価値経営」の鍵になる，「見えない価値の見える化」に向けたいくつかの具体的な試みを紹介して方向性を示唆してみたい。

1　エーザイの事例（エーザイの統合報告書2019）

エーザイの企業理念 *hhc*（ヒューマン・ヘルス・ケア）[17]は患者様第一主義を謳い，「会社の使命は患者様貢献である」としている。これは広義の ESG である。しかし，そこにとどまらず，「その結果として売上・利益がもたらされる」とも明記されており，これは広義の ROE である。つまり，使命としての ESG と結果としての ROE を両立する（この「使命と結果の順序」が重要であると強調する）「PBR モデル」が，エーザイの企業理念には当初から深くビルトインされているのである。

この企業理念を具現化するプロジェクトの１つとして，エーザイでは「顧みられない熱帯病」の１つであるリンパ系フィラリア症治療薬（DEC 錠）を新興国の患者様へ WHO（世界保健機構）とタイアップして2020年までに22億錠無償供

17　エーザイは2005年６月の株主総会の特別決議で承認を得て，この企業理念を定款に挿入して，株主とこの企業理念，つまりある意味で「PBR モデル」を共有している世界でも稀有な上場企業である。エーザイの *hhc* は，Porter（2011）の CSV および Jensen（2002）の Enlightened Value Maximization Theory とも整合性のある企業理念である。世界経済フォーラム（WEF）も2019年10月17日付記事 'Altruism can be good for business, as these companies show' でエーザイの企業理念を紹介している。

与する共同声明を発表している。2019年統合報告書発行時で既に19億錠の無償供与を完了しており，エーザイでは期限を延長して，この「顧みられない熱帯病」を完全制圧するまで無償で提供し続ける予定である。CFO としては，この医薬品アクセス（ATM）[18]の社会貢献は，寄附ではなく，あるいは単純な CSR（企業の社会的責任）だけにとどまらず，投資家・株主にも受け入れられる「超長期投資」の側面もあると考えている。すなわち社会的価値と経済的価値の両立（CSV）である。エーザイでは IIRC のモデルに沿って，そのインプット，アウトプット，そしてアウトカムを2019年統合報告書で説明している（**図表 8 -14**）。

図表 8 -14　エーザイの医薬品アクセス問題（ATM）への取り組み

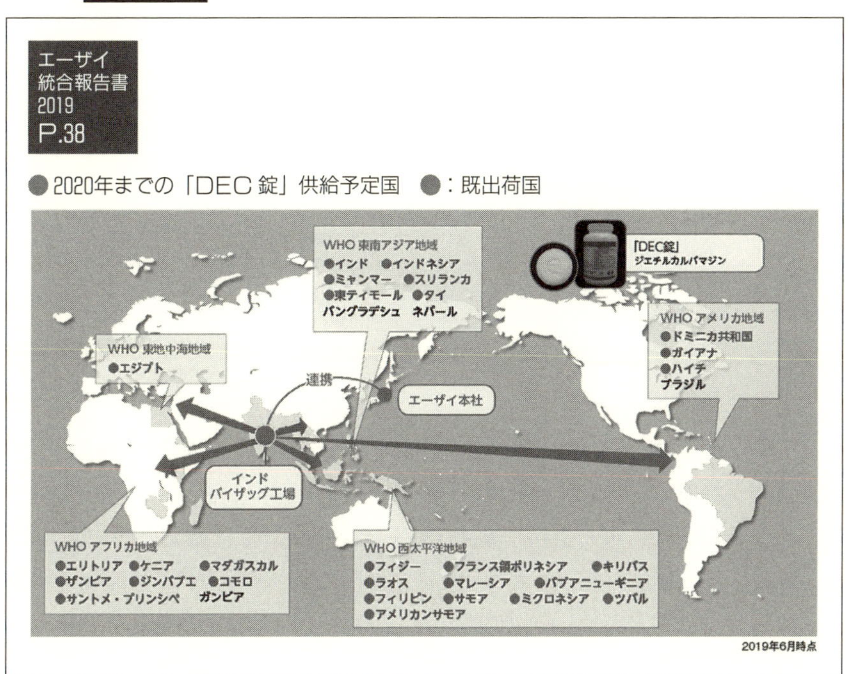

（出所）　エーザイ統合報告書2019。

18　次章で実証研究を紹介するが，この医薬品アクセス問題（ATM）は，医薬品産業における ESG のマテリアリティ（重要性）が高い。エーザイでは ATM のさまざまなプロジェクトに尽力していることが功を奏し，2018年にはオランダの ATM 財団の選出する ATM インデックスで世界第 8 位にランクインしている。

（図表 8 -14の続き）

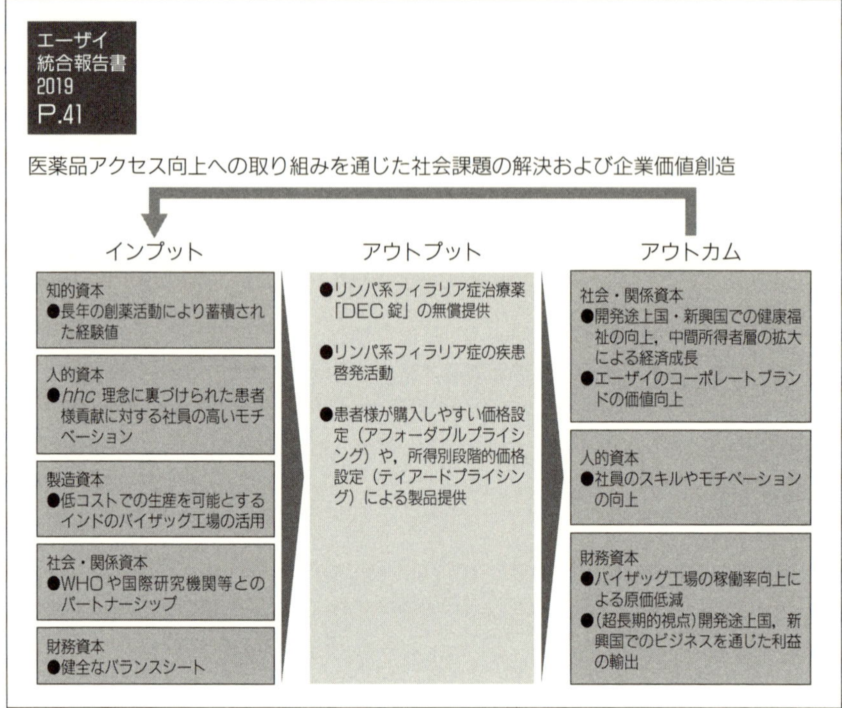

（出所） エーザイ統合報告書2019。

エーザイのCFOポリシーおよび「PBRモデル」に従って解釈すれば，これは，本書が提案する「高付加価値経営」を目指した試みで，ESGのS（社会貢献）による価値創造である。当初は赤字プロジェクトとして短期的な利益やROEにはマイナス要因であるが，超長期では新興国ビジネスにおけるブランド価値，インド工場の稼働率上昇（＋先進国からの生産シフト効果）による生産性向上や従業員のスキルやモチベーション改善（離職率の大幅低下）などを通してNPVがプラスになることが実際に試算できている[19]。たとえば，筆者はCFOとして，財務部門と生産部門の管理スタッフの協力を得て2018年度の管理会計PLを試

19 日本経済新聞2016年 7 月26日「市場の力学　選ばれる会社（下）成長と共生　1つの軸に」（記者：藤原隆人他），日本経済新聞2019年10月 1 日「一目均衡　企業価値高めるインドの薬」（編集委員：小平龍四郎）参照。

算しているが，連結原価低減効果から当プロジェクトの単年度黒字化を確認している。このプロジェクトは，ある意味では，長期投資家とWin-Win関係の，ファイナンス理論上も正当化できる「超長期投資」なのである。これはESGが長期的かつ遅延効果としての企業価値向上につながる「PBRモデル」を実践している具体例と言えるのではないだろうか。

2　独SAP社の事例（SAP社の2015年統合報告書より）

ドイツに本社を置く欧州最大のITソフトウェア会社であるSAP社は主に「人的資本」の代理変数として，社内の従業員のエンゲージメント指数のポイントと営業利益の相関関係を分析して2015年の統合報告書で開示している。同社は非財務資本のパフォーマンスを測定する手法として，複数の事例を紹介している点が興味深い[20]。

たとえば，SAP社の従業員エンゲージメント指数（EEI＝Employee Engagement Index）は，SAP社へのロイヤリティ，勤労意欲，プライドや帰属意識を測る指数である。EEIは，従業員へのサーベイ調査結果に基づいており，会社の成長戦略の要は，「人的資本」としての従業員のエンゲージメントであるとの認識から，この指標を適用して測定を実施している。

その実効性を測定するために，SAP社では毎年10月から11月にかけて“People Survey（従業員調査）”を実施して，財務，非財務のパフォーマンスと従業員エンゲージメントの間の相関関係を分析している。その結果，EEIが１％変化すると，企業の目的である「成長を伴う利益獲得」，「顧客ロイヤリティ」に40百万ユーロ～50百万ユーロの影響をもたらすと当社では試算している。

SAP社では，財務資本と非財務資本のパフォーマンスの具体的な相互関連性確立のためのフレームワーク構築に注力してきた。この結果，４つの環境・社会（ESGのEとS）の指標，すなわちビジネス・ヘルス・カルチャー指数（BHCI），従業員エンゲージメント指数（EEI），従業員定着率，CO_2排出量の４指標が営業利益に及ぼす影響を測定している（因果関係に基づく投下資本利益率

20　2016年12月のICGN/IIRCのロンドンカンファレンスにおいて，エーザイCFOとして筆者は，「エーザイの非財務資本とエクイティ・スプレッドの同期化モデル」と「SAPの従業員指数と営業利益の相関関係」についてSAPのCFOと意見交換を行っている。基本的に非財務資本（ESG）を財務資本（企業価値）に転換する本書の高付加価値経営を志向している点で両者は共通の見解である。

図表 8 −15　SAP 社の事例

社会・環境面のパフォーマンスと営業利益の関係を定量化

非財務情報の数値化		財務との関連性を定量化
Employee Engagement Index（従業員エンゲージメント指数） ロイヤリティ，勤労意欲，プライドや帰属意識を測る指数。従業員調査に基づき測定。	Business Health Culture Index（ビジネスヘルスカルチャー指数） 健康的でバランスのとれた就業を可能にする企業文化を測る指標。従業員調査に基づき測定。	＊従業員エンゲージメント指数（EEI）が1％上昇すると，営業利益に40百万ユーロ-50百万ユーロの正の影響をもたらす ＊従業員定着率が1％改善すると，営業利益に45百万ユーロ-55百万ユーロの正の影響をもたらす ＊ビジネス・ヘルス・カルチャー指数（BHCI）が1％良化すると，営業利益に75百万ユーロ-85百万ユーロの正の影響をもたらす ＊CO_2排出量を1％削減すると，4百万ユーロ営業利益に正の影響をもたらす（コスト削減が可能になる）
Employee Retention（従業員定着率）	Carbon Emissions（CO_2排出量）	

（出所）　独 SAP 社の統合報告書より筆者作成。

も試算）。

＊従業員エンゲージメント指数（EEI）が1％上昇すると，営業利益に40百万ユーロ～50百万ユーロの正の影響をもたらす。

＊従業員定着率が1％改善すると，営業利益に45百万ユーロ～55百万ユーロの正の影響をもたらす。

＊ビジネス・ヘルス・カルチャー指数（BHCI）が1％良化すると，営業利益に75百万ユーロ～85百万ユーロの正の影響をもたらす。

＊ CO_2排出量を1％削減すると，4百万ユーロ営業利益に正の影響をもたらす（コスト削減が可能になる）。

これらのイメージを**図表 8 −15**にまとめておく。

3　NY 州退職年金基金の ESG 統合とエンゲージメントの事例

逆サイドの ESG 投資家の視点からの ESG に関する企業とのエンゲージメントの事例としては，柳・山口（2019）が，NY 州年金基金のケースを取り上げているので，参考のために紹介する。

NY州年金基金（New York State Common Retirement Fund，以下，当基金）は，総資産額2,074億ドル（2018年3月末現在）を運用する全米第3番目の規模の公的年金であり，約1億人以上の州政府や地方自治体機関職員や退職者からなる受益者に対して，長期的な観点から，年金事業の運営の安定ならびに受益者への安定した年金支給に資することを目的とする組織である[21]。

当基金が採用している具体的なESG統合事例として，気候変動戦略を紹介する。気候変動が与える経済活動ならびに投資リターンへの影響は海外投資家の間では幅広く議論されている。当基金は，地球規模での気候変動の物理的影響，排出制限や炭素税等の公共政策，再生利用可能エネルギーや電気自動車に代表される技術革新が企業の経済活動に与える影響は長期的には広範囲に及び，低炭素社会への推移の潮流に乗り遅れた企業が企業価値を失い投資のパフォーマンスに影響を与えることを懸念している。したがって，当基金は，資産運用における気候変動リスクを低減するために，さまざまな気候変動戦略を実施している。

第1に，気候変動を投資のリスク評価・分析に統合する取り組みとして，気候変動がポートフォリオに与える影響に関するシナリオ分析を実施し，毎年株式のポートフォリオについては，カーボンフットプリントを計測している。2016年に低炭素化社会に迅速に対応する企業への資本の配分を増やすことを目的として開発した低炭素インデックスは，ラッセル1,000指数の構成企業について，企業の温暖化効果ガス排出量データを用いて投資の配分を決定し，トラッキングエラー目標の範囲内でラッセル1,000指標に比べて約70％以上の排出量削減を実現した。今後は，風力や太陽光発電やグリーンビルディング等をはじめとする低炭素化を実現する技術への投資を増やし，個別産業や企業の低炭素化への推移の実施状況を把握し，投資戦略に統合させていく。また，運用受託機関については，気候変動リスクと機会の管理について，その実施状況を把握し，運用受託会社の包括的な気候変動リスクと機会の管理を促す。

第2に，リスク管理の一環として，企業活動を化石燃料に依存している産業の中で具体的な戦略がない，もしくは既存の戦略が不十分な企業について，積

21　NY州財務長官のトーマス・ディナポリを最高責任者とし，当基金のリスク管理は資産クラスや地域等を分散し，最大の資産クラスである株式投資を通じて，9,000社以上のグローバル企業の株主になっている（2018年12月現在）。

極的に企業とのエンゲージメントを行っている。2008年以降，気候変動に関する120以上もの株主提案を提出し，2016年以降毎年300社以上の企業に書簡を送付している。エンゲージメントの形式は，個別企業との１対１の対話，Ceresに代表される投資家と企業をつなぐ組織や他のアセットオーナー，アセットマネージャーと共同で複数企業と対話を行うフォーラム，世界中の複数投資家と共同して企業と５年間エンゲージメントを行うClimate Action100＋等の取り組みが含まれる。具体的な要求内容は，温暖化効果ガス削減目標の設定，シナリオ分析を含む気候変動にかかわるリスクならびに機会分析結果の情報開示，再生利用可能エネルギーやエネルギー効率向上にかかわる戦略立案，気候変動に関する専門知識を有する取締役の任命等，個別企業の状況に応じて判断している。さらに，議決権行使を個別企業の取締役ならびに経営者に影響を与える重要なコミュニケーションの機会と位置付けており，重要な気候変動に関する情報開示等の株主提案には賛成票を投じ，気候変動を含む重要なESGに関する情報開示が不十分な企業の取締役に反対票を投じている。

第３に，金融市場がより適正に気候変動のリスクならびに企業の価値を設定するために，気候変動に関する公共政策や法整備の提言活動を行っている。具体的には，米国証券取引委員会や米国環境保護局，議員や政府機関関係者に対して，投資家にとっての気候変動問題の重要性，温暖化効果ガスをはじめとする企業の気候変動のリスクや機会に関する情報開示の義務付け，温暖化効果ガス排出量規制や株主権利の擁護等の提案や意見交換を行っている。

このように，気候変動に代表されるESGは，投資家にとって，企業価値をより包括的かつ適正に判断するために必要な情報である。より多くの情報をもって投資家が企業価値を把握することで，より効率的に資本が配分され，金融市場がより適正な価格で企業価値を設定することにつながる。したがって，CFOが積極的に自らのESGリスクや機会を明らかにする取り組みを行い，その情報を開示することで，ESGに関する企業努力や成果が株価に反映されることにつながるであろう。

第６節　良好なESGが株主資本コストを低減する

一方，筆者のPBRモデルの切り口の１つとして，PBRは「エクイティ・スプレッド＝ROE－株主資本コスト（CoE）」の関数であるので，ESGがリスク低減，株主資本コストの低下につながることを訴求することは重要である。

広義のコーポレートガバナンス（ESGのG）である情報開示と説明責任（IR）と資本コストの「負の相関関係」を示す先行研究としては，Botosan（1997）が，1990年の製造業122社のアニュアルレポートをサンプルに回帰分析を実施し，独自基準によるディスクロージャーレベルの高さが，オールソンモデル（Ohlson（2001））による期待値としての株主資本コストの縮小につながることを示唆している（優良ディスクロージャー企業と非優良ディスクロージャー企業との間では約0.28%の資本コストの差が出た）。また，Agarwal el al.（2008）によれば，米国の2000-2002年のIR表彰企業は，情報の非対称性を緩和して流動性を高め，株価の超過リターンを獲得したことを示唆している。

加えて，日本企業については，音川（2000）が，「1998年度と1999年度の日本証券アナリスト協会によるディスクロージャー水準の高い企業は株主資本コストが小さい」ことを示唆している。また，須田編（2004）は，1995-2000年度の「証券アナリストによるディスクロージャー優良企業選定」によるディスクロージャー・ランキングと株主資本コストの関係を検証して，「IR評価が各セクターで3位以内の企業は，4位以下の企業よりも約0.5%株主資本コストが低く，1位の企業は4位以下の企業よりも約0.8%株主資本コストが低い」ことを報告している。

たとえば，クリーンサープラスと定常状態を前提に，株主資本コストが8%で，純利益が1,000億円であれば，この企業の株主価値はPER（r-gの逆数）から考えると，1,000億円÷7.7%＝13,000億円に向上する（500億円の増分）。非財務資本である「見えない価値＝広義のガバナンス（IR）」が，企業価値に関連していると市場は解釈するのである。

一方，ESG全体については，Dhaliwal et al.（2011）が，米国のCSR優良企業がCSR報告書を公表して，非財務情報を訴求した初年度に資本コストを約1%低減していることを報告している。また，日本企業については，**図表8-16**にあるように，加藤編（2018）がMSCIのESG格付けと株主資本コストの負の相関関係を示唆している[22]。

この実証研究をもとに，筆者はエーザイCFOとしてエーザイのMSCIの

22　たとえば，MSCIのESG格付けAAA（トリプルA）企業のリスクプレミアムが6%だとすると，BBB（トリプルB）の企業のリスクプレミアムは6.46%，CCC（トリプルC）の企業のリスクプレミアムは8.54%ということになる。ちなみに，MSCIは日産のESG格付けをカルロス・ゴーン元CEOの逮捕前からCCCに格下げしていた。

図表 8-16　ESG 格付け（MSCI）別資本コスト差分比較

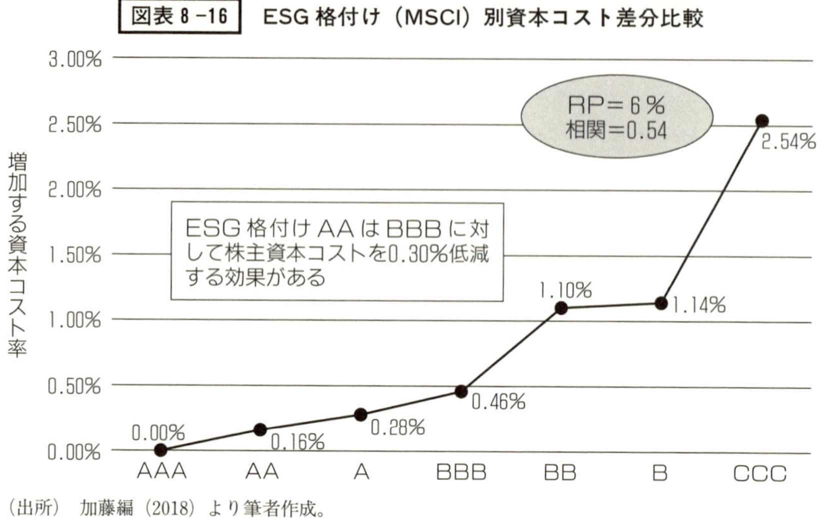

（出所）　加藤編（2018）より筆者作成。

ESG 格付け AA（ダブル A）の意義（執筆時）を平均的な日本の大企業の ESG 格付け BBB（トリプル B）に対して，0.30％株主資本コストを低減する（10％のプレミアムに相当すると試算）ことであると社内外でもアピールしている。時価総額から逆算して，エーザイの資本コスト低減効果（時価総額×10％）は数千億円にも上ると解される。

このように，PBR モデルから，「良質な ESG」⟶「株主資本コストの低減」⟶「エクイティ・スプレッドの向上」⟶「PBR の上昇」のルートからも，ESG は企業価値向上に貢献でき，「見えない価値を見える化する」ことが可能になる蓋然性がある。

第9章 PBRモデルの定量的エビデンス

前章で説明したとおり，CFOの非財務戦略として，「見えない価値を見える化」するための「非財務資本とエクイティ・スプレッドの同期化モデル（筆者のPBRモデル）」の概念フレームワークを本書の結論として提案した。そのスキームは**図表8-11**（192ページ）に示したとおりである。

筆者のPBRモデルの構成要素の理論は以下の3つになっている。

【柳（2009）のIntrinsic Valueモデル】

市場付加価値（MVA）＝PBR1倍超の部分＝非財務資本関連（インタンジブルズ）＝「組織の価値」＋「人の価値」＋「顧客の価値」＋「ESG・CSRの価値（資本コスト低減効果）」

【エーザイCFOポリシーのIIRC-PBRモデル】

株主価値＝長期的な時価総額＝株主資本簿価（BV）＋市場付加価値（MVA）

株主資本簿価（BV）＝PBR1倍以内の部分＝「財務資本」

市場付加価値（MVA）＝PBR1倍超の部分＝非財務資本関連（インタンジブルズ）＝「知的資本」＋「人的資本」＋「製造資本」＋「社会・関係資本」＋「自然資本」（＝遅延して将来の「財務資本」に転換されるもの）

【残余利益モデル（RIM）】

市場付加価値（MVA）＝PBR1倍超の部分＝エクイティ・スプレッド（ROE－株主資本コスト）の金額流列の現在価値の総和

筆者のPBRモデルを裏付けるケース研究や世界の投資家アンケートといった定性的証拠は前章で紹介した。本章では筆者の関与した実証研究で，このPBRモデルの裏付けとなる定量的エビデンスを提示する。

第1節　IIRCの5つの非財務資本とPBRの相関関係

それでは，「IIRCの定義する5つの非財務資本[1]とPBRの関係性（IIRC-PBRモデル）」あるいは，「非財務資本とエクイティ・スプレッドの同期化モデル」を相関関係の実証で裏付けることはできるだろうか。筆者がアドバイザーを務めた中央大学専門職大学院のリサーチプロジェクトが一定の成果を得たので，本節でPBRモデルを支える研究として紹介したい。編著者を務めた冨塚嘉一教授が2017年7月号の『企業会計』でIIRCの5つの非財務資本とPBRの直接的な関係について研究概要を報告している（冨塚（2017））。

当該研究では医薬品セクターを分析対象とした。医薬品企業を選択した理由は，IIRCの国際統合報告フレームワークを参照し，統合報告書を作成する企業の割合が高いためである。主に財務資本提供者に向けて統合報告の開示を推進しているIIRCのフレームワーク（IIRC（2013））を参照して，医薬品企業の過半数が統合報告書を作成している。当該研究は，統合報告書で開示された非財務情報を基に点数化して非財務資本を分析するため，IIRCのフレームワークの参照割合が最も大きい医薬品企業を分析対象にすることは妥当である。

分析手法としては，IIRCの5つの非財務資本を基にした独自の非財務情報評価（点数化）によって，5つの非財務資本と企業価値（PBR）との関係性を検証した。5つの非財務資本と企業価値との間の関係性を検証するために，先行研究を参考にして次のように仮説を設定した。

仮説1：5つの非財務資本を合わせた指標は企業価値との間に関係性を有する。

仮説2：知的資本，人的資本，製造資本，社会・関係資本，自然資本が，それぞれ企業価値との間に関係性を有する。

1　IIRC（国際統合報告評議会）の定義する6つの資本は，「知的資本」，「人的資本」，「製造資本」，「社会・関係資本」，「自然資本」の5つの非財務資本と「財務資本」を指す（IIRC（2013））。なお，本書の趣旨から「ESG」，「CSR」，「SDGs」，「非財務資本」，「インタンジブルズ」，「見えない価値」などを厳格に定義して区別することはしない。

実証分析の結果，５つの非財務資本を合わせた指標（５つの非財務資本評価合計）と人的資本は１％水準，社会･関係資本と自然資本は５％水準，知的資本は10％水準で，それぞれPBR（企業価値）との有意な正の相関係数が示された[2]。したがって，知的資本，人的資本，社会・関係資本，自然資本，そしてこの５つの非財務資本評価合計の評価が高い企業は，企業価値(PBR)も高いという可能性が示唆された。

つまり，仮説１は支持され，仮説２は製造資本を除いて支持されたことになる。分析結果のサマリーを**図表９－１**に掲載する。

５つの非財務資本の評価点数（合計）とPBR（企業価値）の関係を示す相関係数は0.733であるが，そのｐ値が0.01未満であるので，１％水準で統計的に有意といえる。これは，非財務資本と企業価値の相関関係が，実際には偶然に過ぎないのに誤って「意味がある」と判断している可能性が１％以下という示唆であるので，５つの非財務資本とPBRの関係性は強いと判断できるだろう。

図表９－１　医薬品セクターの非財務資本とPBRの相関関係の分析結果[3]
（関係性のフローチャートと相関係数）

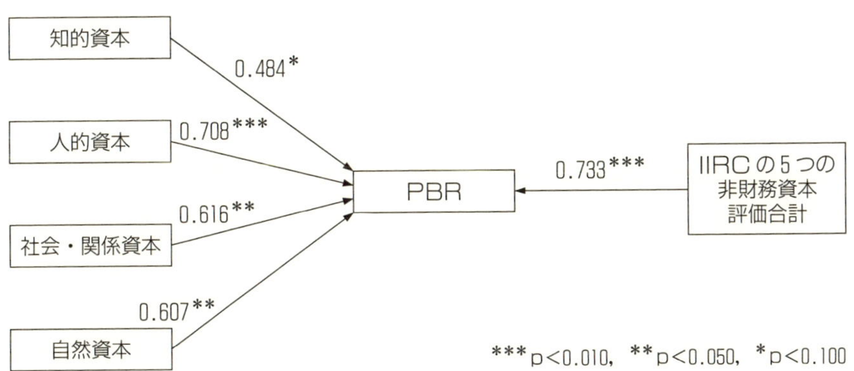

（注）統合報告書の開示項目を点数化して分析。PBRは2015年３月末現在である。

（出所）冨塚（2017）より筆者作成。

2　「製造資本」は正の関係にはあるものの，統計的に有意ではなかった。

3　医薬品セクターにおいてIIRCのフレームワークに準拠した2014年度統合報告書を開示している企業の14社（アステラス製薬，エーザイ，小野薬品工業，協和発酵キリン，キョーリン製薬ホールディングス，沢井製薬，塩野義製薬，第一三共，大正製薬ホールディングス，大日本住友製薬，武田薬品工業，田辺三菱製薬，中外製薬，日本新薬）を調査対象として分析した。なお，あすか製薬は15.3期末PBRが１倍割れ，カイオム･バイオサイエンスは開示情報不足のため除外した。協和発酵キリンと中外製薬は12月決算である。

また，人的資本単独とPBRの相関係数は0.708で，やはりそのp値は0.01未満であり，有意水準1％をクリアしている。個別には，特に人的資本が企業価値に強い影響を及ぼしていることが示唆されている（まさに「企業は人なり」である)。ちなみに知的資本は相関係数が0.484で，10％水準で有意であった。

このようにして，医薬品セクターをサンプルとして，IIRCの5つの非財務資本とPBR（企業価値）の正の相関係数が回帰分析によって有意に示された。「自己創設のれん」とも呼ぶべき，5つの非財務資本とPBRの関係性モデル（IIRC-PBRモデル）を裏付ける結果となっている。

第2節　研究開発投資のROE，株価への遅延浸透効果

柳・目野・吉野（2016）はIIRCの5つの非財務資本のうち，特に「知的資本」としての研究開発投資に着目して，企業価値との関係性を調査すべく，「企業が研究開発投資（広義では知的資本・人的資本の融合とも解される）を増やすと，将来の企業財務（ROE)，あるいは株価（株主価値）に対してどのような影響をもたらすか」について実証研究を行った。分析①では「研究開発費÷売上高」の変化とROEの変化の相関関係，分析②では「研究開発費÷売上高」の変化と株価パフォーマンスの関係について分析した。分析内容として，統計的検定の有意水準が20％と広いものやサンプル数が少ないものもあるなど，あくまで「参考」としての性格を有するが，一定の評価材料にはなるだろう。

【分析①：「研究開発投資÷売上高」の3年前差とROEの2年先差との関係】[4]

「研究開発投資÷売上高」が高まった企業の将来のROEは向上するかについて検証した。具体的には，(1)「基準年度の研究開発投資÷売上高」と「基準年度の3年前の研究開発投資÷売上高」との差と，(2)基準年度の2年先のROEと基準年度のROEとの差，について相関係数（5年の期差での遅延浸透効果）を算出した。また，その相関係数の統計的な検定（片側）を行って有意性を調べた。基準年度は2002年度から2013年度までである。

4　分析データとしては，ユニバースは，TOPIX構成銘柄のうち，製造業かつ3月期決算企業。製造業は，東証33業種の中の食料品，繊維製品，パルプ・紙，化学，医薬品，石油・石炭製品，ゴム製品，ガラス・土石製品，鉄鋼，非鉄金属，金属製品，機械，電気機器，輸送用機器，精密機器，その他製品と定義した。また，財務データは，連結決算を優先として，かつ年度決算のデータのみとした。

図表 9－2 に分析結果を示している。相関係数の有意性は有意比率で検証する。有意比率とは「相関係数が統計的に有意であったサンプル数÷全サンプル数」で算出され，「相関係数＞０，かつｐ値＜有意水準」の年度を有意であったと見なす。つまり，有意比率が高いほど，相関係数が正で，かつ統計的に有意な年度が多かったことを示す。

まず，有意水準が片側10％とした場合の有意比率は25％であった。また，参考ではあるが，有意水準が片側20％とした場合の有意比率は50％であった。有意比率から，「研究開発投資÷売上高」の３年前差とROEの２年先差の間に

図表 9－2　「研究開発投資÷売上高」の３年前差と ROE の２年先差の相関係数と有意比率

基準年度	研究開発費÷売上高の３年前差×ROEの２年先差	
	相関係数	ｐ値
2002	0.007	0.426
2003	0.288	0.000
2004	−0.010	0.393
2005	0.135	0.000
2006	0.027	0.239
2007	0.067	0.037
2008	0.038	0.160
2009	0.033	0.198
2010	0.007	0.424
2011	0.046	0.117
2012	0.004	0.458
2013	−0.026	0.246

検定	ｐ値の有意比率
片側10％検定	25％
片側20％検定	50％

（注）　基準年度ごとに，研究開発費÷売上高の３年前差とROEの２年先差の相関係数を算出。
各年で片側検定を行って，ｐ値が10％未満（あるいは20％未満）の年度の数÷全サンプルの数を有意比率とする。
ただし，相関係数がマイナスの年度は，分子から除外する。

（出所）　柳・目野・吉野（2016）より筆者作成。

は，明確に統計的に有意な相関関係とは言えないものの，一定の正の関係は見られた。インタンジブルズとしての研究開発投資が遅延してROE向上につながるという傾向が観察でき，「非財務資本（研究開発投資）とエクイティ・スプレッド（ROE）の同期化」「PBRモデル」を支える結果となった。

【分析②：「研究開発投資÷売上高」の5年前差と10年先10分位スプレッドリターンとの関係】

「研究開発投資÷売上高」が高まると，将来の株式リターンは上昇するかを検証した。具体的な検証手順は以下のとおりである。まず，(1)「基準年度の研究開発投資÷売上高」と，「基準年度の5年前の研究開発投資÷売上高」との差を取って10分位（値が大きいほうを第10分位，小さいほうを第1分位）とする。次に，(2)第10分位（P10）の銘柄群について，基準年度から10年先までのリターン[5]を算出して，第1分位（P1）の銘柄群についても同様の方法で10年先リターンを算出する。最後に，「P10の単純平均リターン－P1の単純平均リターン」でスプレッドリターン（High－Low）を算出する。基準年度は2004年度から2006年度である。

図表9－3に分析結果を掲載した。サンプルが3年分であることには注意が必要だが，2004年度から2006年度までのHigh－Lowスプレッドリターンの平均値は＋16.9%，平均値÷標準偏差は2.956となり，将来のリターンへのプラスの効果が見られた。株式リターンは将来を見据えた動きをするため，財務情報

図表9－3　「研究開発投資÷売上高」の5年前差と10年先スプレッドリターンとの関係

	P1（Low）			P10（High）			High－Low スプレッドリターン		
	平均値	標準偏差	平均値÷標準偏差	平均値	標準偏差	平均値÷標準偏差	平均値	標準偏差	平均値÷標準偏差
10年先リターン 2004年度－2006年度	31.4%	34.8%	0.902	48.3%	29.2%	1.655	16.9%	5.7%	2.956

（出所）柳・目野・吉野（2016）より筆者作成。

5　［（10年先の株価÷基準年度株価）－1］×100を3月期決算の開示が出揃う6月末を起点として計算したもの。

(ROE)と比べて，より長期の遅延浸透効果が鮮明になると考えられる。研究開発投資が長期的には遅延してバリュエーションにつながるという「非財務資本（研究開発投資）とエクイティ・スプレッド（残余利益モデルによる株主価値）の同期化モデル」，筆者のPBRモデルの1つの形を示唆する結果となった。

以上の分析①，分析②の2つの実証研究から，知的資本・人的資本としての研究開発投資（短期的には費用）が将来の企業業績（ROE），さらに長期的に遅延浸透して株主価値（株価）に正の相関をもつ蓋然性があることが示された[6]。ただし，柳・目野・吉野（2016）の実証分析は参考という位置付けであり，精緻な実証分析は今後の研究課題としたい。

第3節　市場付加価値（PBR1倍超の部分）と「人的資本」，「知的資本」の相関関係

冨塚（2017）をフォローして，筆者の「PBRモデル」（柳（2015d））を証明するために，柳・吉野（2017）では，ユニバースを全セクターにして，人件費を代理変数とするIIRCの「人的資本」と研究開発費に代表される「知的資本」が，それぞれ市場付加価値（MVA）の1割以上を説明する能力があることを示唆している。

分析には，次の2つの回帰モデルを設定した。

（検証モデル1）

（株式時価総額－自己資本：MVA）÷自己資本

＝a0＋a1×人件費÷自己資本

（検証モデル2）

（株式時価総額－自己資本：MVA）÷自己資本

＝b0＋b1×研究開発費÷自己資本

これらの2つの回帰モデルにおいて，「人件費÷自己資本と研究開発費÷自己資本」の回帰係数であるa1とb1が各々統計的に有意となれば，人的資本，知的

6　同様に，井出・竹原（2016）は，特許情報が遅延してROE，そして株価に浸透していくことを実証している。また柳（2009）はリアルオプションとPI（Profitability Index）により現在の研究開発投資が正のNPVを創出するモデルを紹介している。さらに，Fombrun and Shanley (1990) はコーポレート・レピュテーション（非財務資本）とPBRや投下資本利益率（ROIC）が正の相関関係にあることを証明している。

資本がMVAの形成に影響していることを示すので，IIRC-PBRモデルが証明できる[7]。

この柳・吉野（2017）の実証結果を**図表9－4**に掲げている。モデル1とモデル2の説明変数に用いた「人件費÷自己資本」と「研究開発費÷自己資本」の回帰係数はそれぞれ，0.4975，2.9801となった。これらの回帰係数が0からどの程度有意に離れているかについて検定（t検定として知られる）を行った結果，t値が正に大きかった（t値は大きいほど有意で，一般に2以上で関係が強いとされる）。係数が0である確率（p値）も1％未満と極めて小さく（p値は小さいほど有意），いずれの係数も有意に正の値を取ることが示され，1％水準で統計的に有意である。人的資本，知的資本によりインタンジブルズを形成している企業ほどMVAも高い（PBRが高い）という関係が明らかとなった。また，決定係数（R^2）もそれぞれ，0.1047，0.1081となった。これらは，MVA（PBR1倍超の部分）の形成において，その10.47％が人件費，10.81％が研究開発費で説明されることを意味する。

こうした実証研究は，IIRCの人的資本と知的資本がPBR1倍超の部分であるMVAの形成に貢献していることを有意に示し，IIRC-PBRモデル，それを統合した「PBRモデル」を支える根拠となる。

図表9－4　人的資本と知的資本のMVA（PBR）との関係性

	モデル1	モデル2
	人件費	研究開発費
回帰係数	0.4975	2.9801
t値	11.24	13.01
p値	＜1％	＜1％
R^2	0.1047	0.1081

（注）p値は両側検定。誤差項の不均一分散に対処するためWhiteの方法で標準誤差を修正。

（出所）柳・吉野（2017）より筆者作成。

7　2つの回帰モデルは時価総額と人件費，研究開発費を自己資本でデフレートしている。被説明変数であるMVAにおける自己資本は期末自己資本を用いる。一方，説明変数となる人件費と研究開発費をデフレートする自己資本は前年度末のものを使用。これは，前年度末時点で調達されている資本に対してのインタンジブルズ形成への費用を捉えるためである。対象期間は1999年度から2015年度。対象企業は東証1部の製造業のうち3月期決算企業。ただし，MVAが正の値，つまりPBRが1倍超の企業のみを対象。

第4節　PBRと「自然資本」の関係性

柳・伊藤（2019）は，IIRCの「自然資本」（環境ファクター）とPBRの関係性を証明するために，GHG（温室効果ガス）の排出とPBRの相関関係を調査している。

分析手法として，PBRを被説明変数，GHGを説明変数とした回帰モデル，前提条件，用語の定義等を明らかにした上で，時系列的な実証結果を以下に報告する[8]。

柳・伊藤（2019）は，さまざまな自然資本の中でも，多くの産業で多少なりとも影響があり，情報の開示が進んでいるGHG排出量に関する分析[9]を紹介している。GHGについては，2000年代中頃から一部企業で開示が行われている[10]。GHG排出量は当然に企業規模の影響を受けるため，総資産や従業員数などのデータを用い，規模調整を施した5つのファクターをGHGファクターとする。

GHG排出量とヒストリカルβの順位相関（Spearman）を計測すると，2008年ごろから安定的に正相関の傾向が認められ，近年は相関がさらに強まっている。GHG排出量の多い銘柄は高βであり，結果的として要求されるリスクプレミアムが高い可能性が考えられる。そこでGHGとPBRの順位相関を計測したところ，2011年ごろから安定的に逆相関を示す傾向が強まっており，ESG投資の浸透し始めた近年においては，GHG排出量が多い銘柄でPBRが低い傾向が見られている。

8　ESGの巧拙が企業価値に影響を与えるプロセスとしては，①ESGが将来の企業業績（キャッシュフロー）の大小に影響を与える（エクイティ・スプレッドのROE向上効果），②ESGがリスクプレミアム（割引率）の高低に影響を与える（エクイティ・スプレッドの株主資本コスト低減効果），の2つのプロセスが考えられる。前者については，Friede et al.（2015）のサーベイによれば，ESGと将来の企業業績との間に関係があると結論付けた実証研究は，対象となった2,000本以上の論文のうち，およそ半分程度になっている。後者については近年報告された多くの研究（Zhu（2014），Dunn et al.（2017）等）で，ESGとリスクプレミアムには負の関係があり，企業価値の格差を生んでいることが示されている。また，伊藤他（2017）はコーポレートガバナンスに関するさまざまなファクター（日興ガバナンススコア）が，ROE水準を調整した上でも，PBRと正の関係があることを示唆している。

9　GHG排出量のデータは，東証1部上場企業のおよそ3割強，銘柄数にして500-600銘柄程度で，2007年ごろから利用可能である。

10　データが長期間にわたって取得可能なスコープ1（財やサービスの製造過程で直接排出されるGHG）およびスコープ2（財やサービスの製造時に投入されるエネルギーを通じて間接的に排出されるGHG）の合計を分析で利用した。

一方でバリュエーションは，キャッシュフロー成長率や資本効率との関連が強いため，これらの影響をコントロールした場合であってもGHG排出量とバリュエーションとの間に関係があるかを確認する必要がある。そこで，以下のような2ファクターモデルを考える。

〈検証モデル1〉

$$\frac{P}{B_i} = \alpha + \beta_1 \cdot ROE_i + \beta_2 \cdot GHG\ factor_i + \varepsilon$$

毎年度末（3月末）時点において，ユニバース（東証1部銘柄のうち，各GHGファクターが取得可能な銘柄）全銘柄を対象とした回帰分析を行う。被説明変数は各銘柄のPBRで，説明変数は予想ROEとGHGファクターの2つである。PBRはROEの水準に大きく影響を受けるため，ROEの影響を調整した上でもなおGHGファクターに説明力があるかどうかを確認するモデルとなっている。GHGファクターの説明力を見るために，回帰係数（β_2）のt値を確認したところ（**図表9－5**），2011年度ごろからは－2前後の値となり，ROEを調整した上でもなお，近年ではGHG排出量の多い銘柄ではPBRが低いという傾向を

図表9－5　自然資本のPBRとの関係性(1)

GHGファクター回帰係数のt値推移（2ファクターモデル）：近年GHG排出量はPBRと負の関係がある（ROE調整後）。

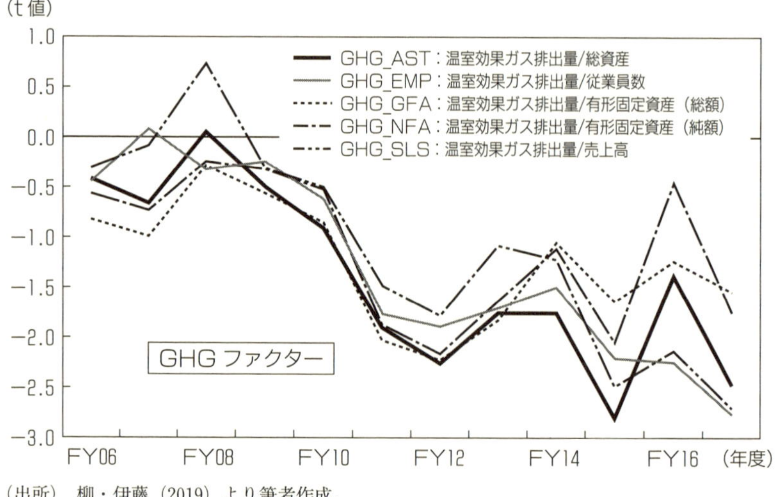

（出所）柳・伊藤（2019）より筆者作成。

否定できない結果となっている。

興味深いのは，コーポレートガバナンスの質と PBR との関係が日本でも現れ始めた時期と同じ頃から，GHG ファクターの有効性が高まっていることである。「日興ガバナンススコア（伊藤他（2017））」と GHG ファクターの順位相関は必ずしも高くなく，ごく最近になって GHG ファクターとガバナンススコアとの間に負の相関（GHG 排出量が多い銘柄ほどガバナンススコアが低いという関係）が見られるようになってきた。そこで，PBR を説明するファクターとして，ガバナンススコアを追加した（ESG の G をコントロールして E の影響を測る）3 ファクターモデルを以下の回帰式で考える。

〈検証モデル 2〉

$$\frac{P}{B_i}=\alpha+\beta_1\cdot ROE_i+\beta_2\cdot Gscore_i+\beta_3\cdot GHG\ factor_i+\varepsilon$$

このモデルは，ROE とガバナンスが PBR に与えている影響を調整した上で，なお GHG ファクターが PBR に対する説明力があるかを確認するものである。GHG ファクターに対する回帰係数（β_3）の t 値の推移（**図表 9－6**）を見

図表 9－6　自然資本の PBR との関係性(2)

GHG ファクター回帰係数の t 値推移（3 ファクターモデル）：近年 GHG 排出量は PBR と負の関係がある（ROE およびガバナンス調整後）。

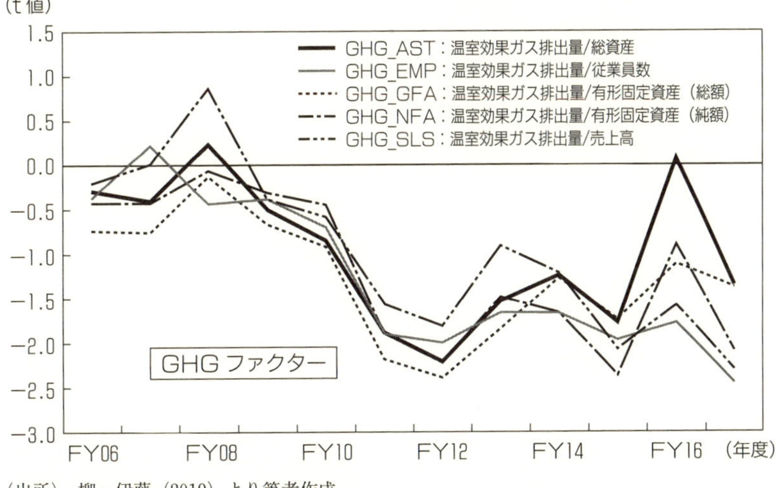

（出所）柳・伊藤（2019）より筆者作成。

ると，2ファクターモデル同様，2011年度以降ではGHG排出量の多い銘柄ではPBRが低いという傾向が実証された。

このように，GHGを「自然資本」の代理変数として，ESG投資が急増している近年では，IIRCの自然資本がPBRに影響を及ぼしていること（GHGとPBRの負の相関関係）が示唆された。「PBRモデル」の新たな証拠が得られたと考える。

第5節　グローバル医薬品セクターのESGマテリアリティ

ここまでの議論で，IIRC-PBRモデルからESGの価値がPBRに反映される蓋然性が高いことが示唆されたが，ESGのKPIは同等の重要性（マテリアリティ）を持つわけではなく，業界によってその軽重は個別に異なるであろう。たとえば，エネルギー産業では環境問題への対応やGHG低減努力が重要であろうし，労働集約的な小売業等では人的資本の価値が高いだろう。製造設備の大きい会社とITベンチャーではESGマテリアリティに違いがあるだろう。企業が営む事業や環境によって企業価値を左右するESGの非財務情報の影響度・重要度が異なるのは自然なことである。

たとえば，米国では，こうした業種ごとのESGマテリアリティを整理したSASB（米国サステナビリティ会計基準審議会）のSASB Materiality Map[11]が作成・公開されている。これによって，企業が属する業種と，それに対応する重要なESG項目が公表されている。Grewal et al.(2017)は，米国企業をユニバースとして，SASB Materiality Mapに準拠したESGのKPIが，それ以外のESGのKPIよりも強い株価情報増分を持つことを証明している。

柳(2019b)では，製薬企業であるエーザイのCFOとして，グローバル医薬品セクターのマテリアリティを考察しているが，スタートラインとして，**図表9-7**にSASBのバイオテクノロジー&医薬品セクターのESGマテリアリティ（SASB Materiality Map：Biotechnology & Pharmaceuticals）のサマリーを編集して掲載する。

また，日本の医薬品メーカーのエーザイでは，このような米国のSASBのマテリアリティをベースにして，さらに毎年世界の機関投資家とESGの議論を行って，そのフィードバックを取り込むことでアップデートしつつ，「エーザイ

11　https://materiality.sasb.org/

図表９－７　SASBによるバイオテクノロジー＆医薬品セクターのマテリアリティ（SASB Materiality Map：Biotechnology & Pharmaceuticals）のサマリー表

環境
×温室効果ガス排出量
×空気のクオリティ
×エネルギーマネジメント
×水資源マネジメント
×廃棄物/有害物質マネジメント
×生態的影響

社会関係資本
●人権/コミュニティ・リレーションズ
×カスタマープライバシー
×データセキュリティ
●アクセス/アフォーダビリティ
●製品クオリティ/安全性
●顧客 welfare
●販売慣行/製品ラベルリング

人的資本
×労働慣行
×従業員の健康/安全
●従業員エンゲージメント/ダイバーシティ/inclusion

ビジネスモデル/イノベーション
×製品デザイン/ライフサイクルマネジメント
×ビジネスモデルのレジリエンス
●サプライチェーンマネジメント
×材料調達と効率性
×地球温暖化による物理的影響

リーダーシップ/ガバナンス
●企業倫理
×競争行動
×法的規制環境マネジメント
×緊急事態リスクマネジメント
×システミックリスクマネジメント

●マテリアリティとなる可能性が極めて高い課題
×マテリアリティとなる可能性が必ずしも高くない課題

（出所）　柳（2019b）より筆者作成。

のESGマテリアリティ」を統合報告書2019で開示しているので，日本企業の参考開示事例として**図表９－８**で紹介したい。

こうした「ESGマテリアリティ」が米国や日本という国境を越えて，グローバル医薬品セクターにおいても一定の共通の示唆があるのか。柳（2019b）では，世界の大手製薬企業をユニバースにして，グローバル医薬品セクターのESGマテリアリティにつき，AXA Investment Managers（ロンドン）のYo Takatsuki，Head of ESG Research and Active Ownershipの協力を得て実証研究を行った。

ESGのKPIについては，SASBのバイオテクノロジー＆医薬品セクターのマテリアリティ（SASB Materiality Map：Biotechnology & Pharmaceuticals）

図表 9－8　エーザイのマテリアリティ：統合報告書2019の開示事例

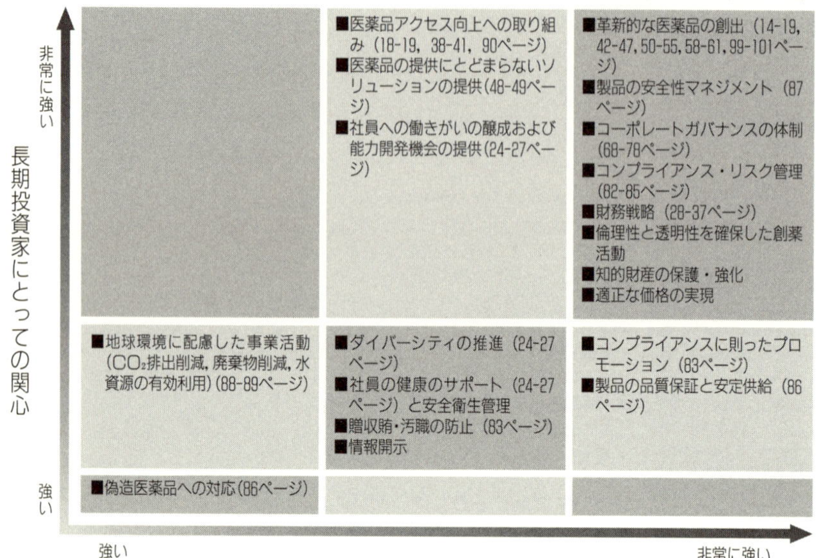

（出所）　エーザイ統合報告書2019。

と合致・類似する項目を，AXA の契約する国際的な大手 ESG データプロバイダー[12] 3 社の Vigeo, MSCI, Sustainalytics の ESG 評価から入手可能な34項目を抽出[13]。PBR や ROE，時価総額といった財務情報は Bloomberg から入手した。結果としてユニバースは，グローバル医薬品セクター内で該当する ESG マテリアリティである34項目のすべてを入手可能な大手医薬品企業主要59社を時価総額順に抽出した[14]。したがって，ESG 34項目の各評価機関のスコア×59

12　世界のバイサイド機関投資家が ESG 投資に利用できるデータ，調査レポート，分析ツールなどを提供する主要ベンダーは，たとえば，Arabesque, Bloomberg, Covalence, Institutional Shareholder Services, London Stock Exchange Group（FTSE Russell），MSCI, Refinitiv，RepRisk，State Street Global Exchange，Sustainalytics，Truvalue Labs および Vigeo Eiris（以下 Vigeo）の12社と言われる。

13　ESG の KPI34個の内訳は Vigeo 8，MSCI 14，Sustainalytics 12である。

14　ちなみにユニバースには，米国の Johnson & Johnson（時価総額3,360億ドル），スイスのロシュ（同2,320億ドル）などのビッグファーマから日本のツムラ（同20億ドル）まで59社が含まれており，世界の主要医薬品企業をほぼカバーしている。

社＝延べ2006サンプルと対応するPBRとの相関関係を調査したことになる[15]。

かかる前提で，回帰分析では，以下のような2ファクターモデルを適用した。

〈検証モデル：2ファクターモデル〉

$$\frac{P}{B_i} = \alpha + \beta_1 \cdot ROE_i + \beta_2 \cdot ESG\ factor_i + \varepsilon$$

被説明変数は各銘柄のPBRで，説明変数はROEとESGファクター（34項目の各評価機関のスコア）の2つである。PBRはROEの水準に大きく影響を受けるため，ROEの影響を調整した上でもなおマテリアリティから厳選したESGファクターに説明力があるかどうかを確認するモデルとなっている。PBRと正の相関関係を示し，なおかつp値が10％未満で有意なマテリアリティの項目だけを最終結果として**図表9－9**に掲載する。いずれのt値も2前後であり，PBRと正の関係の強い7つのグローバル医薬品セクターのESGマテリアリティを特定することができた。

Vigeoの ESG評価項目からは，「HRS1.1：Promotion of labour relations」，「CIN1.1：Promotion of the social and economic development」，「C&S2.4：Integration of social factors in the supply chain」，「C&S3.3：Transparency and integrity of influence strategies and practices」の4つ，MSCIからは，「Access to healthcare score」，「Access to healthcare management score」の2つ，Sustainalyticsからは，「S.4.2.14 Value of drug donations-weighted score」の1つ，合計7つが90％以上の確率でPBRと正の相関があることが示唆された。

p値，t値のレベルから見ても，グローバル医薬品セクターでは特に，貧困等で医薬品が手に入らない患者様にいかに貢献するかという，医薬品アクセス（ATM：Access to Medicine）問題への取り組みがESGにおいて最重要課題であることがわかる[16]。特にMSCIのATM評価は企業価値との正の相関関係が強い。前章の「DEC錠の無償提供」のケースで述べたようにエーザイがATM問題への取り組みをESG活動の重点項目としていることと整合性がある。

15　データ基準日はAXAとの取り決めにより，全て2019年2月15日とした。

16　参考までに，世界的に注目されているオランダのATM財団が公表する「ATM Index 2018」によれば，医薬品アクセスの評価の世界トップ3はGSK, Novartis, Johnson & Johnson（エーザイは第8位）となっているが，PBRはそれぞれ17，3，6倍と極めて高い企業価値の創造になっている。

図表９－９　グローバル医薬品セクターにおけるESGマテリアリティの実証結果

2ファクターモデル：$\frac{P}{B_i}=\alpha+\beta_1 \cdot ROE_i+\beta_2 \cdot ESGfactor_i+\varepsilon$

	ESGのKPI	p値（10%未満を抽出）	t値
Vigeo	(HRS1.1) Promotion of labor relations	9%*	1.73
	(CIN1.1) Promotion of the social and economic development	5%**	1.98
	(C&S2.4) Integration of social factors in the supply chain	10%*	1.67
	(C&S3.3) Transparency and integrity of influence strategies and practices	3%**	2.31
MSCI	Access to healthcare score	1%***	2.57
	Access to healthcare management score	2%**	2.34
Sustainalytics	(S.4.2.14) Value of drug donations-weighted score	7%*	1.89

（2019/2/15基準）

***p<0.010，**p<0.050，*p<0.100

（出所）柳（2019b）より筆者作成。

第6節　エーザイのESGのKPIとPBRの関係性

2019年7月31日時点でエーザイの統合報告書のESGのKPIにつき，データが入手可能な限りできるだけ過年度まで遡り，時系列データを抽出して，筆者の「PBRモデル（柳モデル）」を証明すべく，つまりESGファクターとPBRの正の相関関係を検証するために，PBRモデルの重回帰分析（ROEをコントロールした2ファクターモデル）を実行した。

なお，重回帰分析は，連結PBRと単体PBRのそれぞれにつき，実数ベースと両辺自然対数を取った対数変換モデルで分析を行った。

【分析モデル：ROE をコントロールした 2 ファクターモデル】

・**重回帰分析**：$PBR_i = \alpha + \beta_1 \cdot ROE_i + \beta_2 \cdot (ESG\ KPI_{i-t}) + \varepsilon_{i-t}$

・**重回帰分析（対数変換）**：$ln(PBR_i) = \alpha + \beta_1 \cdot ln(ROE_i) + \beta_2 \cdot ln(ESG\ KPI_{i-t}) + \gamma_{i-t}$

エーザイにおいて入手可能な ESG の KPI 88個[17]に対して，年度をずらした変数[18]を作成し，延べ1,000以上のサンプルとなるエーザイの ESG の KPI が何年後の PBR に影響を及ぼすかについて回帰分析を実行した（ESG の PBR への遅延浸透効果を検証）。

【結果の第 1 次抽出条件】

第 1 次抽出条件は，以下の値を基準として，分析結果を抽出した。

・自由度調整済み決定係数（R^2）：0.5以上

・エーザイの ESG の KPI に係る相関係数の p 値（有意確率）：0.1以下

【第 1 次分析結果の概要】[19]

図表 9 −10　エーザイの PBR に有意な影響を及ぼす ESG の KPI の数

被説明変数	分析結果総数	上記条件で抽出される結果の数	ESG KPI との相関		うち観測数が10以上の結果の数	ESG KPI との相関	
			正	負		正	負
PBR（連結）	1,112	49	31	18	14	9	5
PBR（連結）（対数変換）	1,088	65	36	29	27	16	11
PBR（単体）	1,112	103	60	43	66	36	30
PBR（単体）（対数変換）	1,088	154	86	68	87	51	36

（出所）　アビームコンサルティング社の協力を得て筆者作成。

17　エーザイの ESG KPI は全部で97個抽出できたが，経年で値に変動がなく，分析に適さなかった ESG KPI 9 個を除外した。

18　ずらした年数はエーザイの ESG の KPI によって異なる。データの観測数（被説明変数と説明変数が全てそろっている年数）が，回帰分析が実行できる最低限度（重回帰分析の場合は 4 年，単回帰分析の場合は 3 年）になるまでずらして分析。

【重回帰分析の有意な第２次結果：対数ベースの連結 PBR と正の相関を持つ ESG の KPI（観測数10以上，ｐ値0.05未満，ｔ値２以上，R^2 0.5以上）】

第１次分結果から，実数ベースの PBR と対数ベースの PBR では内容に大差はなかったが，ここから本章では，統計的に有意な結果がより多く得られた，対数変換モデルの結果を紹介する。また，重要性の原則から連結 PBR を被説明変数とする重回帰分析で，「観測数10以上で，ｐ値５％未満，ｔ値２以上，R^2 0.5以上」を統計的に有意な水準として，「正の相関関係」を示した結果（説明変数としての ESG の KPI）にフォーカスして第２次分析結果を詳細に報告する[20]。

その明細は以下の**図表９-11**のとおりである。

エーザイの ESG ファクターでは，人事データのより高い入手可能性から「人的資本」に有意な結果を得た KPI が多数見られた。障がい者雇用率（%）と連結人件費（柳・吉野（2017）と整合）がｐ値１％未満で有意，健康診断の受診率社員（%），女性管理職比率（%），社員数管理職比率（%），育児短時間勤務制度利用者数（人），地域別従業員数の EMEA と北米（人）がｐ値５％未満で有意に PBR と正の関係がある。これは，入手可能な ESG の KPI の種類に人事関係データが多いこともあるが，「企業は人財なり」という関係を裏付ける。あるいは，５つの非財務資本で「人的資本」が最も PBR との正の相関が強いという結果を示唆した，冨塚（2017）とも整合する。「知的資本」では，承認取得した医療用医薬品数国内（品目），連結と単体の研究開発費（柳・吉野（2017）と整合）も有意水準５％で長期遅延浸透効果（柳・目野・吉野（2016）と整合）として，PBR にポジティブな影響を及ぼしている。製薬企業における長期的な研究開発投資の重要性が改めて明示された。また，「社会・関係資本」では，お取引先数，ホットラインへの問い合わせ数が特に有効なファクターであった。CO_2排出量（t）はあるべき姿と逆相関の結果[21]となったが，これも，医薬品セクターでは環境問

19　相関の正負は，単純に ESG の KPI の値が増加したときの PBR の動きを表しているため，正の相関＝好ましい影響とは限らず，逆相関もあり得る（例：「離職率の増加⇔PBR の増加」など，正の関係性にあっても好ましくない関係である場合）。

20　負の相関関係を持つ ESG の KPI には，逆相関して好ましくない関係を示唆する内容も多く，その解釈は今後の課題として本章では割愛した。

21　CO_2排出量は ESG の E（環境問題での取り組み）の観点からは，本章第４節の実証研究（柳・伊藤（2019））にあるように本来 PBR と「負の相関関係」にあるべきだが，医薬品産業でのマテリアリティが必ずしも強くないことに加えて，短期的には「操業度の向上→企業価値増加」の期待という側面もあり，本節の実証結果でCO_2排出量が正の関係で統計的に有意になったのは，「ずらした年数」が１年の期差であった（短期的に１年後の PBR と正の相関）からとも考えられる。

図表9-11　エーザイの連結PBR（対数変換）と有意な正の相関関係を持つESGのKPIの明細（観測数10以上，p値0.05未満，t値2以上，R^2 0.5以上）

ESG KPIの名称	遅延浸透年数（何年後に相関するか）	回帰係数	t値	p値	自由度調整済み決定係数	データ観測数	目指すべき方向	データ範囲
CO_2排出量-(t)	1	0.90875	5.2529	0.0002	0.723	15	−	G
お取引先（調剤薬局）-(軒)	0	3.30443	4.5508	0.0014	0.695	12	+	−
障がい者雇用率-(%)	11	3.35412	4.2549	0.0028	0.719	11	+	単体
人件費（連結）（百万円）	5	1.37839	4.4002	0.0032	0.753	10	+	G
健康診断の受診率社員(%)	10	38.57489	3.2582	0.0116	0.606	11	+	単体
承認取得した医療用医薬品数国内（品目）	4	0.24632	3.1282	0.0167	0.611	10	+	単体
女性管理職比率(%)	7	0.24126	2.9635	0.0180	0.564	11	+	単体
社員数管理職比率(%)	11	3.13584	2.9397	0.0187	0.560	11	+	単体
お取引先（薬局など）-(軒)	4	0.48170	2.9252	0.0191	0.558	11	+	−
研究開発費（連結）（百万円）	17	0.81916	2.9033	0.0198	0.554	11	+	G
「*hhc* ホットライン」お問い合わせ数-(件)	5	1.08195	2.8750	0.0207	0.550	11	+	単体
育児短時間勤務制度利用者数-(人)	9	0.33132	2.8945	0.0232	0.570	10	+	単体
研究開発費（単体）（百万円）	17	0.87695	2.7751	0.0241	0.533	11	+	単体
地域別従業員数EMEA（欧州・中東・アフリカ・ロシア・オセアニア）（人）	9	0.32826	2.7473	0.0252	0.529	11	+	G
育児短時間勤務制度利用者数-(人)	10	0.18883	2.8327	0.0253	0.664	10	+	単体
地域別従業員数アメリカス（北米）（人）	10	0.29289	2.6959	0.0272	0.520	11	+	G

（出所）　アビームコンサルティング社の協力を得て筆者作成。

題の重要性が必ずしも高くはないとするエーザイのマテリアリティ・マトリックス，SASBのバイオテクノロジー&医薬品のマテリアリティ・マップとある意味で整合性があるとも解釈できよう。

比較参考のために，この重回帰分析から有意な結果の出た第2次抽出KPIをエーザイの統合報告書2019のマテリアリティ・マトリックスに合わせてプロットすると，**図表9-12**のようになる。

こうして見てみると，連結PBR(対数ベース)を被説明変数として，統計的に

図表 9-12　エーザイの統計的に有意な ESG の KPI とマテリアリティの整合性

有意水準1%のESG KPI　有意水準5%のESG KPI

長期投資家にとっての関心 ＼ エーザイ事業へのインパクト	やや強い	強い	非常に強い
非常に強い		社員への働き甲斐の醸成及び能力開発機会の提供 人件費（連結）…… 5年* 地域別従業員数アメリカス（北米）……10年* 地域別従業員数 EMEA（欧州・中東・アフリカ・ロシア・オセアニア）……10年* 社員数管理職比率……10年超*	革新的な医薬品の創出 研究開発費（単体）……10年超* 研究開発費（連結）……10年超* 承認取得した医療用医薬品数（国内）…… 4年* 製品の安全性情報管理 *hhc* ホットラインお問合せ数…… 5年*
強い	地球環境に配慮した事業活動（CO_2排出量削減，廃棄物削減，水資源の有効活用） CO_2排出量…… 1年* *ESG KPI が何年後の PBR に影響するか（遅延浸透効果）	ダイバーシティの推進 社員の健康サポートと安全衛生管理 女性管理職比率…… 7年* 育児短時間勤務制度利用者数…… 9，10年* 障がい者雇用率……10年超* 健康診断の社員受診率……10年*	コンプライアンスに則ったプロモーション 取引先（調剤薬局）…… 0年* 取引先（薬局など）…… 4年*

（注）1088のサンプルに対して，ESG KPI を用いた重回帰分析結果（対数ベース）から，PBR（連結）と有意な正の関係を持つ KPI を絞って表示。
データ観測数が10以上，自由度調整済み決定係数が0.5以上，t 値が 2 以上，p 値が0.05以下の ESG KPI を対象。

（出所）アビームコンサルティング社の協力を得て筆者作成。

有意に正の相関を示したエーザイの ESG の KPI は，やはりエーザイのマテリアリティ・マトリックスと親和性が高い。SASB のマテリアリティ・マップを参考に投資家意見でアップデートしたエーザイのマテリアリティ・マトリックスという定性的な区分と，重回帰分析による定量的証拠は概ね合致[22]しており，一定の示唆があるだろう。特に人的資本に加えて，製薬企業の成長の源である，研究開発費の PBR への長期遅延浸透効果が高い重要性を示しており，患者様第一主義を標榜するエーザイの企業理念 *hhc* と同期化して，ショートターミズ

22　既述のように，PBR との正の関係が統計的に有意な KPI のうち CO_2排出量だけは，逆相関であり矛盾した結果になっているが，医薬品セクターにおける環境問題のマテリアリティのレベル（柳（2019b））からやむなし，あるいは短期的な「操業度向上→企業価値増加」期待の結果とも解釈できるだろう。

ムへのアンチテーゼともなろう。

今回の本章のエーザイの ESG の KPI の PBR への関係では，KPI の入手可能性の問題もあり，特に人的資本と PBR と正の相関のある KPI が多く見られた。企業は人財が支えており，エーザイの企業理念とも整合性がある。エーザイという個別企業においても，非財務資本（ESG）は企業価値（PBR）に影響を及ぼしており，一定程度「見えない価値を見える化」することができたとも言えよう。個別のケースでも時系列分析で筆者の「PBR モデル」あるいは「IIRC-PBR モデル」の有効性を支持する示唆を得たと考えられる。CFO としては，この結果も踏まえて，継続的に「企業と投資家の ESG エンゲージメント」における筆者の「PBR モデル」の訴求に活かしていきたい。

第 7 節　エーザイの PBR モデル

筆者は本章第 6 節で詳説した「エーザイの ESG の KPI と PBR の関係性（柳モデル）」の重回帰分析について，さらに研究を深めて，2020年 8 月の「エーザイ統合報告書2020」での開示と合わせて，世界の投資家とエンゲージメントを蓄積しているので，本節で紹介する。

第 6 節のエーザイの実証結果の遅延浸透効果を感応度分析（95％の信頼確率）で解釈して，エーザイ統合報告書2020で以下のように概算（相関係数，遅延浸透効果と PBR や時価総額のレベルから換算）で相関関係をわかりやすく開示している（**図表 9 -13**）。

・人財に10％追加投資すると 5 年後に PBR が13.8％向上し，約3,000億円の価値を事後的・遅延的に創造できる。

・研究開発に10％追加投資すると10年超の年数をかけて PBR が8.2％上昇し，約2,000億円の長期的な価値を生むことができる。

・10％女性管理職を増やすと 7 年後に PBR が2.4％改善し，約500億円の企業価値向上に繋がる。

・育児時短制度利用者が 1 割増えると 9 年後に PBR が3.3％向上し，約900億円の企業価値を創造できる。

もちろん，上記はあくまで「相関関係」であり，「因果関係」の説明には具体的な ESG のプロジェクトの開示と対話の蓄積が極めて重要になる。今般，人件費や研究開発費，女性管理職の登用が企業価値創造に長期的・遅延浸透的に繋

図表９−13　エーザイのESGと企業価値の感応度

エーザイのESGと企業価値の実証研究
感応度分析（信頼区間95%における平均値試算）

人件費投入を１割増やすと５年後のPBRが13.8%向上する

研究開発投資を１割増やすと10年超でPBRが8.2%拡大する

女性管理職比率が１割改善（例：８%から8.8%）すると７年後のPBRが2.4%上がる

育児時短制度利用者を１割増やすと９年後のPBRが3.3%向上する

エーザイのESGのKPIが各々５-10年の遅延浸透効果で
企業価値500億円から3,000億円レベルを創造することを示唆

（出所）　エーザイ統合報告書2020。

がるというエビデンスを得たので，エーザイではこの実証を統合報告書でも開示して，より説得力を持って個別のストーリーを訴求し，短期志向を排して長期志向で世界の投資家との対話を一層強化している。

このように人件費が５年後に，研究開発費が10年超で企業価値を創造することが証明できたので，CFOのプロフォーマとしては，これらは「費用」ではなく，将来価値を生む非財務資本への「投資」と見做して，営業利益に足し戻したESGの営業利益「ESG EBIT」をvalue proposition（新しい価値観の提案）として，**図表９−14**のようにエーザイ統合報告書2020で開示している。たとえば2019年度の会計上の営業利益は1,200億円レベルであるがESG EBITは3,600億円レベルと約３倍になっている。この開示により筆者はCFOとしてショートターミズムに反論して長期的企業価値を訴求している。こうした考え方は，日興アセットマネジメント，米国ブラックロックのESG投資責任者など，内外の知見の高い長期投資家から支持を得ている。

さらに，追加試験として，エーザイで実証された結果が日本企業全体にも適用することができるか，TOPIX100企業をユニバースとして検証した（柳・杉森

図表9-14　「ESGの営業利益」の提案事例

ESG Value-Based　損益計算書

（単位：億円）

	2018年度	2019年度
売上収益	6,428	6,956
売上原価	1,845	1,757
うち生産活動に関わる人件費 人的資本	136	142
売上総利益（人件費加味）	4,719	5,341
研究開発費	1,448	1,401
研究開発費 知的資本 （うち人件費）	1,448 (456)	1,401 (464)
販売管理費	2,282	2,563
うち営業活動に関わる人件費 人的資本	871	880
その他損益	9	20
従来の営業利益	862	1,255
ESG EBIT	3,316	3,678

ESG EBIT＝営業利益＋研究開発費＋人件費

（出所）　エーザイ統合報告書2020。

2021）。日本企業全体を代表してTOPIX100構成銘柄に採用された企業（2019年10月末基準）を対象とし，2000年度～2019年度の20年分のデータを収集し，同様の回帰式で実証を行った。分析に耐えうる十分なデータ量を確保するために，対象期間20年間のうちの8割以上の年度で実証分析に使用するすべてのデータがそろうこと，柳のPBRモデル[23]に従いPBRが1倍以上[24]であることを条件として対象企業を絞り込んだ結果，最終的にTOPIX100企業の中の49社を対象として抽出した。ESGファクターは各社の自主開示内容により差異が大きいた

23　本書のPBRモデルは海外投資家から「柳モデル」とも称されている（Yanagi and Michels-Kim 2021）。

24　PBR1倍以上の企業の基準は具体的には，分析対象期間である2000年から2019年の間で取得できたPBRの平均値が1倍以上であることとした。

め，財務数値としても取得が可能な人件費と研究開発費に絞り込んだ。これらは，前節の実証分析でも使用し，有意な結果が認められた指標であると同時に，柳・吉野（2017）の実証分析により活用した人的資本および知的資本の代理変数とも合致する。

【分析モデル：ROE をコントロールした2ファクターモデル（パネルデータ）】

パネルデータ重回帰分析（対数変換）：

$$\ln(\mathrm{PBR}_{ci})=\alpha+\beta_1\cdot\ln(\mathrm{ROE}_{ci})+\beta_2\cdot\ln(\mathrm{ESG\ KPI}_{c(i-t)})+\mu_{c(i-t)}$$

「柳モデル」に従い，人件費と研究開発費に対して，年度をずらした変数[25]を作成し，何年後のPBRに影響を及ぼすか（遅延浸透効果）について，それぞれ19件の回帰分析を実行した。「値１％未満，ｔ値2.5以上」を有意水準として，統計的に有意と認められた結果を**図表９−15**に示した。

結果としてTOPIX100企業をユニバースにした場合も，人件費と研究開発費は，ｐ値１％未満かつｔ値2.5以上でPBRと有意な正の相関を持つことを確認することができた。個別に見ると，人件費では６年から９年遅延して，研究開発費では６年から12年遅延してPBRを高める効果を持つという相関関係を検出した。これらの分析結果は，前節の分析結果とも基本的に整合するものである。さらに，人件費の分析結果の中で最も有意性が高い結果となったものを使用してPBRの感応度を計算した。その結果，人件費投入を１割増加させることで，７年後にTOPIX100企業平均ではPBRが2.6％上昇するということができる。エーザイの分析では，人件費投入を１割増加させることで５年後のPBRが13.8％上昇するという結果が確認されたが，当実証分析に比べて遅延浸透効果が短く値も大きいため，TOPIX100企業の平均的な数値に比して人件費投資効果が高いことを示している。同様の計算を研究開発費に対しても行うと，研究開発費投入を１割増加させることで，７年後にTOPIX100企業平均でPBRが3.0％上昇することとなる。一方でエーザイの分析では，研究開発費投入を１割増加させることで，10年以上の年月を経てPBRが8.2％上昇するという結果になっている。値はTOPIX100企業のものよりも大きく，研究開発費投資効果がより高いことを示しているが，遅延浸透効果はエーザイの方が長くかかる結果

25　人件費，研究開発費ともに，説明変数と被説明変数が揃う年数が，パネルデータによる説明変数２つの重回帰分析が実行できる最低限度である３年となる18年度までずらして分析を実行した。

図表 9 −15　**TOPIX100企業をユニバースとする頑強性テストの実証結果**

TOPIX100企業の人件費・研究開発費と PBR[*1] の関係

パネルデータ重回帰分析（対数変換）[*2]：

$$\ln(PBR_{ci}) = \alpha + \beta_1 \cdot \ln(ROE_{ci}) + \beta_2 \cdot \ln(ES\ GKPI_{c(i-t)}) + \mu_{c(i-t)}$$

TOPIX100企業の人件費・研究開発費を20年遡及して（各19件の重回帰分析数）20年分の PBR と可能な限り照合

ESG KPI	遅延浸透効果（何年後に相関するか）	回帰係数[*3]	t 値[*4]	p 値	自由度修正済み決定係数[*5]	データ観測数
人件費（百万円）	7	0.26	5.36	1.2e-07	0.18	576
	8	0.26	4.84	1.7e-06	0.15	528
	9	0.18	3.08	0.002	0.18	488
	6	0.12	2.73	0.006	0.15	622
研究開発費（百万円）	7	0.30	7.06	5.4e-12	0.21	576
	8	0.31	6.79	3.3e-11	0.20	528
	9	0.26	5.50	6.5e-08	0.16	488
	6	0.19	4.68	3.5e-06	0.19	625
	10	0.22	4.47	1.0e-05	0.22	444
	11	0.19	3.55	4.4e-04	0.21	396
	12	0.16	2.79	0.006	0.15	352

$p<0.01$

＊人件費・研究開発費を用いたパネルデータ重回帰分析結果（対数ベース）から，人件費・研究開発費それぞれ有意な結果を p 値が低い順で表示。t 値が2.5以上，p 値が0.01以下の人件費・研究開発費を対象（アビームコンサルティング社の協力を得て作成）

＊1　Price Book-value Ratio 株価純資産倍率

＊2　α：ROE でも人件費・研究開発費でも説明できない，PBR 上昇の影響要素，β_1：ROE と PBR の関係性の強さを示す値，β_2：ESG KPI と PBR の関係性の強さを示す値，ESG KPI：Environment（環境），Social（社会），Governance（企業統治）に関する Key Performance Indicator（重要業績指標）であり，当分析では人件費と研究開発費を活用，$\mu_{c(i-t)}$：回帰式で推定される PBR と実際の PBR との差分，c：分析対象となる企業，i：分析対象となる年度

＊3　説明変数（ROE や ESG KPI）と非説明変数（PBR）の関係性の強さを表す指標

＊4　統計的に ROE もしくは ESG KPI が PBR と相関性があると言えるか否かを表す数値

＊5　回帰式（上記数式）全体の当てはまりの良さを確認する数値

（出所）　柳・杉森（2021）

となっており，製薬産業における研究開発期間が他のセクターと比較して遙かに長いことと整合している[26]。

第8節 IWAI日本第1号としての「従業員インパクト会計」の開示

筆者の知る限り，おそらく世界で初めて，「1企業」のESGのPBRに対する遅延浸透効果を重回帰分析で実証して詳細を開示したことが，ハーバードビジネススクール(HBS)のセラフェイム教授の目に留まり，筆者は2021年に共同研究を行い，その結果をHBSと「インパクト加重会計（IWAI）日本第1号」として，エーザイ統合報告書2021で開示した。

すでに「柳モデル」の実証でエーザイの人件費が5年後の企業価値を高めることを証明していたことから，第1弾としては，人財の価値にフォーカスして，IWAIのフォーマット（Freiberg, Panella, Serafeim and Zochowski 2020）を日本流にアレンジして，「エーザイの従業員インパクト会計」を試算した。この結果は海外投資家とのエンゲージメントでも高い評価が得られている。2021年8月に「エーザイ統合報告書2021」のCFOセクションでHBSの関与した日本初のIWAIのケースとして開示したので，その算出結果のサマリーを**図表9-16**に掲示する。

エーザイの「従業員インパクト会計」の試算の前提は次のとおりである。

- エーザイ単体（日本）を取り扱い，今回の計算では海外の従業員は含まない。基準日は2019年末とした。従業員総数は3,207名，年間給与支払総額(12月基準で年換算）は358億円，平均年収理論値は11,148千円[27]。
- エーザイ単体の売上収益，EBITDAは，セグメント情報から一定の比率で按分。正式のエーザイの個別財務諸表とは一致しない[28]。「実力理論値」ベー

---

26 追加分析として，TOPIX500にまでユニバースを広げ，PBR1倍以上の企業とPBR1倍未満の企業にグループを分けて同様の柳モデルの重回帰分析を実行している。分析結果として，PBR1倍以上のグループでは人件費投入の増加が6-11年後の，研究開発費投入の増加が7-11年後のPBRを引き上げることが確認された。なお，PBR1倍未満のグループでは，柳モデルの示唆する通り，有意な結果が得られなかった。

27 12月末基準で年換算しているため，2019年度有価証券報告書（3月末基準）の開示ベースの平均年収と厳密には一致しないが，概ね等しい水準。

28 日本の親会社がパートナーからのマイルストーンを収益認識する金額が多い一方で，海外子会社の研究開発費を本社から補填するなど，特殊な会計処理が正規の財務諸表に大きく影響してしまうため，セグメント情報から「実力理論値」を試算した。

図表 9－16　エーザイ（単体）の「従業員インパクト会計」の試算（IWAI）

従業員インパクト会計　エーザイは2019年に269億円の正の価値を創出

エーザイ 従業員インパクト会計（単体）				（単位：億円）
年度	2019	Joint-research w/HBS for IWAI		
従業員数	3,207			
売上収益※1	2,469			
EBITDA※1	611			
給与合計	358			
従業員へのインパクト	インパクト	EBITDA（%）	売上収益（%）	給与（%）
賃金の質※2	343	55.99%	13.87%	95.83%
従業員の機会※3	(7)	−1.17%	−0.29%	−2.00%
小計	335	54.82%	13.59%	93.83%
労働者のコミュニティへのインパクト				
ダイバーシティ※4	(78)	−12.70%	−3.15%	−21.73%
地域社会への貢献※5	11	1.81%	0.45%	3.09%
小計	(67)	−10.89%	−2.70%	−18.64%
Total Impact	**269**	**43.93%**	**10.89%**	**75.19%**

※1　売上収益・EBITDA はセグメント情報から一定の前提で按分
※2　限界効用・男女賃金差調整後
※3　昇格昇給の男女差調整後
※4　人口比の男女人員差調整後
※5　地域失業率×従業員数×（年収ー最低保障）

（出所）　エーザイ統合報告書2021。

スを HBS と試算した。

こうした前提の上で，筆者と HBS で協議して日本流にアレンジした IWAI の「従業員インパクト会計」の計算方式を解説する。前節のエーザイの「ESG EBIT」のように人件費は費用ではなく，投資として営業利益に足し戻すべきもの，あるいは社会的インパクトを創出するものとして認識すべきであるが，人件費100%全額の足し戻しには一部の投資家から批判もあった。そこで，今回は人件費総額を価値創造と見做さずに，IWAI のフォーマット（Freiberg, Panella, Serafeim and Zochowski 2020）を日本企業に合わせて微調整の上で適用して，給与総額に限界効用，男女賃金差，昇進昇級の機会，多様性，地域社会への貢献を加減することで，より精緻に従業員インパクトを試算した。

まず，「賃金の質」であるが，はじめに日本のエーザイ従業員居住地の最低生活賃金[29]を勘案するが，エーザイの年収は高く，全て付加価値とした。さらに，そのエーザイの給与総額358億円から，限界効用逓減分と男女賃金格差補正分を差し引いて「賃金の質」を計算している。エーザイ従業員の給与満足度の飽和点は年収11,990千円（加重平均）となった。つまり，それ以上の年収の従業員給与には限界効用逓減の法則から価値創造を減額（年収が高いほど満足度は100％とはならず低減していく）している。また，階層別・役職別の男女賃金差を算出し，女性従業員が男性従業員よりも平均給与が低い部分を減額して調整している。因みに国内企業平均との比較では，エーザイは経営層の男女賃金格差の比率は変わらないものの，中間管理職[30]やエントリーレベルでは日本の平均を大きくアウトパフォームしており，相対的な男女賃金差は小さい。その結果，給与総額358億円に対して，社会的インパクトを創出する「賃金の質」は343億円となった。この結果，人件費総額100％ではなく，調整後の人件費を賃金の価値創造と定義した。

次に「従業員の機会」は，機能別・職階別に男女比率を算出し，上級管理職比率がエーザイの全体の女性従業員数の比率である23％になるように昇進昇格を平等化して試算したギャップを控除している。この調整は７億円の減額となっている。

「ダイバーシティ」の項目では，エーザイの女性従業員比率を日本の女性人口比率51％まで高めるために，不足分の909名をエントリーレベルで新規雇用したと仮定して78億円をインパクトから減算して，男女雇用者数を平等化する計算[31]をしている。

最後に「地域社会への貢献」では，エーザイ従業員の勤務する全都道府県のそれぞれの失業率と最低生活賃金を加味して，エーザイ従業員の雇用が地域社会に作り出す社会的インパクトを試算した[32]。その結果，エーザイの雇用は各都

29　エーザイ従業員が勤務する都道府県の４人家族の最低生活賃金の平均値は年収2,832千円であった。ただし，データの入手が困難であった都道府県もあり，計算のカバー率は92％である。

30　例えば，日本企業の平均では中間管理職の女性賃金は男性の89％であるが，エーザイの女性中間管理職の賃金は男性の96％となっている。

31　女性従業員不足数909名×エントリーレベルの平均年収8,549千円＝78億円

32　各都道府県の平均失業率×エーザイの従業員数×（エーザイの平均年収－各都道府県の最低生活賃金）

道府県に11億円の社会的インパクトを創出している。因みに従業員1人当たりの雇用インパクトが大きいのは沖縄県，青森県，大阪府であり，総額としての雇用効果が大きいのは東京都，茨城県，岐阜県[33]であった。

これらの加減算の結果，エーザイ単体の給与総額358億円のうち，269億円が「正の社会的インパクト創出」として認識されたことになる。これは，給与総額の75％にあたり，EBITDA試算値の44％にあたる。ESG会計ではエーザイの従業員インパクトを加味するとESGのEBITDAは会計数値の144％の価値がある。また人財投資効率は75％と高い。

参考までにHBSの試算した米国優良企業と比べてみても，エーザイの人財投資効率は優れていると言えよう。**図表9－17**を参照していただきたい。

エーザイの人財投資効率（IWAI方式による従業員インパクト÷給与総額）は75％であるが，HBSの試算した米国のブルーチップと比べてみると，エーザイの人財投資効率は，ペプシコ，スターバックス，セールスフォース，ファイスブック，シスコを凌駕して，アクセンチュア，バンクオブアメリカ，BNYと肩を並べてトップグループに入る[34]。

もちろん，これらも簡便法による参考数値ではあるが，IWAIの日本第1号のケースとして，「従業員インパクト会計」に関してHBSとの共同研究を行い，その結果を「エーザイ統合報告書2021」のCFOセクションに開示したことは日本企業のESGの定量化や説明責任の改善に一石を投じたと考えている。

33　エーザイは東京都文京区に本社を置き，茨城県つくば市にメインの研究所を有し，岐阜県川島町にマザー工場がある。

34　IWAIの米国企業との比較では規模や計算基準の違いには留意が必要である。例えば米国企業では都道府県ではなく州ごとのデータを使用している。また，多様性は男女差に加えて，多民族国家として米国の研究では人種別差異も勘案されている。

図表 9 −17　HBS 試算によるエーザイの人財投資効率の比較

従業員インパクトの他社比較　　米国優良企業と比較しても高い人財投資効率

地域，産業にかかわらず同様の傾向が見られる

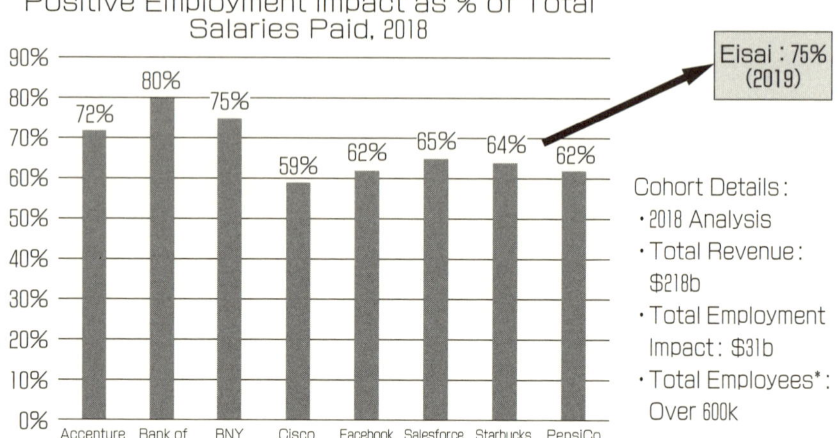

Note：Due to insufficient data, certain analyses were excluded from this company cohort that are important to understanding organizational employment impact. These dimensions are illuminated in "Accounting for Organizational Employment Impact" (Freiberg et al, 2020), and include：Wage Equity, Career Advancement, Safety, Culture, and Workplace Wellness.
*Number of employees as reported in company-filed EEO-1 disclosure. All employees assumed to be Full Time. Future analyses will incorporate Part Time and supply chain workers to depict more comprehensive workforce.
**EBIT is used in place of EBITDA for Bank of America and BNY Mellon.
Source：HBS for IWAI

（出所）　エーザイ統合報告書2021。

第 9 節　まとめ：CFO の財務・非財務戦略が国富の最大化へ貢献する

本書では，持続的に企業価値を高めるための「次世代CFOの財務・非財務戦略」を論じてきたが，その内容はグローバルスタンダードの知見の高い海外投資家の企業サイドへの要望と合致する。例えば，エンゲージメントのリーダーで世界中から尊敬を集める英国の長期投資家であるハーミーズは**図表 9 −18**のような内容を企業に要請している。

図表９−18　ハーミーズ原則「上場企業に期待すること」

1．企業は株主と率直かつ継続的にレベルの高い対話を行うべき 2．*企業は持続的に資本コストを上回るリターンを生み出すべき* 3．企業は投資計画を長期的な株主価値創造の視点から厳格に審査し，特に多角化やコア事業の拡大に係るM&Aではより高いハードルを適用すべき 4．企業は最適資本構成を企図して長期的な資本コストを最小化すべき，デットとエクイティのバランスを熟考すべき 5．企業は長期的な株主価値の最大化も視野に入れて，他のステークホルダーとの関係を有効にマネージすべき 6．企業は長期的なサステナビリティを高める視点から，環境問題や社会的責任を有効にマネージすべき 7．コーポレートガバナンスでは，企業と株主の長期的な利益に資するように取締役会の客観性と独立性を担保すべき。理想的には取締役会議長は業務執行から独立した社外取締役が担うべき（他の形式をとる場合には，株主に説明して正当化する必要がある）

（出所）　ハーミーズのサイトより筆者作成。

CFOの受託者責任として持続的・長期的[35]な企業価値の最大化があり，その実現のためには，エクイティ・スプレッドに代表される高度な財務戦略に加えて，ESGという「見えない価値を見える化する」非財務戦略も必要になる。たしかに，ESGという定性的なものをROEに代表される定量的な企業価値に統合して説明することはハードルが高いだろう。

絶対的な解はないが，前章で述べたように，以下の４つのトータルパッケージで「PBRモデル」は初めて説得力を持ち，非財務資本とエクイティ・スプレッドの同期化につながると思料される。

1．ESGと企業価値を繋ぐモデル，概念フレームワークを策定して開示する（前章で詳説）。
2．ESGと企業価値の正の相関を示唆する実証研究の証拠を積み上げる（本章で詳説）。
3．統合報告書等で企業の社会貢献が長期的な経済価値に貢献する具体的事例を開示する（前章でケース紹介）。

35　ショートターミズム（短期志向）は筆者の「PBRモデル」の均衡を破壊する。たとえば，人件費・研究開発費を今期極端にカットすれば，今期のROEは一時的にかさ上げできるが，持続性（サステナビリティ）がなく，将来的に人財のモチベーションが下がり，新製品も創出できないので，長期的ROEは低下して，企業価値の総和は毀損される。

4．世界の投資家とのESGエンゲージメントを徹底的に訴求する。

本章では，筆者の「PBRモデル」の概念フレームワークを裏付ける実証研究のエビデンスを詳説した。世界の投資家は，日本企業に対して「ESGとROEの価値関連性を説明してほしい」と要望し，原則として相当程度，「ESGをPBRに織り込みたい」としている。日本企業における潜在的なESGの価値に鑑みれば，筆者の「PBRモデル」の訴求により，非財務資本をエクイティ・スプレッドと同期化できれば，つまり，見えない価値を見える化できれば，PBRは大きく上昇してCFOの受託者責任としての企業価値の最大化が果たせるだろう。筆者はPBRモデル（柳モデル）の実現により，日本企業の企業価値は倍増できると信じている。そしてそれは，投資や雇用，年金リターンの改善を経由して国富の最大化に資する蓋然性が高い。次世代CFOが洗練された財務戦略と非財務戦略を遂行して，一層の価値創造を果たされんことを願ってやまない。

【参考文献】

石川博行（2010）『株価を動かす配当政策－コロボレーション効果の実証分析－』中央経済社。

石川博行（2019）『会社を伸ばす株主還元』中央経済社。

井出真吾・竹原均（2016）「特許情報の株価への浸透過程の分析－Mid-term Alpha Driver としての技術競争力－」『証券アナリストジャーナル』54(10)：68-77。

伊藤和憲（2014）「管理会計の視点から見た統合報告」『企業会計』66(5)：83-88。

伊藤和憲・関谷浩行（2016）「インタンジブルズと企業価値に関わる理論的モデルの構築」『会計学研究』42：1-32。

伊藤和憲・西原利昭（2016）「エーザイのステークホルダー・エンゲージメント」『産業経理』76(2)：39-51。

伊藤邦雄（2015）「持続的成長を実現する変革シナリオ（記念講演）」『証券アナリストジャーナル』53(12)：49-61。

伊藤桂一・太田佳代子・藤川隆宗・佐藤史仁（2017）「日興ガバナンススコアの開発」『SMBC日興証券日本株ストラテジーレポート』SMBC 日興証券。

音川和久（2000）「IR 活動の資本コスト低減効果」『會計』158(4)：543-555。

加藤康之編（2018）『ESG 投資の研究』一灯舎。

金融庁（2014）『責任ある機関投資家の諸原則（日本版スチュワードシップ・コード）－投資と対話を通じて企業の持続的成長を促すために－』。

金融庁・東証（2015）『コーポレートガバナンス・コード原案－会社の持続的な成長と中長期的な企業価値向上のために－』。

経済産業省（2014）『「持続的成長への競争力とインセンティブ－企業と投資家の望ましい関係構築－」プロジェクト（伊藤レポート）最終報告書』。

近藤一仁・柳良平（2013）『企業価値評価改善のための財務・IR&SR 戦略』中央経済社。

須田一幸編（2004）『ディスクロージャーの戦略と効果』森山書店。

諏訪部貴詞（2006）「株主価値を向上させる配当政策」『証券アナリストジャーナル』2006(7)：34-47。

生命保険協会（2019）『株式価値向上に向けた取り組みについて』平成29年度生命保険協会調査。

芹田敏夫・花枝英樹（2015）「サーベイ調査からみた日本企業の財務政策」『組織科学』49(1)：32-44。

東京証券取引所（2012）『企業価値向上表彰』。

東京証券取引所（2017）『資本政策に関する株主・投資家との対話のために－リキャップ CB を題材として－』。

東京証券取引所（2018）『改訂コーポレートガバナンス・コード－会社の持続的な成長と中長期的な企業価値の向上のために－』。

東京証券取引所編　柳良平・三瓶裕喜（2018）『企業価値向上経営セミナー：「資本コスト」認

識の経営戦略上の意義（講義録)』。
冨塚嘉一（2017）「非財務資本は企業価値に結び付くか？　－医薬品企業の統合報告書に基づく実証分析－」『企業会計』69(7)：116-122。
西川郁生編　石川博之・柳良平他（2016）『企業価値向上のための財務会計リテラシー』日本経済新聞出版社。
西崎健司・倉澤資成（2002）「株式保有構成と企業価値－コーポレートガバナンスに関する一考察－」『日本銀行金融市場局ワーキングペーパーシリーズ』2002-J-4。
日本IR協議会（JIRA）（2016）（2018）『IR活動の実態調査』日本IR協議会。
花枝英樹・芹田敏夫（2009）「ペイアウト政策のサーベイ調査：日米比較を中心に」『証券アナリストジャーナル』2009(8)。
藤井秀樹・山本利章（1999）「会計情報とキャッシュフロー情報の株価説明能力に関する比較研究－Ohlsonモデルの適用と改善の試み－」『会計』156(2)：14-29。
柳良平（2008）「純資産配当率（DOE）の管理会計的利用」『企業価値』60(1)：90-96。
柳良平（2009）『企業価値最大化の財務戦略』同友館。
柳良平（2010）『企業価値を高める管理会計の改善マニュアル』中央経済社。
柳良平（2011）『日本型脱予算経営』同友館。
柳良平（2013a）「Equity Spreadの開示と対話の提言」『企業会計』65(1)：86-93。
柳良平（2013b）「配当政策とIRの在り方に係る一考察」『インベスター・リレーションズ』2013(7)：58-77。
柳良平（2014a）「最適資本構成に基づく最適配当政策の重要性」『企業会計』66(7)：44-51。
柳良平（2014b）「日本版スチュワードシップ・コードと資本効率に係る一考察」『インベスター・リレーションズ』2014(8)：48-62。
柳良平（2014c）「管理会計と日本企業の現金の価値」『メルコ管理会計研究』7(1)：3-14。
柳良平（2015a）「エーザイの統合報告パイロット・スタディ」『企業会計』67(4)：106-113。
柳良平（2015b）「コーポレートガバナンス・コードと「株主との対話」－投資家サーベイの示唆とエンゲージメント・アジェンダの提案－」『インベスター・リレーションズ』2015(9)：68-84。
柳良平（2015c）「ROE向上へ向けた企業と投資家の望ましい関係：伊藤レポートを受けて－投資家サーベイの示唆とエクイティ・スプレッドの考察－」『証券アナリストジャーナル』2015(6)：17-27。
柳良平（2015d）『ROE革命の財務戦略』中央経済社。
柳良平（2016）「わが国ガバナンス改革はどう評価されたのか－2016年グローバル投資家サーベイをもとに－」『企業会計』68(6)：120-128。
柳良平（2017）「世界の投資家は日本企業をどう見ているか－2017年グローバル投資家サーベイの示唆するもの－」『企業会計』69(5)：108-114。
柳良平編著（2017）『ROE経営と見えない価値－高付加価値経営をめざして－』中央経済社。
柳良平（2018）「ROE経営と見えない価値を求める世界の投資家－2018年グローバル投資家サーベイの示唆－」『企業会計』70(11)：103-110。
柳良平（2019a）「エクイティ・スプレッドを軸とした資本コスト経営」『企業会計』71(8)：

41-49。
柳良平（2019b）「IIRC-PBR モデルとグローバル医薬品セクターの ESG Materiality」『月刊資本市場』2019⑾。
柳良平・上崎勲（2017）「日本企業におけるコーポレートガバナンスと保有現金価値の関係性－平均的な企業の保有する現金の限界的価値の検証－」『インベスター・リレーションズ』2017 No. 11：22-40。
柳良平・目野博之・吉野貴晶（2015）「エクイティ・スプレッドと価値創造に係る一考察」『月刊資本市場』2015⑺：24-33。
柳良平・目野博之・吉野貴晶（2016）「非財務資本とエクイティ・スプレッドの同期化モデルの考察」『月刊資本市場』2016⑾：4-13。
柳良平・広木隆・井出真吾（2019）『ROE を超える企業価値創造』日本経済新聞出版社。
柳良平・吉野貴晶（2017）「人的資本・知的資本と企業価値（PBR）の関係性の考察」『月刊資本市場』2017⑽：4-13。
柳良平・山口絵里（2019）「ROESG モデルの提言と NY 州退職年金基金の事例」『月刊資本市場』2019⑶：14-23。
柳良平・伊藤桂一（2019）「ROESG モデルと自然資本のエビデンス」『月刊資本市場』2019⑼：36-46。
柳良平・杉森州平（2021）「ESG の PBR への遅延浸透効果と統合報告での開示」『企業会計』73⑵：112-120。
山口聖・馬場大治（2012）「日本企業の現金保有に対するマーケットの評価」『経営財務研究』2（1.2）：108-122。
山を動かす研究会編（2014）『ROE 最貧国　日本を変える』日本経済新聞出版社。

AFP (2011) "Current Trends in Estimating and Applying the Cost of Capital-Report of Survey Results 2011".
Agarwal, V., A. Liao, R. Taffler, and E. Nash (2008) "The Impact of Effective Investor Relations on Market Value", SSRN Working Paper.
Ammann, M., D. Oesch, and M.M. Schmid (2011) "Cash Holdings and Corporate Governance Around the World", Working Paper.
Asian Corporate Governance Association (2008) "White Paper on Corporate Governance in Japan", ACGA.
Black F. (1976) "The Dividend Puzzle", The Journal of Portfolio Management 2(2): 5-8.
Botosan, Christine (1997) "Disclosure level and the cost of equity capital", The Accounting Review. 72(3): 323-349.
Brav A., Graham J.R., Harvey C.R., Michaely R. (2005) "Payout policy in the 21st century", Journal of Financial Economics. 77(3): 483-527.
Brealey R.A., Myers S.C., Allen F. (2002) "Principles of Corporate Finance Global Edition 10th Edition", McGraw-Hill.
Cokins, G., and Shepherd, N. (2017) "The Power of Intangibles", Strategic Finance:

2017(5).

Cunningham, Lawrence A. (2008) "The Essays of Warren Buffet for Corporate America", Pan Rolling.（増沢浩一監訳，2008『バフェットからの手紙』パン・ローリング社）

Dunn, J., S. Fitzgibbons, and L. Pomorski (2017) "Assessing Risk Through Environmental, Social and Governance Exposures", Journal of Investment Management.

Dhaliwal et al. (2011) "Voluntary Nonfinancial Disclosure and the Cost of Equity Capital: The Initiation of Corporate Social Responsibility Reporting", The Accounting Review, Vol. 86, 2011(1): 59-100.

Dittmar A. and J. Mahrt-Smith (2007) "Corporate Governance and the value of cash holdings", Journal of Financial Economics 83: 599-634.

Easton, P., G. Taylor, P. Shroff, and T. Sougiannis (2002) "Using forecasts of earnings to simultaneously estimate growth and the rate of return on equity investment", Journal of Accounting Research 40(3): 657-676.

Fama, E., and K. French (1993) "Common Risk Factors in the Returns on Stocks and Bonds", Journal of Financial Economics 33: 3-56.

Fernandez, P. and Campo J. (2010) "Market Risk Premium Used in 2010 by Analysts and Companies: A Survey with 2,400 Answers", SSRN.

Fombrun, C. and M. Shanley (1990) "What's in a Name? Reputation Building and Corporate Strategy", Academy of Management Journal 33(2): 233-258.

Francis et al. (2000) "Comparing the Accuracy and Explainability of Dividend, Free Cash Flow, and Abnormal Earnings Equity Value Estimates", Journal of Accounting Research (38): 45-70.

Freiberg, Panella, Serafeim and Zochowski (2020) "Accounting for Organizational Employment Impact", Harvard Business School Accounting & Management Unit Working Paper No. 21-050.

Friede, G, Busch, T., Bassen, A. (2015) "ESG and financial performance aggregated evidence from more than 2000 empirical studies", Journal of Sustainable Finance & Investment (5) 4: 210-233.

Gompers, P.A., Ishii, J.L., Metrick, A. (2003) "Corporate Governance and Equity Prices", Quarterly Journal of Economics (118) 1: 107-155.

Grewal, Hauptmann and Serafeim (2017) "Materiality Sustainability Information and Stock Price Informativeness".

IIRC (2013) "The International IR Framework. International Integrated Reporting Council".

IMA (1997) "Measuring and Managing Shareholder Value Creation." Statements on Management Accounting".

Jensen, M.C. (1986) "Agency Cost for Free Cash Flow, Corporate Finance, and the Takeovers", American Economic Review 57(2): 283-306.

Jensen, M.C. (2002) "Value maximization, Stakeholder theory, and the Corporate Objective Function", Business Ethics Quarterly 12(2) : 235-256.

Kaplan, Robert. S. and Norton David. P. (1996) "Using the Balanced Scorecard as a Strategic Management System", Harvard Business Review. January-February 1996.

Lev, B., Gu, F. (2016) "The End of Accounting and the Path Forward for Investors and Managers", Wiley Finance.（伊藤邦雄監訳，2018『会計の再生』中央経済社）

Miller and Modigliani (1961) "Dividend Policy, Growth and Valuation of Shares", Journal of Business 34 : 411-433.

Myers. S.C. (1984) "The Capital Structure Puzzle", The Journal of Finance 39 : 575-592.

NIRI (2004) "Standards of Practice for Investor Relations".

Ohlson, J.A. (2001) "Earnings, Book Values, and Dividends in Equity Valuation : An Empirical Perspective", Contemporary Accounting Research 18(1) : 107-120.

Porter, M.E. and Kramer, M.R (2011) "Creating Shared Value", Harvard Business Review (6) : 8-31.

Stark, A.W. and Thomas, H.M. (1998) "On the Empirical Relationship between Market Value Residual Income in the UK", Management Accounting Research (9) : 445-460.

Stewart, S. (1991) "The Quest for Value", Stern Stewart & Co..

Yanagi, R. (2018a) "Value proposition of integrated reporting and the price-book ratio model : Evidence from Japan", IIRC.

Yanagi, R. (2018b) "Corporate Governance and Value Creation in Japan", Springer.

Yanagi, R. and Michels-Kim, N. (2018) "Integrating Nonfinancials to Create value". Strategic Finance : 2018(1).

Yanagi, R. and Michels-Kim, N. (2021) "Eisai's ESG Investments". Strategic Finance (IMA) : 2021(5).

Zhu, F. (2014) "Corporate governance and the cost of capital : An international study", International Review of Finance 14(3) : 393-429.

索　　引

欧文・数字

１株当たりの純資産……………………30
10年平均………………………………89
100円は50円 ……………………………70
２ファクターモデル ………………214
３ファクターモデル ………………215
８％は魔法の数字 …………………110
ASBJ ……………………………………97
ATM ……………………………………197
AVI ……………………………………163
AXA……………………………………218
BPS ………………………………………30
BV ………………………………………41
CAPM …………………………………101
CCC ………………………………………25
CF …………………………………………25
CFO ポリシー …………………80,188
CoE …………………………………………2
Comply or Explain……………………75
conflict of interest …………………134
CSR ……………………………………175
CSV ……………………………176,197
DCF ………………………………………75
DCF 価値………………………………186
DEC 錠…………………………………196
DOE ………………………………………92
EPS ……………………………………137
ESG ……………………………………175
ESG 格付け……………………………204
ESG 指数………………………………179
ESG 投資………………………………177
ESG マテリアリティ ………………216
EVA ……………………………………157
FCF ………………………………………27
FCF 仮説 …………………………………91
Financial Slack ………………………154
GHG ……………………………213,216
GPIF……………………………………177
GSIA ……………………………………177
IFRS ………………………………………97
IIRC ………………………………………72
IIRC-PBR モデル ……………72,188
IIRC のフレームワーク……………185
in-house DCF…………………………138
Integrated Report……………………179
Interest Coverage Ratio ……………154
Interest parity …………………………130
Intrinsic Value…………………………75
Intrinsic Value モデル ………………184
IRR…………………………………………79
ISS ………………………………11,165
M&A ………………………………………29
MM 定理 …………………………………90
MRP ………………………………………33
MSCI ……………………179,203,218
MVA ……………………………………186
Net Debt/EBITDA ……………………154
Net DER …………………………94,154
NIRI ………………………………………74
NPV ………………………………………79
NY 州年金基金 ………………………201
OCI…………………………………………97
overpay …………………………………134
PBR ………………………………………77
PER ………………………………………77
Pharma EBIT …………………………185

PI ……90,186,188
PRI ……177
Profitability Index ……90,186
p値 ……207,209
RFR ……33
RIM ……15
ROE ……77
ROE 8％ガイドライン ……13,96
ROE ツリー ……87
ROIC ……35,127
SAP 社……199
SASB ……216
SASB Materiality Map ……216
SDGs ……176
SMA ……15
Spearman ……213
SPP……89
SRI ……39
Sustainalytics……218
TBS ……164
TOB……135
TSR ……77
t値 ……212
Value-Creative Investment Criteria ……91
VCIC ……91,127
Vigeo ……218
WACC ……35
WHO ……196
win-win 関係 ……2
β ……213

あ

アクリーション ……137
アベノミクス ……6
安定株主 ……3
安定配当志向 ……150
イーストンモデル ……110
伊藤レポート ……1
医薬品アクセス ……197
医薬品アクセス問題 ……197
インカムゲイン……81
インタンジブルズ ……176
インド工場 ……198
インプライド期待成長率 ……110
インプライド資本コスト ……110
エーザイ……73,188
エーザイの ESG マテリアリティ……216
エージェンシーコスト……16,29,93
エージェント……93
エクイティ・スプレッド……9,81
エクイティファイナンス……53
エンゲージメント……2,75
近江商人……49
オールソンモデル……81,190
オプション価値 ……188
温室効果ガス ……213

か

回帰係数 ……214
回帰モデル ……213
回収期間法……89
カイゼン……87
概念フレームワーク ……107
顧みられない熱帯病 ……196
格付け類推法……93
加重平均資本コスト……35
過剰資本……27
稼ぐ力を取り戻す ……6
価値創造企業 ……9
価値破壊企業 ……9
株価収益率……77
株価純資産倍率……77
株式公開買い付け ……135

株式交換比率 ……………………………134
株式持ち合い ……………………………2
株主ガバナンス…………………………2,74
株主原理主義 ……………………………100
株主資本コスト …………………………2
株主資本配当率…………………………92
株主資本利益率…………………………77
株主提案 …………………………………167
環境・社会・統治 ………………………175
管理会計基準……………………………15
機会費用…………………………………2,31
企業会計基準委員会……………………97
企業価値評価……………………………41
企業の社会的責任 ………………………175
企業は人なり ……………………………208
企業理念 …………………………………196
議決権 ……………………………………140
議決権行使 ………………………………2
基礎研究 …………………………………187
基礎研究の価値 …………………………186
逆相関 ……………………………………222
キャッシュ・コンバージョン・
　サイクル………………………………25
キャッシュ・フロー……………………25
キャッシュリッチ………………………38
キャピタルゲイン………………………81
銀行ガバナンス…………………1,2,73
金利平価 …………………………………130
グラスルイス ……………………………165
クリーンサープラス関係………………77
経済的付加価値 …………………………157
ケータリング効果………………………80
決定係数 …………………………………212
研究開発投資 ……………………………208
研究開発費 ………………………………184
現金の価値………………………………66
減損………………………………………29
公正価値 …………………………………134
高付加価値経営 …………………………198
コーポレートガバナンス ………………2
コーポレートガバナンス・コード ……6
コーポレートガバナンス・
　ディスカウント………………………29
コーポレート・スチュワードシップ…73
コーポレート・レピュテーション …211
コールオプション ………………………117
国際統合報告評議会……………………72
国富の最大化 ……………………………226
国連責任投資原則 ………………………177
コスト・シナジー ………………………136
コロボレーション効果…………………80

さ

最低要求リターン………………………31
最適資本構成……………………………16
最適資本構成に基づく最適配当
　政策 ……………………………………157
最適配当政策……………………………46
財務価値 …………………………………175
財務規律…………………………………79
財務資本 …………………………………188
財務戦略マップ…………………………73
財務の余裕度 ……………………………154
サステナビリティ ………………………186
サンクコスト ……………………………184
三方良し…………………………………49
残余配当方針……………………………91
残余利益配当方針………………………80
残余利益モデル ……………15,81,191
シグナリング効果………………………80
自己資本比率 ……………………………158
自己創設のれん …………………………182
自社株買い………………………………21
自社株買い比率…………………………92
市場付加価値……………………71,186

自然資本 ……………………………188
持続的成長率 …………………………107
シナジー ……………………………135
資本効率……………………………98
資本資産評価モデル …………………101
資本支出予算 …………………………123
資本的支出……………………………89
使命と結果の順序 ……………………196
社会・関係資本 ………………………188
社会的責任投資………………………39
社外取締役……………………………22
社会の公器 ………………………2,175
従業員エンゲージメント指数 ………200
重要性 ………………………………216
重要度…………………………………38
受託者責任…………………………2,38
順位相関 ……………………………213
情報の非対称性………………………75
正味現在価値…………………………79
ショートターミズム …………………100
人的資本 ……………………………188
信用格付け …………………………158
スチュワードシップ…………………21
ステークホルダー ……………………2
スプレッドリターン …………………210
製造資本 ……………………………188
成長戦略 ………………………………6
世界持続的投資連合 …………………177
世界保健機構 …………………………196
説明変数 ……………………………213
全米 IR 協会 …………………………74
相関係数 ……………………207,209
総還元性向……………………………92

た

ターンオーバー………………………79
対数変換 ……………………………221
代理変数 ……………………………216
ダイルーション ……………117,137
高値掴み ……………………………134
遅延浸透効果 …………………………182
知的資本 ……………………………188
超長期投資 …………………………199
定常状態………………………………77
適正株価………………………………75
デュポン社……………………………10
デュポン分析…………………………79
投下資本利益率……………………35,127
東京エレクトロン ……………………164
東京放送 HD …………………………163
統合報告書…………………2,73,179
投資採択基準…………………………79
トートロジー …………………………117
トレードオフ理論………………………93

な

内部収益率……………………………79
内部留保………………………………53
中野冷機 ……………………………169
ニッセイアセットマネジメント ……184
日本型 ROE 経営 ………………………88
日本再興戦略…………………………86
日本証券アナリスト協会………………66
日本版スチュワードシップ・コード …6
ネットキャッシュ………………………55
年金積立金管理運用独立行政法人 …177
のれん代の減損計上 …………………125

は

ハードルレート…………………90,128
ハーミーズ …………………………225
バイオベンチャー ……………………186
配当性向 ……………………………16,92

配当性向30％ ………………………46, 92
配当性向30％は魔法の数字 …………150
配当性向神話……………………………92
配当パズル ……………………………144
配当利回り………………………………92
ハイブリッド指標 ……………………157
ハイリスク ……………………………130
バランスシート・ガバナンス…………16
バランスシートマネジメント…………16
バランスト・スコアカード……………75
バリュエーション ……………………186
非財務価値 ……………………………175
非財務資本 ……………………………190
非財務資本とエクイティ・スプレッド
　の同期化モデル ……………………179
被説明変数 ……………………………213
ヒューマン・ヘルス・ケア …………196
フィデューシャリー・デューティー…21
フィデリティ投信………………………49
不都合な真実……………………………55
ブラック・ショールズモデル ………117
フリーキャッシュフロー………………27
プリンシパル……………………………93
プレミアム ……………………………135
フロアレート …………………………128
米国サステナビリティ会計基準
　審議会 ………………………………216
ベータ……………………………………36
ペッキングオーダー理論………………93
ベンチャー ……………………………130
簿価純資産………………………………41
本源的価値………………………………75

ま

マーケット・リスクプレミアム………33
マージン…………………………………79
マテリアリティ…………………38, 216
マテリアリティ・マトリックス ……223
見えない価値 …………………… 1, 175
見える価値 ……………………… 1, 175
ミドルリスク …………………………130
無形要因 ………………………………190

や

有意水準 ………………………………209
有意比率 ………………………………209
良い ROE と悪い ROE ………………99
与党株主 …………………………………3

ら

ライフサイクル仮説……………………92
リアルオプション……………29, 186, 188
利益相反 ………………………………134
リキャップ CB ………………… 98, 115
リスク調整後ハードルレート…………90
リスクフリーレート……………33, 101
リスクプレミアム………………36, 101
リンパ系フィラリア症 ………………196
レバレッジ ……………………… 79, 86
レベニュー・シナジー ………………136
レモン市場 ……………………………145
ローリスク ……………………………130
論語と算盤 ……………………………192

《著者紹介》

柳　　良　平（やなぎ　りょうへい）

博士（経済学）京都大学
早稲田大学大学院会計研究科客員教授
アビームコンサルティングエグゼクティブアドバイザー

公職として東京証券取引所上場制度整備懇談会委員，日本生産性本部経営アカデミー「経営財務コース」委員長等を務める。
職歴としては，銀行支店長，メーカーIR・財務部長，UBS証券エグゼクティブディレクター，エーザイ専務執行役CFO等を経て現職。早稲田大学客員教授として10年以上大学院で教壇に立つ。2022年9月より早稲田大学「会計ESG講座」の共同責任者を務める。Institutional Investor誌の2022年機関投資家投票でヘルスケアセクターのThe Best CFO第1位（5回目）に選出される。米国公認管理会計士（US CMA），米国公認財務管理士（US CFM）。

【主　著】
英文単著に"Corporate Governance and Value Creation in Japan"（Springer社），和文単著に『ROE革命の財務戦略』，『管理会計の改善マニュアル』（以上，中央経済社），『企業価値最大化の財務戦略』，『日本型脱予算経営』（以上，同友館），共著に『企業価値評価改善のための財務・IR&SR戦略』，『コーポレート・ファイナンスの実務』（以上，中央経済社），『ROEを超える企業価値創造』，『企業価値向上のための財務会計リテラシー』（以上，日本経済新聞出版社），編著に『ROE経営と見えない価値』（中央経済社）がある。

CFOポリシー：財務・非財務戦略による価値創造〈**第2版**〉

2020年1月10日　第1版第1刷発行
2021年4月25日　第1版第9刷発行
2021年9月1日　第2版第1刷発行
2022年9月20日　第2版第3刷発行

著　者　柳　　良　平
発行者　山　本　　継
発行所　㈱中央経済社
発売元　㈱中央経済グループパブリッシング

〒101-0051　東京都千代田区神田神保町1-31-2
電話　03（3293）3371（編集代表）
03（3293）3381（営業代表）
https://www.chuokeizai.co.jp
印刷／昭和情報プロセス㈱
製本／㈲井上製本所

ISBN978-4-502-40271-5　C3034